何顺果

史学理论札记

何顺果 著

创于1897
The Commercial Press
商务印书馆
The Commercial Press

图书在版编目（CIP）数据

何顺果史学理论札记 / 何顺果著 . -- 北京：商务
印书馆，2024. -- ISBN 978-7-100-24258-5

Ⅰ. K0-53

中国国家版本馆 CIP 数据核字第 2024S08U72号

何顺果史学理论札记

何顺果　著

商 务 印 书 馆 出 版
（北京王府井大街 36 号　邮政编码 100710）
商 务 印 书 馆 发 行
北京市白帆印务有限公司印刷
ISBN 978 - 7 - 100 - 24258 - 5

2024 年 11 月第 1 版　　　　开本 880×1240　1/32
2024 年 11 月北京第 1 次印刷　　印张 8⅞　插页 2
定价：62.00 元

何顺果

（1944—2023 年）

编者前言

何顺果先生（1944—2023）是我国著名的世界史专家。他1944年出生于四川省忠县（今属重庆市）。1964年以优异成绩从忠县中学考入北京大学历史学系世界史专业，1969年毕业并留校任教，直至退休。他是美国史及西方史学理论和史学史两个研究方向的博士生导师，曾兼任北大历史学系世界近现代史课程主持人，《世界历史》《美国研究》《北大史学》杂志编委，中国美国史研究会副理事长，中国社会科学院世界史所学术委员会委员，全国中小学教材审定委员会专家。在四十年的教学生涯里，他两次获得北大优秀教学奖，完成多个教学改革项目，培养了博士、硕士研究生三十余人，为我国世界史学科的发展、世界史人才的培养做出了杰出的贡献。

作为一名历史学者，何先生有着杰出的学术成就，在美国史、资本主义史、历史理论等诸多领域均做出了卓越的贡献，很多研究成果已经成为学术经典。他的代表作包括《美国边疆史：西部开发模式研究》《美国"棉花王国"史》《美国历史十五讲》《世界史：以文明演进为线索》等。其中，《美国边疆史》和《美国"棉花王国"史》被美国国会图书馆永久收藏。《美国历史十五讲》第二版9次重印，累积销量达4.9万册。除了专著之外，他还在《历史研究》《史学理论研究》《世界历史》《美国研究》等权威期刊上发表了八十余篇论文与文章。这些作品中有二十余篇被《新华文摘》、*Social Sciences in China*、《高等学校文科学术文摘》、《中国社会科学文摘》、《人民日报》（理论版）等刊物转载，在国内外史学界都产生了重要的影响。尤其值得称道的是，他的遗作《历史具有"本义"——驳西方后现代主义历史诠释学》一文（载《陕西师范大学学报（哲学社会科学版）》2023年第3期）一经刊出即被《高等学校文科学术文摘》全文转载，被《社会科学报》论点摘编，充分证明了当前学术界对何先生学术贡献的关注与认可。

何先生晚年多次提及，他长期从事的教学和研究主要涉及三个领域或层次：一是美国史，属于微观层次；二是资本主义史，属于中观层次；三是历史理论，属于宏观层次。1969年，他从北大历史学系毕业后留校任教，并被分配到美国史教研组，因此美国史成为他在教学和研究中首要关注的领域。为了给美国史研究提供背景和参照，以准确评估这个经济大国在全球资本主义体系中的独特性，他很快将资本主义史纳入了第二维度的研究领域。而为了解答资本主义史的一些实质问题，如资本主义为何产生于15、16世纪，工业革命为何首先发生于西方而不是东方等，他认识到必须梳理世界历史的总体发展脉络并探讨与之相关的理论问题，于是开始深入研究世界历史体系和史学理论，并进入了第三维度的研究领域。这三个研究领域相互关联，层层递进。如果将每一个领域都比作"围城"，那么每一次"突围"都意味着学术上的突破与升华。

　　2010 年，商务印书馆出版了何顺果先生的《三维集》，这是唯一一部全面呈现何先生在历史理论、资本主义史、美国史三个领域研究成果的著作。该书收录了 37 篇论文，代表了何先生多年来在这些领域的教学研究中积累的精华，并展现了他从宏观、中观、微观三个维度进行的卓有成效的史学探索。这部文集也十分清晰地展示了何先生治学的两个特色：第一，他是有着强烈中国自主知识体系自觉和方法论自觉的史家。在探讨人类文明的进程、特纳的边疆理论时，他都注重运用自主知识体系和方法论对现有成果做出评价和借鉴。而经济基础与生产力、生产关系的研究始终是他的首要关注点，这尤其体现在他对美国西进运动、奴隶制种植园经济、农业资本主义等问题的讨论中。第二，他很早就从唯物史观出发，在文明史的视野中探讨人类历史和现代化进程，他的著作具有很强的多元文明互鉴的意识。就新中国的美国史学科发展而言，何先生属于第二代学者。他的美国研究可以说是具有唯物史观研究自觉的区域国别研究，在许多方面为我们树立了典范。

　　然而，由于篇幅的限制，一本文集很难同时细致深入地讨论三个维度的问题。同时，这三个研究领域又各自有着独特的研究对象和内容。因此，为了系统深入地展示何先生在每个领域的耕耘和取得的成果，似乎有必要为每个研究维度单独出版一本文集。

　　基于这样的考虑，《资本主义史文集》与《美国史研究》应运而生。《资本主义史文集》（2016）收录了何先生 24 篇关于资本主义的论文和文章，分为六大专题，涉及"资本主义"的定义，资本主义萌芽及其背景和命运，关于资本主义起源的历史类型，重商主义、特许公司和个案研究，奴隶种植园、"再版农奴制"庄园与东亚经济转型，美国崛起、高科技与全球化等重大问题，时间和内容上涵盖了几乎整个资本主义史。《美国史研究》(2019) 收录有何先生 29 篇论文，对美国文明与历史的诸多基本问题进行了专题研究，涉及美利坚文明的起源、美国的精神和文明发展模式、"西进运动"与美国"爆炸式"经济发展模式、高科技革命与美国崛起的世界影响等重大问题，为理解美国的历史与现实提供了独特的思考与洞见。

由此一来，读者也许会期待何先生出版一本有关史学理论的文集。其实，何先生与史学理论研究的渊源由来已久。改革开放后，北大历史学系法国史专家张芝联先生率先在国内引进西方史学史和史学理论研究。张芝联先生曾经送给何先生很多西方史学理论和史学史的书，还邀请何先生旁听他和谭英华先生合讲的"西方史学史"。张芝联先生似乎有意引导何先生往此方向探索，还曾邀请何先生报考他的"西方史学理论和史学史"博士生，甚至已经帮他拟定了博士论文的选题。可惜，当时北大历史学系不招收在职教师做博士，何先生只好作罢。这也成为他人生中的一大憾事。2003 年，北大历史学系首次设立西方史学史和史学理论博士点，何先生成为该方向第一位博导，得以在这一片研究领域深入钻研、指引后进，才稍微弥补了先前的缺憾。

相比美国史与资本主义史，史学理论是一个更宏观、更深入的研究层次，需要深厚的理论功底和扎实的考据能力。在这一领域，何先生的研究选题十分注重历史和理论的双重价值。他认为，既要通过考辨理论推进历史研究，也要通过历史研究在理论上有所发现。而要做到这一点，就必须有严谨的学术作风和艰苦的探索精神，否则就不敢去碰触这些难题，也无法挖掘其中的理论价值。正如他所说："学术的价值，既不能用金钱来衡量，也不能用权力来衡量，而是取决于所研究的难度和深度及其所揭示的意蕴。""如果没有创新，也应有所发现或进展。没有新的体会绝不下笔。"

正因为此，何先生的史学理论研究再次反映了他的两大治学特色：在自主知识体系与方法论上的自觉，以及对唯物史观的一贯坚持与反复重申。何先生强调，马克思的唯物论认为物质世界是独立存在于人的意识之外的，不以人的意识为转移的客观实在。而后现代主义是 20 世纪六七十年代发展的一个唯心主义思潮，其在史学领域的表现就是"诠释学"，即认为一切思想都是研究者的思想，全恃历史学家的赋予。在指导博士生时，他提醒大家要注意二者的区别与对立，并专门开设"西方哲学史"分析讲解。而他自己的研究也重点区别了传统史学与后现代主义史学在研究对象、研究重点上的不同；所使用理论和方法的不同；对"事实"的解释不同，进而造成"叙事"有实叙和虚叙之别。因此，站在马克思主义唯物史观的立场上，他反复重申了传统意义上的历史学及其考证方法的科学性与必要性。

中国有着源远流长的史学传统。正如梁启超所说："中国于各种学问中，惟史学为最发达；史学在世界各国中，惟中国为最发达。"今天，在哲学社会科学各领域确立真正的中国学派，早已从少数有识之士的呼吁，成为战略决策层的共识。何先生在史学理论方向上的探索表现出深厚的理论功底、独到的史学见解、强烈的批判意识，无疑是对这一号召的绝好回应。

2023 年初，何先生与商务印书馆讨论出版《史学理论札记》，并开始着手整理编目。他对这本书寄以厚望，希望能通过本书与读者分享他多年来在史学理论方面的探索与所得。此时他已退休多年，但依然笔耕不辍，有时甚至带病撰写论文。然而，在整理编目工作进行到一半时，令人意想不到的消息传来——3 月 8 日，何先生突然去世。突如其来的离别令师门同仁深感震惊和悲伤，陷入了沉重的失落之中。在悲痛之余，我们决定按照何先生生前计划和临终嘱托完成他未竟的事业。经过反复商议，我们整理出他留下来的 14 篇探讨史学理论问题的论文、札记和短文，分成两部分，编成这本文集。

本文集第一部分涉及何先生对后现代主义史学思潮的批判，对唯物史观基本立场的重申，以及对考据这一历史研究基本方法的强调；第二部分涉及何先生对世界历史概念与体系的探索和思考，包括如何确立科学的"世界历史"概念，如何建构世界历史的体系，如何看待中国在世界历史上的地位及其变迁等重大问题。

何先生的青年时代正值国家艰难探索的十年，他历经许多磨难却从未被击垮。改革开放后，为了祖国的教育和学术事业，他更是争分夺秒，"只顾探索前行，从不计较得失"。何先生曾经提到，他这一生最看重的只有三点："一是人格上无比自重，二是对国家无限忠诚，三是对学术不懈追求。"相信读者也和我们一样，能从字里行间深刻地感受到他的这份执着与追求。

本文集得以出版，首先应该感谢北京大学历史学系，他们为本书的出版提供了离退休教师科研专项经费支持，尤其是唐利国副主任牵头出版事宜，陈捷副主任与卫茗老师提供了很多帮助。同时，我们也要感谢本书责任编辑朱绛，他为出版本书付出了辛勤劳动。（值得一提的是，朱绛也是当年何先生《三维集》的责任编辑。）另外，朱孝远教授、王奇生教授、何晋教授为何先生的遗著出版投入了巨大的精力。高岳、张艳玲为编者前言提供了宝贵建议。我们也衷心感谢为本书提供帮助和支持、关心此事的其他师友同好。

本文集由何先生的研究生张孟媛、陈继静、魏涛、杨仕文、王雪琴、马文丽共同编订，编者前言由陈继静执笔。需要说明的是，文集中的著述曾发表在不同时期，刊载在不同书刊，涉及的内容广泛，收集和筛选有一定难度，再加上何先生匆匆离别，来不及对整理稿进行最后审订。因此，本书编排如有任何疏漏或不足，还请读者、专家多加包涵，并欢迎批评指正。

目　　录

后现代主义史学：
并非本来意义上的历史学

"后现代主义史学"是后现代主义思潮的一个流派或分支。

据考证，"后现代"（postmodern）一词的出现比"后现代主义"（postmodernism）的出现为晚。后者最早出现于 1934 年出版的《1882—1923 年西班牙、拉美诗选》，用以描述现代主义内部的"逆动"。[①]"逆动"一词，无论对后现代主义的思潮性质，还是对后现代主义的发展趋势，可以说都是一种"预兆"。而前者直到 1947 年，才出现于在英国出版的，由阿诺德·J.汤因比所著的《历史研究》中。它表明后现代主义从一开始就有超前的性质。

自 20 世纪 50 年代以来，随着后现代主义思潮的广泛传播和流行，"后现代"这一概念虽然已被国际社会认可，但"后现代主义"却广受质疑、反对和挑战，尽管它也受到一些人真诚的接受、移植和追捧。可以说，在世界历史上，没有任何一个非马克思主义思潮或流派，在人们中间带来的震撼之大，超过

---

① 参阅王治河编：《后现代主义辞典》，中央编译出版社 2004 年版，第 9 页。

这个"后现代主义"的。它是断裂性的和颠覆性的。

后现代主义以反理性主义为标榜，兼及以理性为基础的科学主义，向现代主义及其实践和观念发起挑战和进攻，其影响由建筑、绘画、诗歌、文学波及现代社会的方方面面乃至整个意识形态，而史学领域受其影响最晚但受害最深，其集中表现就是后现代主义史学的兴起和传播。不过，到目前为止，中国对后现代主义史学的研究，诚如史学史专家瞿林东先生所说，尚处于"响应"和"诠释"阶段而缺乏真正有分量的"回应"。[①]本文亦不准备对后现代主义史学进行全面的检讨，要知道，后现代主义史学也曾给我们多方面的启迪而并非一无是处，它对现代资本主义弊病的洞察和批判更是"入木三分"。这里只想就一个基本概念问题提出质疑，只摆事实、讲道理而不做过多的价值评判：被国际学术界一些人大肆宣扬的后现代主义史学是本来意义上的历史学吗？因为这一问题涉及全部争议的底线而关乎史学本身的生存与发展。但为此首先需要弄清的一个问题就是：究竟什么是"本来意义上的历史学"？

笔者以为，所谓"本来意义上的历史学"，并非整个传统意义上的历史学，因为"传统史学"在不同时期不同国度都拥有自己诸多流派和理念；而是指一开始就提出的可以说是自然形

---

① 瞿先生的原话是："一个比较突出的事例，即关于'叙事学'的讨论。讨论的起因，仍是外国学者提出来的，是'后现代思潮'的反映之一。中国学者多有反映，但这种反映有的是'响应'，有的是'诠释'，而真正有分量的回应，尚待时日。"瞿林东：《关于当代中国史学话语体系建构的几个问题》，《中国社会科学》2011 年第 2 期。

成的，有关历史研究即历史学的基本概念、原则和方法，它们
如"史实"与"真相"、"探究"与"记事"、"目标"与"功能"
等，不仅明确定义了"历史学"这一概念的本质和特征，而且
是使自己区别于其他学科的标志，因为它们是最初决定史学生
命和遗传的主要基因；没有它们，历史学不仅不能产生，也不
能从文学范畴中独立出来而自立门户并获得空前发展，也就失
去了史学继续存在的理由和价值。这些一开始就提出的、自然
形成的有关历史学的基本概念、原则和方法的核心，就是明确
在对确实发生过的事件的研究中，首要的任务是要弄清有关的
"史实"并努力探寻其"真相"，否则其他一切所谓"研究"、
"解释"和"重构"，都将失去其必要的依据。之所以说它们
是"本来意义上的"，是因为它们均出现于由野蛮向文明的转变
之际，特别是人类空前觉醒的所谓"轴心时期"（Axial Age）；
是因为在这个时期人类破天荒地开始意识到不仅人类的存在是
"以无限的过去为先导的"，且这种精神觉醒本身也须"得到记
忆的支撑"；还因为在这个时期"人类的存在作为历史而 [开
始] 成为反思的对象"，并由此"产生了直至今天仍是我们思考
范围的基本范畴"①，其中就包括最重要的历史意识和概念。对
"史实"及"真相"的关注和重视可视作人类尊重自身历史和关

---

① Karl Jasper, *The Origin and Goal of History,* New Haven: Yale University Press,
1953. 转引自何兆武主编：《历史理论与史学理论：近现代西方史学著作选》，商务印
书馆 1999 年版，第 676、674 页。关于"轴心时期"或"轴心时代"人类觉醒与历
史起源的专门研究，可参阅许倬云：《论雅斯培（Jaspers）枢轴时代（Axial Age）的
理论》，载《东西方文化研究》1987 年第 2 辑；刘家和：《论古代的人类精神觉醒》，
见刘家和：《古代中国与世界》，武汉出版社 1995 年版。

注未来命运的集中体现。这就是为什么东西方的历史学均诞生于这个"轴心时期",为什么这个时期古希腊历史学的开拓者不是哲学家就是参与这个国家重大事务的将军和要员,而在中国,早在先秦时期就正式设立了"史官"制度,为什么司马迁把自己的使命定位为"究天人之际,通古今之变"①,而在古希腊一开始就把历史学叫做"探究",为什么在中国真正的史著最初不是《史记》而称《春秋》,而孔圣人虽"厄"却还要"作春秋"并高度关注"兴灭国,继绝世"②这样重大的问题,为什么"历史之父"希罗多德在其名著《历史》一开始就宣布"保存人类的功业"③是其著史的首要目标,而修昔底德在《伯罗奔尼撒战争史》中则特别强调探讨"史实"及其"真相"的重要④?为什么先秦之中国为防"疏通知远"失之于"诬",诸子就提出了"参验"与"解蔽"的必要,而《吕氏春秋》则坦言"得言不可以不察"而察"必验之以理"?⑤所有这些,无不体现着历史学与生俱来的本义和初衷。

在此,我要强调的是,从以下事实可知,由于确认"史实"并探究其"真相"是历史学与生俱来的本义,有关历史学的这些基本概念、原则和方法对此后整个历史学的形成和发展

①《报任安书》,《汉书·司马迁传》。

②《论语·尧曰》。

③〔古希腊〕希罗多德:《希罗多德历史》(上册),王以铸译,商务印书馆1997年版,第1页。

④〔古希腊〕修昔底德:《伯罗奔尼撒战争史》第一卷第一章,谢德风译,广西师范大学出版社2004年版,第1—15页。

⑤《荀子·解蔽》;《吕氏春秋·慎行论》。

都产生着巨大影响，任何一个有志于历史学的人或企图涉足历史学的人都不应当忘本：其一，虽经长期而广泛的争议和讨论，历史学的本义及其基本概念、原则和方法还是被国际学术界甚至社会广为接受：古希腊语"史"字原作"ίσтортηs"①，本是"探究""调查""研究"之意，"探究"的对象当然是"冲突"和"真相"②；波里比阿（Polybius, ca. 198 B.C.–120 B.C.）首次将"Historice"（拉丁语）引入历史学，但在拉丁语辞典中该词后注有【希】字，说明该词直接源自上述古希腊语③；通过"Historire"（法语）、"History"（英语）、"История"（俄语）的字形，亦可找到它们与拉丁语和希腊语的渊源，Geschichte（德语）的构形与此稍有不同，但其内涵与上述诸语种词意基本一致，这就是一大证据。其二，当19世纪历史学走向独立而趋于专业化时，这些有关历史学的基本概念、原则和方法便成了全部史学活动的宗旨：在大学里第一次设置了专门的历史教席，以课题为中心开办"习明纳尔"（seminar）即研讨班成为培养和训练史学专才的有效方式，历史学会成为各国历史学家进行学术交流活动的自己的组织，举行年会和创办历史杂志④则是史家

---

① 许多著述中采用"lотoprd"的拼法，但希氏原文用的是"ίότoрίηs"，见 Herodtus, *The Histories*, edited and translated by A. B.Godley, The Loeb Classical Library, Vol. 4, Harvard University Press, 1925, p.2.

② 罗念生、水建馥编：《古希腊语汉语词典》，商务印书馆 2005 年版，第 408 页。

③ 参阅谢大任主编：《拉丁语汉语词典》，商务印书馆 1988 年版，第 259 页。

④ 西方最早创办的几个专业历史杂志，是德国的《历史学报》（*Historische Zeitschrift*, 1859）、法国的《历史学报》（*Revue Historique*, 1876）、英国的《英国历史评论》（*The English Historical Review*, 1886）、意大利的《意大利历史评论》（*Archivio Storico Italiano*, 1884）和美国的《美国历史评论》（*The American Historical Review*, 1895）。

们发表学术论文的重要阵地和平台，而这些杂志的发刊词简直就是历史专业在各国诞生的正式宣言，因为它们无不把"科学"和"专业"作为自己追求的目标，其中创刊最早并引领史坛的德语《历史学报》(*Historische Zeitschrift*，1859)的卷首语即宣布："本刊拟是，且最重要的是一种科学刊物。"[1] 其三，正是在史学专业化过程中，在德国产生了史学最重要亦最著名的代表兰克及兰克学派，尽管它被某些人称为"客观主义"而企图歪曲其性质、否定其意义，但他倡导和力主的"如实直书"不仅完全切合历史的本义和初衷，而且在他的笔下被上升和确定为史学的"最高原则"(oberfte GefeB)。[2] 其真实含义，首先是要弄清历史上究竟"发生了什么"；第二，是要对"事实"进行"精确的陈述"；第三，为此就要掌握"第一手资料"(特别是历史档案)；第四，不仅如此，对史料还"必须页页核实"；第五，陈述要写出"特殊性"即历史的"实质"；第六，但应当明白著史"不可能有写文学书那样的自由"。[3] 在笔者看来，这其实就是用现代语言对史学之"本来意义"全面而深刻的概括。只可惜，研究者几乎人人都在引述兰克"如实直书"的话，却完全忽视了它是兰克认定的史学的"最高原则"。由是，下面我们对"后现代主义史学"与"本来意义上的历史学"所进行的几点比

---

[1] 引自陈恒选编：《西方历史思想经典选读》(英文版)，北京大学出版社 2008 年版，第 401 页。

[2] Leopold von Ranke, *Geschichten der romanischen und germanischen völker von 1494 bis 1514*, Hildesheim, 2010, p. vii.

[3] Leopold von Ranke, "Vorrede zur ersten Ausgabe", *Geschichten der romanischen und germanischen völker von 1494 bis 1514*, pp. iii-viii.

较，以及对"后现代主义史学"走向的关注和预测，就不仅显得必要而且尤为重要了，因为它可能关乎历史学的命运。那么，"后现代主义史学"与"本来意义上的历史学"有些什么样的重要区别呢？

I. 二者研究的对象和重点不同。历史研究或历史学实践千头万绪，但概括地说不外乎两大部分：一是史实认定，包括史料搜集、史料整理、史料考证、真相追寻等；一是历史叙事，包括历史理解、历史解释、历史重构、历史演绎等。早在黑格尔那里，历史就被分为过去"发生的事情"本身及对"发生的事情的叙述"。卡尔·贝克尔（Carl Becker, 1873-1945）将前者称为"既往实存之史"（the actual series of events that once occurred）；而将后者称为"吾人记忆之史"（the ideal service of events that we affirm and hold in memory）。[①]这种区分，甚至也为某些后现代主义史家所承认，弗兰克·安克斯密特在后现代史学纲领性文献《六条论纲》中，就把历史学的任务区分为这样两项：historical research (a question of facts) and historical writing (a question of interpretation)。[②]问题的关键在于：（1）在两项任务中哪一项更为重要而是史学研究的重点和对象？（2）后者可否脱离前者的决定和制约而令历史写作流于纯粹的"炮

---

① Carl Becker, *Everyman His Own Historian*, Chicago: Quadrangle Books, 1966, p. 234. 参阅汪荣祖:《史传通说——中西史学之比较》，中华书局2003年版，第194页。

② F. R. Ankersmit, "Six Theses on Narrativist Philosophy of History", in *History and Tropology: The Rise and Fall of Metaphor*, Berkeley: California University Press, 1994, p. 34.

制"或"编造"？然而，恰恰在这一关键问题上，后现代主义史家与"本来意义上的历史学"发生了分歧而走上不同的史学道路和方向：站在本来意义上的历史学家，很自然地和逻辑地把"史事"即"历史事件"当作自己研究的对象和重点。对此，这派史家的伟大代表兰克（Leopod Rank, 1795-1886）有过明确无误的说明："历史学被认为有判断过去、为未来指导现在的职能，对这样的重任本书不敢企望。它只想说明什么确确实实地发生了。"[①] 这段文字的前一句讲的"历史写作"，而后一句讲的是"历史研究"，一个"只"字表明了在兰克心目中历史学的重点所在。英国世界近代史权威阿克顿有言："历史须立足于文献而不是议论"（History must stand on document, not opinions.）[②]，倾向性十分明显。曾留学德国并深受兰克史学影响的傅斯年也做过类似宣示："历史学不是著史"，"近代的历史学只是史料学"。[③] 请注意，傅氏所强调的不是"史料"而是"史料学"，所指应是以"史料"为中心的整个历史研究活动。被誉为"后现代史学前驱"，出版了"第一部用后现代主义观点写出的历史著作"即《元历史》（1973）的海登·怀特（Hayden White），当他还处于由现代史学向后现代史学过渡之时甚至也曾认为："无论一个给定的历史话语的叙事方面与讨论方面的相

① Leopold von Ranke, "Vorrede zur ersten Ausgabe", *Geschichten der romanischen und germanischen völker von 1494 bis 1514*, p. vi.

② John E. Acton, "Inaugural on the Study of History", in *Lectures on Modern History*, London: Macmillan and Co., Limited, 1921, p.17.

③ 傅斯年：《历史语言研究所工作之旨趣》，欧阳哲生主编：《傅斯年全集》第三卷，湖南教育出版社 2003 年版。

对优点是什么，前者是基本的，而后者是次要的。"（Whatever the relative merits of the narrative and the dissertative aspects of a given historical discourse, the former was fundamental, the latter secondary. ）[1] 这是因为，在本来意义上的历史学家看来，"历史学本是通过系统地分析第一手资料对人类过去进行的研究"[2]，而这一看法又源于一个有关"历史"的基本定义和共识即"历史是确实发生过的事件"，且它们几乎为各派历史学家所承认：马基雅维里的全部著述贯穿了历史学是研究人的过去的活动这一准则。宣称"一切历史都是思想史"的柯林武德（Robin G. Collingwood, 1889-1943），也直接地把"res gestae"（活动事迹）即"人类在过去的所作所为"（action of human beings that have been done in the past）作为"历史学的对象"（the object of history）。[3] 杜维运教授在综合了各种历史定义之后，仍认定历史是"实际发生的往事"(what actually happened)，而历史学是研究往事的学术。当这些来自不同时期不同学派的史家都认定"历史是确实发生过的事件"时，实际上不仅径直把"史事"或"事件"确定为历史学研究的对象和重点，也自觉或不自觉地令他们自己站到了唯物论或自发的唯物论一边，因为这种"共识"也是"常识"，是"不言而喻"的即无须证明的；然而，在后现

---

① Hayden White, "The Question of Narrative in Contemporary Historical Theory", in *History and Theory*, (Feb, 1984) Vol. 23, No. 1, 1984. p.3.

② Hayden White, "Response to Arthur Marwick", *Journal of Contemporary History*, Vol.30, No. 2 (Apr., 1995), pp. 236-237.

③ Robin G. Collingwood, "History's Nature, Object, Method and Value", *The Idea of History*, New York: Oxford University Press, 1956, p. 9.

代主义史家那里，这一历史学研究的对象和重点却由过去发生的"事件"换成了"文本"，宣称"我们拥有的只有文本，我们也只能在文本之间进行比较"。① 上文提到的那位著名后现代主义史家安克斯密特，虽然表面上也承认历史学与"事实"有关，但他坚决地认为"弄清"事实与"解释"事实"有似"而绝不"雷同"，在明确地区分了"历史研究"（有关事实问题）和"历史写作"（有关解释问题）之后，紧接着他却断然宣布："历史学家的任务根本上乃是解释性的。"（Historian's task is essentially interpretive.）② 这就把历史学本身的对象和重点颠倒了。著名历史学家 L. 钱伯斯（Lain Chambers）表达过类似的看法："历史到我们手中，已不是原始的血淋淋的事实（raw, bleeding acts），而是一种文本式的产品（textual production），是根据意志（为真理）与企图（为权力）而编织成的。"③ 在后现代主义史家眼中，历史上不再有什么真理（truth）、客观（objectivity）、真实（reality），历史纯粹上是一种推论和语言游戏，"在本质上是意识形态经营下的一种形式"（巴尔特语），或"一种存在于文字间的语言学上的构造"。④ 值得注意的是，为了从根本上否定

① F. R. Ankersmit, "Reply to Professor Zagorin", *History and Theory*, Vol. 29, No. 2 (Oct., 1990), p. 7.

② F. R. Ankersmit, "Six Theses on Narrativist Philosophy of History", in *History and Tropology: The Rise and Fall of Metaphor*, Berkeley: California University Press, 1994, p. 35.

③ Lain Chambers, "Migrancy, Culture, Identity", in Keith Jenkins, ed., *Postmodern History Reader*, New York: Routledge, 1997, p. 80.

④ Keith Jenkins, *Rethinking History*, New York: Routledge, 1991, p.32 and p.7.

客观历史的存在，而把历史学的对象和重点由史事转移到"文本"上，与此前的唯心主义史家赤裸裸地否定客观历史的存在的做法不同，后现代主义史家特地为他们否定客观历史存在的做法发明了一种偷梁换柱的逻辑："发现" = "发明"，这个逻辑的发明者就是后现代主义史学先驱海登·怀特，见于所写《作为文学作品的历史文本》第二段如下的文字：历史叙事中最彰明较著的是"verbal fictions, the contents of which are as much invented as founded"。① 不过，在此处，作者并没有明确地在"发现"与"发明"之间画等号，只是说历史文本中的"事实"在同等程度上既是"被发现的"也是"被发明的"，但他却断然认定二者即上述两种成分均属"verbal fictions"（言辞的虚构），从而实际上仍将"发现"等同于"发明"，进而把客观历史偷换成了虚构文学甚至"言辞的制品"，因为毕竟被称为"最伟大的后现代主义史家"的米歇尔·福柯（Michel Foucault, 1926–1984）在这个问题上说得对：发现是去找到一个已经存在的东西，而发明却完全是无中生有。②

Ⅱ. **二者在研究中所使用的理论和方法不同。**如上所述，历史学源于一个几乎是各派历史家都承认的定义："历史是确实发生过的事件。"由此可以引申出两点：（1）既然是"已经"发生了的，对于历史家和研究者来说，这件"史事"就是不曾参与

---

① Hayden White, "The Historical Test as Literary Artifact", *Clio*, Vol. 3, No.3, 1974, p.278.

② 〔美〕布莱恩·雷诺:《福柯十讲》，韩泰伦编译，大众文艺出版社 2004 年版，第 14 页。

过和接触过的事物，因而它是独立存在于史家之外的;(2)由
于该事件"确实"发生过，该"史事"就具有毋庸置疑的客观
性、实在性和真实性，因为任何史事都由以下五个基本要素构
成:who、when、where、what、why。由于历史家没有参与也不
能直接接触他要研究的史事，唯心论者便认为历史学家有关该
史事的概念及其推论和判断便没有了经验和感觉的依据，其概
念的形成不是靠"想象"或"幻想"就是来自"先验"的理念，
是与唯物论的认识论的反映论无关的:其中，后者的最大代表
是伊曼努尔·康德（Immanuel Kant, 1724-1804），而前者有瓦
雷里（Paul Valéry, 1871-1945）的话（"过去是植基于文献的想
象"）和海登·怀特的话（"过去是想象的乐土"）为证。①然而，
按照历史学的本义，历史家一旦决定对某一历史事件即"史事"
进行研究，他就必须首先认识他要研究的对象即"史事"，从而
令自己关于该"史事"的概念及整个研究受唯物论的认识论的
反映论的制约，因为他虽然不能直接接触该史实，却可以"通
过系统地分析第一手资料"而间接地与之发生联系，并在此基
础上形成自己正确的概念、推理和判断，在这里"史料"便充
当着史家与史事之间的中介。有人把此观点歪曲成这样一种观
点，似乎只有在研究原始资料的基础上"事件"才能被转化为
"事实"，而事实并不先于历史家对事件的研究而存在。其实，
历史家对史实的认识之所以可以通过对原始资料的系统分析来

①　参阅黄进兴:《后现代主义和史学研究》，生活·读书·新知三联书店 2008 年
版，第 71 页。

达到，是因为史料特别是第一手的资料即原始资料不是历史事件的发动者就是参与者和旁观者当下的记忆，其中"历史档案"原本就是历史事件本身的重要组成部分，它们均包含着大量"史实"及相关信息而成为历史的载体，即《文心雕龙·史传》中所说的"载籍"。对此，梁任公在《中国历史研究法》中有一个解读：史料乃是"过去人类思想行事所留之痕迹，有证据传留至今者也"。而"记忆"是为了把对事物观察获得的印象和感觉深存在脑子里，但没有具体的实践和经验是不会产生这种印象和感觉的。[①] 我们必须承认，"只要记录者的了解无误，它的真实性就无可怀疑"。[②] 所以，"载籍"包含着人类的历史活动、事件发动者、参与者和旁观者的实践经验，其记忆及其对它们的考察是不能不受认识论的反映论制约的，它体现了历史事实客观实在性在整个史学实践中的决定和制约作用。正因为如此，在甲骨文、金文和小篆中，"史"字的构形均从又（手）持册状并与"事"字通用，孔子在《论语·卫灵公》中留言："吾犹及史之阙文也。"《汉书·艺文志》就有"左史记言，右史

---

① 这一观点，也随近年来国际科学界对人的大脑的记忆力的研究而得到证明。据俄罗斯《晨报》2018 年 12 月 15 日报道，神经生理学家尤里·什特罗夫领导的研究小组发现，人的大脑能够在 15 分钟内记住任何语言中最艰涩难懂的单词。在这段时间内，负责记忆的神经细胞之间将形成稳定的联系，并将终生保存。这一研究强调两点：第一，关键因素是，如果希望永久记住新单词，就需要重复练习、朗读或默记，至少重复 160 次；第二，大脑只有在刚听到新单词时才最为活跃，然后逐渐变弱，大约从第 14 分钟开始或重复 160 次以后，记忆信号最终会完全从脑电图上消失，因为此时神经细胞之间的联系已经完全建立起来。这一研究表明，那种离开对外界的接触和经验来谈感觉和记忆的做法是荒谬的。

② 刘家和：《古代中国与世界》，第 31 页。

记事"的说法,《隋书·经籍志》也说:"夏殷已上,左史记言,右史记事。"而《说文》亦释"史"云:"史,记事者也。"其实,在这个问题上,东西方学者的看法基本上一致,如亨利·S. 康马杰(Henry S. Commager)在其所著《历史研究》一书中就认为:"历史本是集体的记忆。"(History is organized memory.)①上文曾提到,希、拉、法、德、英、俄有关"史"的用语其含义虽各有差异,但均包括了"史"和"事"这两重含义。由我国商务印书馆和英国牛津大学出版社出版的《精选英汉汉英词典》(1986),即释"history"为"过去事件的记载",既有"事"也有"记"和"载",融实践(事件)、记忆(文字)载体(书籍)于一体。以笔者之见,如果说中国史学与西方史学有什么不同的话,在它们初创之际,前者更强调"记事",而后者更强调"探究",但均不离"史学"之本义。在此,有一点可能需要说明:尽管我们强调了"史料"在历史研究中的重要地位和作用,但个人以为史料仍不是史学研究的"对象"而只是"中介",而真正的"对象"仍然应是历史和事件即"史事"本身,忽视此点就可能忘记史料考证乃至整个史料学的目标和重点:认识历史,确定史实,探寻真相。换言之,史家所要做的,是通过形式上是"文本"的东西去寻找其中留有"历史事实"痕迹背后深层的东西,这正是历史研究的奥妙之处。从这个意义上说,我们所拥有的就不只是文本。与此不同,如果说

---

① Henry S. Commager, *The Study of History*, Columbus: Charles E. Merrill Publishing Co., 1966, p. 3.

本来意义上的历史学及其实践要受唯物论的认识论的反映论指导和制约的话（有时也可以是天然的唯物论或朴素的唯物论），那么后现代主义史学的理论基础和指导原则则可以称之为"结构主义"，因为后现代主义史学把自己研究的对象和重点放在了与"解释"有关的"历史写作"上，而不是与"事实"有关的"历史研究"上，且同时声称"历史若文学"，于是"文本""话语""语言""游戏""虚构"便成了这派学者津津乐道的字眼。在这样的情况下，把"结构主义语言学"奉为神明就在情理之中了，只不过要注意的是此处所说的"结构主义"有时也包括对其略有修正的"后结构主义"，但个人以为对后现代主义史学影响最大的还是"结构主义"而不是"后结构主义"。① 已有人提醒读者，大多数后现代主义史家都不是真正的历史学家而是所谓史学理论家，因为他们可以说都是在西方哲学向语言和语言学"转向"的过程中应运而生的，或多或少都是这一思潮的产物。把后现代主义引入史学的始作俑者海登·怀特，便自我定位为"结构主义者"② 并以寻找 19 世纪史学的"原形"即"深层结构"（deep structure）为己任，而历史学的这个"深层结构"就是历史学的所谓"诗性"。这是因为，在他看来，"历史若文学"，只要使用语言就无法避免"诗性"，且"诗性"预设先于

---

① 参见彼得·康宁（Peter Canning）"结构主义"和邓尼斯·罗曼（Denise Roman）"后结构主义"词条，〔美〕维克多·泰勒、查尔斯·温奎斯特编：《后现代主义百科全书》，吉林人民出版社 2007 年版，第 465—467、381—383 页。

② 〔美〕海登·怀特：《元史学》中译本前言，陈新译，译林出版社 2004 年版，第 1 页。

模式阐述。虽然米歇尔·福柯否认自己是"结构主义者",但布莱恩·雷诺在《福柯十讲》中还是将其称作是"一个反结构主义的结构主义者"[①],而怀特则认为他不是"反结构主义者"而是"后结构主义者"[②],因为福柯治史的重要手段之一就是通过揭示知识之间的联系及由此产生的互动,来探寻所谓真理的形成过程及如何从研究对象转变为研究标准,进而反过来规定研究的范围和课题,这种"知识之间的联系"当然也是一种历史结构。但他们之中,只有海登·怀特才把这种结构主义推向极致,把他所提的"历史诗性"发展成一种正式的"史学语艺论"(the poetics of history),并把它作为《元史学》一书"导论"的副标题。他宣称任何一个历史作品都包括"认知的""审美的"和"道德的"三个层面,而与之相对应的则是"形式论证""情节编织"和"意识形态"三种解释策略,且早在史家整理史料时就"预设"了"隐喻"(metaphor)、"换喻"(metonymy)、"提喻"(synecdoche)和"讽喻"(irony)四种属于"譬喻"的语言表达形式[③],企图坐实其"历史若文学"的论断,仿佛历史的"结论"和"意义"不是靠"史实"而是靠"隐喻"。如果说后现代主义史学的理论基础是"结构主义",那么其基础的基础便是"结构主义语言学",正是这种语言学为后现代主义史家把史

---

① 〔美〕布莱恩·雷诺:《福柯十讲》,第6页。

② Hayden White, "Foucault Decoded: Notes from Underground", *History & Theory*, Vol. 12,No. 1 (1973), p. 24.

③ Hayden White, *Metahistory: The Historical Imagination in Nineteenth-Century Europe*, Baltimore: The Johns Hopkins University Press, 1973, pp. 29–38.

学研究的对象和重点由"史事"转变为"文本"，并只在"文本"即历史作品内寻找历史"结论"的决定因素提供了理论的依据，而结构主义语言学的代表作就是瑞士费尔迪南·德·索绪尔所著《普通语言学教程》（法国巴黎，1916 年）。其中值得注意的是这样几层语言学观点：（1）他认为，"言语"活动是异质的，但由活动规定下来的"语言"却是同质的，因为它是由集体同意而得到认可的；（2）他认为，语言本质上是一个符号系统，符号虽然主要是心理的但并不是抽象的，在该系统里只有"意义"和"音响形象"的结合是主要的；（3）他认为，语言学有"历时语言学"与"共时语言学"之别，前者研究"在时间上彼此代替的各种相连续的要事间的关系"而被称为"外部语言学"或"演化语言学"，后者研究"同一个集体意识感觉到的各项同时存在并构成系统的要素间的逻辑和心理关系"[①]而被称为"内部语言学"或"静态语言学"；（4）他认为，既然语言是一个系统，"它只知道自己固有的秩序"，那么语言的定义就"要把一切跟语言的组织、系统无关的东西"，即"一切我们用'外部语言学'这个术语所指的东西排除出去"[②]；（5）尽管语言符号只是形式而不是本质，但任何一个符号系统都是"概念和音响形象的结合"。为了弄清它们在文本中的不同地位和作用，索绪尔划分了"所指"（signifié）和"能指"（signifiant）并用以分别代替"概念"和"音响形象"，同时又指出概念的"所

---

① 〔瑞士〕费尔迪南·德·索绪尔：《普通语言学教程》，高名凯译，商务印书馆 2017 年版，第 136、171 页。

② 同上书，第 30 页。

指"和意义就取决于"能指"所形成的"链条"或"结构"。[①]
这样，索绪尔的语言学就自然而然地为后现代史学家把历史研究的对象和重点由"史事"转为"文本"，提供了现存的理论与方法。这两种理论和方法的本质区别在于：前者承认客观实在性对整个历史研究的决定和制约作用，而后者则相反。

Ⅲ. **二者所说的"事实"在性质上大不相同**。应该说，凡治史都不能不涉及"事实"（facts），无论他属于哪个学派都概莫能外，包括后现代主义史家在内，但二者所说的"事实"在性质上即使不是完全相反也是大为不同，关键在于"真实性"及其程度。本来意义上的历史学一般用"史实"（historical facts）一词，而后现代主义史学一般只用"事实"（facts）一词，前者也可等于历史"事件"（event）一语，因为历史事件不仅由系列历史"事实"构成，而且有"五个 W"作为它的基本要素，从而具有毋庸置疑客观实在性并且是及物的，而后者就难说了。这里，先来看本来意义上的历史学对"事实"的认识和认定：首先，按历史学的本义，这派史家历来高度肯定"史实"在历史学中的重要性，这种重要性可以用刘知几在《史通·惑经》中的一句话来概括："良史以实录直书为贵。"对此，梁启超在《中国历史研究法》中有过这样的解说："史料为史之组织

---

① 索绪尔认为，"语言的整个机构都取决于能指的线性特征"，因为"能指属听觉性质，只在时间上展开，而且具有借自时间的特征"。正因为如此，语言符号既有不变性也有可变性，不管造成变化的因素是孤立的还是结合的，"结果都会导致所指和能指关系的转移"。参阅〔瑞士〕费尔迪南·德·索绪尔：《普通语言学教程》，第99、105 页。

细胞，史料不具或不确，则无史之可言。"第二，"史实"的重要性只有通过其客观性和真实性来保证，用佩里·贝尔（Pirre Bayle, 1647-1706）的话来说便是："真实（truth）乃是历史的灵魂。"① 对此，保罗·韦纳有过这样的理解："历史与真实的事件有关"，"一个事实必须满足唯一的一个条件才能成为历史，即它必须真实地发生过。"② 第三，那么，怎样确定这个"史实"的客观性和真实性呢？或者说，确定一个真实性的"史实"的标准是什么呢？这就是记载或记述与事实的一致，即刘彦和在《文心雕龙·史传》中所说"按实而书"。瞿林东在《中国史学史纲》中引证过一位叫吴缜的宋人在《新唐书纠谬》中的一段话："夫为史之要有三：一曰事实，二曰褒贬，三曰文采。有是事而如是书，斯为事实。"其中，前一句强调了"事实"在史学研究中的首要地位，而后一句讲的便是认定"事得其实"（吴缜语）的标准和做法："有是事而如是书"，此点对史料和史著都是适用的，尽管它还是一个总体性的要求。这不禁令人想起兰克的那句被称为史学"独立"宣言的名言："如实直书"，原文为"er will blos zeigen, wie es eigentlich gewesen"，其中关键是含义为"弄清"（zeigen）的和含义为"真正的"、"真实的"、"本来的"（eigentlich）的两词 ③，直译应表述为"它只想弄清已经确

① Pierre Bayle, *Mr. Bayle's Historical and Critical Dictionary*, London, 1997, Vol. IV, p. 863. 转引自黄进兴:《后现代主义和史学研究》，第 41 页。

② Paul Veyne, *Writing History: Essay on Epistemology*, Manchester University Press, 1971, pp. 11-12.

③ Leopold von Ranke, "Vorrede zur ersten Ausgabe", *Geschichten der romanischen und germanischen völker von 1494 bis 1514*, p. vi.

实发生过的事件的真况"，它常常被一些批评家指责为"客观主义"，其实它前半句讲的是"弄清"而后半句讲的就是确实发生过的事件的"真况"而且强调了两者的一致性，和几百年前吴缜关于"事实"的定义不谋而合，何来"客观主义"一说？只是应注意，引证兰氏此话不能只引后半句而丢了前半句。然而，难就难在如何才能"事得其实"上，这是因为：（1）历史愈久，史料的保存就愈难，虽然有时一两条史料也能揭示历史的真相，但史料的缺乏却是史学中的常态；（2）史料既然是历史发动者、参与者和旁观者留下的"记忆"，就不可避免地会在历史文献中留下人的主观因素，不同程度地影响史料的客观性；（3）记忆不仅会有直接的和间接的之别，有些记忆按记录者的是非标准可能是无误的，但以事实来衡量却可能是有误的；（4）政治分歧，意识形态，包括敌对情绪、民族主义、沙文主义，都可能影响历史记忆的选择和准确，以致产生"实录不实"[①]的问题；（5）更有甚者，出于某种特殊的宇宙观和宗教观的需要而导致学者们所说的"虔诚的伪造"，结果在古埃及某些铭文、王表和纪念物中，许多国王都被描写成世界秩序的维护者，永远不可

---

　　① 以明"南宫复辟"为例。事因正统十四年（1449）七月瓦剌军侵明引起。时宦官王振挟英宗亲征以解大同之危，结果发生"土木之变"而英宗被俘。此时其弟郕王监国以应变（后为景帝）。至景泰元年（1450）八月，英宗回京并住于南宫。景泰八年正月景帝病，英宗乘机夺取东华门，重登帝位，史称"南宫复辟"。而《明英宗实录》卷二七四的记载却是："中外人心归诚戴上，乃于是昧爽，共以兵迎上于南宫。上辞让再三，亨等固请乃起，升辂入，自东华门至奉天门，升御座。"参阅王天有：《实录不实的一个例证》，《北京大学学报》1981年第1期，第94页。

战胜的统帅，居民忠实追溯和匍匐乞求的对象①；（6）至于由于时代久远、种种不利因素（包括天灾人祸）干扰破坏及辗转传抄，史料遗失、错漏、倒置、穿凿等现象会层出不穷。如此等等。它们都不同程度地增加了历史研究工作的难度，但也凸显了史料搜集、整理、排比、考证及认定的极端重要性，以致才有了"史学便是史料学"的说法，史料考订要解决的主要任务即是否做到了"有是事而如是书"。当然，最终或完全弄清一个"史实"及其"真相"，史家可能终其一生甚至花费几代人的功夫都难做到，但一个真正的历史学家绝不会放弃其不懈的追求，因为史学的每一次进展，史家的一得之功都是宝贵的，还因真理既是相对的也是绝对的，不能只承认其相对性而否定其绝对性；与此相左，在后现代主义史学中，史家所说的"事实"，已不是本来意义上的"史事"即具有历史客观实在性的事实，而只是"故事事实"或"制造事实"并因而是"语言事实"，即罗兰德·巴尔特（Roland Barthes）所说："事实只不过是语言性存在。"（Facts have only a linguistic existence.）②而其意思则可用 J. 德里达（Jacques Derrida）的话为之作注："文本之外，别无他物。"（There is nothing outside of the text.）③虽然德里达的

---

① 参阅颜海英：《"虔诚的伪造"——古埃及文献中的国王形象》，载《国外文学》（季刊）2000 年第 4 期（总第 80 期），第 30—39 页。

② 转引自 Hayden White, "Response to Arthur Marwick", *Journal of Contemporary History*, Vol. 30, No. 2 (Apr., 1995), p. 239.

③ Jacques Derrida, *Of Grammatolog*, translated by Gayatri Chakravorty Spivak, Baltimore: Johns Hopkins University Press, 1997, pp. x, xi. 作者的原话是 "There is nothing outside of the trace." 雅克·德里达，1930 年生于阿尔及利亚，其批判性研究是 20 世纪 60 年代法国主要的对立派哲学话语。他从哲学和文学传统出发解读"文本"，在包括历史在内的几乎所有哲学社会科学领域，都产生了极为广泛的重大影响。

本意是想说"外"已融解于文本之"内"了，但他毕竟最终只承认历史的"文本性"。换言之，后现代主义史学和本来意义上的历史学关于"事实"的解释，不仅是一个提法问题亦是一个性质问题，"linguistic"（语言性的）一词确切地说明了他们所谓"事实"的真正含义，也充分地暴露了后现代主义史学的本质。是什么导致了史学领域的这一重大改变？直接的原因，是后现代主义史学改变了史学研究的对象和重点，把这个对象和重点由"史事"（即历史事件）换成了"文本"（即历史作品），这等于搬掉了整个史学大厦的基石；而间接的原因，是后现代主义史学家用"历史若文学"这一公式令"历史作品"等同于"文学作品"，于是"虚构"便堂而皇之地被引入了"史学"研究的领域，从而使"事实"丧失了它在史学中的"本义"；但真正的原因，还是后现代主义史家用"概念即转义"（Concepts are tropes.）[①]这一理论，借口"符合论"有缺陷从根本上拒绝和抛弃该理论所包含的认识论的反映论的合理因素，从而为历史解释的随意性和语艺化敞开了大门。此外，这里还有两个与"事实"有关的后现代主义史学观点值得一提：其一，一般认为，在后现代主义史学中，"texts"本包含有"史料"和"史书"两大部分，但实际上他们总是把"史书"与"史料"混为一谈，并主要以"史书"指称"文本"。但必须指出的是，两者是在性质上完全不同的文本："史料"是历史事件的发动者、参与者和旁观

---

① Paul de Man, "The Epistemology of Metaphor", in Sheldon Sacks, ed., *On Metaphor*, Chicago: University of Chicago Press, 1979, p. 21.

者留下的历史痕迹即"历史记忆"，其中包含了大量具有客观性和真实性的史实，而"史实"本身是不容加工和编造的，因为"符合论"认为："客观性和真实性是历史事实的根本特征"；"史书"虽然也包含着必不可少的史实，但作为"历史作品"自会偏重于"解释"，其中"史实"的选择和评价难免受到史家主观意志的影响。其二，福柯以提出"考古学"闻名，往往令一些不了解真相的人误以为他是要对史实和史料进行考证，在此必须指出的是，他的考古学叫"知识考古学"①而不是"历史考古学"，其考察对象是那些无意识的和匿名的思想形式。其使命并不是如其希腊字源"arche"所示，要寻求"初始"即探索隐微、深沉的人类意识，而是旨在探究论述的制度化及其转换，而界定表层的论述关系。②福柯甚至围绕一个更宽泛的意义宣称："不存在什么真实事物，存在的只是语言。"③他提出的一个重要哲学命题，即"真实"本身就是一种"游戏"。

Ⅳ. 二者对"叙事"的内容、理解和做法也不相同。克罗齐说："没有叙事，即没有历史。"④上文曾引《隋书·经籍志》的话说："夏殷已上，左史记言，右史记事。"而按《国语·晋语》"纪言以叙之"的说法，在古代"记"和"纪"、"纪"和"叙"从而"记"和"叙"从来就是联系在一起的，叙事几乎和历史

---

① 福柯有一本专著就以《知识考古学》命名。
② 黄进兴：《后现代主义与史学研究》，第27页。
③ 转引自〔美〕布莱恩·雷诺：《福柯十讲》，第57页。
④ 克罗齐《广义艺术概念下的历史》（1893），原载于《第一评论》1951年第1期。转引自〔美〕海登·怀特：《形式的内容：叙事话语与历史再现》，董立河译，北京出版社2005年版，第37页。

学一样古老。在西方，类似的职务在古代叫"书记"或"秘书"（secribes），但在古代西方尚未发现类似"史官"的设置。不过，西方史学诞生时期的史书，如希罗多德《历史》和修昔底德《伯罗奔尼撒战争史》所记言事都极为充分生动，修氏所记有关人物之"演说辞"不少被考证为"代言"而由修氏自己拟定，从另一个角度看也可视为对"记言"的重视。此处应当指出的是，古人言行的记者即史官可有左、右之分，但所记之言、行却难以绝对分开。诚如清代著名史家章学诚《文史通义·书教》所说："古人事见于言，言以为事，未尝分事与言为二也。"《柏拉图对话集》虽以记言为主，但也涉及不少重大史事于其中，如轰动一时的苏格拉底审判就是一例。希罗多德《历史》和修昔底德《伯罗奔尼撒战争史》，不仅"演讲"和"战事"并茂且互为参照。我国第一部历史文献集，被誉为专门"记言"的历史经典《尚书》，不仅长于记言也精于记事，《盘庚》篇即"盘庚迁殷"的重要载籍。史诗在国际学术界，早已被认定为"叙事体"的萌芽形式，而《诗经》虽被定为我国第一部诗歌总集，但其中也包含着我国最早的史诗如"雅""颂"诸篇，可谓"言""事"高度融合。然而，我们同时又应指出，在史学中虽然记言记事难以截然分开，但所记之事却有"虚""实"之分，"叙事"从而便有了性质与方法之别：（1）本来意义上的史学"叙事"属于后者。这是因为，诚如笔者在上文已经论证过的，本来意义上的历史学认为"历史学是研究以往确实发生过的事件的学术"，而该定位又是源于"历史是以往确实发生过的事件"这一关于"历史"的定义，且其本义是史学在诞生之初

就有，又经过长期的争论和讨论，在史学从文学领域分化出来
而独立时确定了的，几乎已是各派严肃史家的共识，因而也是
有关"历史"和"史学"的常识，是"不言而喻"即不需论证
的。还因为，史学的这一"本义"决定了，在这派史家的"叙
事"乃至全部历史著述中，都把对"史实"及其"真相"的探
讨即"因果关系的探究"作为研究的核心任务而主要采用"历
时性"研究模式，不管它们是属于分析性的还是属于理解性的、
解释性的、重构性的或演绎性的，都视史料的充分有效及其可
靠性和真实性为生命，要求做到有"叙"有"事"并确保或尽
量做到"史实"的真实性、可靠性，即吴缜所说的"有是事而
如是书"，及兰克所说的"如实直书"。正因为如此，这派史家
才重视"第一手资料"即原始资料特别是历史档案，才不惜花
费大量时间和精力甚至毕其一生去搜集、整理、考证史料，才
对史料进行"页页核定"以最终确认史料的真伪而决定弃取，
才有了彪炳千秋的"乾嘉学派"和"古史辨派"的诞生以及当
代周一良著《魏晋南北朝史札记》①这样纯粹的史料考证，才在
被某些人宣布"历史已死"的情况下在中国却产生了"夏商周
断代工程"这样由国家确立的重大历史项目；（2）后现代主义史
学的"叙事"则倾向于前者，即"虚"。这是因为，诚如笔者在
上文已经论证过的，这派史家通过以下几大步骤逐步地把他们
的"叙事"虚化了：首先，他们改变了史学研究的对象和重点，

---

①　该书中华书局初版于 1985 年，2015 年又出版"补订本"，包括 347 条史料的
"考订"和"注解"，内容涉及魏晋南北朝十二部正史，为处理史料方便起见，行文
使用了"浅近的文言"。

把对象和重点由"史事"换成了"文本",其理由是"发现"等同于"发明",客观的历史事实在他们那里实际上是不存在的,存在的只有文本;其次,他们用"历史若文学"这一公式,进一步把"历史作品"等同于"文学作品",从而把客观史实变成了所谓"故事事实"或"制造事实",并美其名曰"历史学家的建构(are constructed by the historian)",其真正的含义却是"'发明'在历史家的工作中也起着部分作用"("'invention' also plays a part in the historian's operations")。① 最后,他们用"共时性"研究模式把他们的研究固化在他们自设的框架里,几乎完全拒绝"外证"即对客观历史条件的考察,从而使他们的"事实"进一步虚化为"语言性存在"。在这样的情况下,在后现代主义史学中,由于带有客观性和真实性的"历史事件"变成了带有文学色彩的"话语事件",他们的所谓"叙事"便逐渐远离本来意义上的历史叙事,而流于西方现象学所主张的"纯叙述"(pure description)。② 很少有人注意到,海登·怀特在 1974 年 *Clio* 杂志第 3 卷第 3 期发表的文章,虽然其标题把"历史文本"(the historical text)称作"文学作品"(literary

---

① Hayden White, *Metahistory: The Historical Imagination in Nineteenth-Century Europe*. p. 6.

② 这种叙述之所以称作"纯叙述",是因为它抽掉了它的物质基础,变成了一种纯粹的"理念"演绎,其哲学根据是埃德蒙德·胡塞尔(1895—1938)的现象学。其现象学也可称作"本质还原"论,但不是把"理念"还原到物质世界,而是把物质世界还原到"理念",进而再还原到一种纯粹的、未被任何媒介表达的先验的"自我",因为他质疑把世界作为"判断真正的最终之基础"的有效性,认为对这种先验"自我"意识起决定和支配作用的,是一种前认知的"理解力"。

artifact），但他在行文中在历史文本虚化的道路上比将其文学化走得更远，不仅批评了历史家也批评了文学家对历史叙事或历史表述中，一个最彰明较著的问题即所谓"verbal fictions"（言辞的虚构）的忽视，因为按文学艺术的基本原理"文学艺术源于生活又高于生活"，经文学艺术家的改编、虚构和创作而产生的"文学作品"毕竟还有一定的生活为基础，而在怀特心目中，"historical narratives"（历史叙事）或"historical representations"（历史表现）应"纯粹将其视作一种言辞制品"（considered purely as a verbal artifact）[①]，"purely"（纯粹）一字不仅划清了"言辞制品"与"历史文本"的界限，也划清了"言辞制品"与"文学作品"的界限。请注意，"verbal artifact"在后现代主义史学中是一个十分耀眼而又非常重要的概念，它凸显了该史学与结构主义语言学的密切关系，并在很大程度上确立了该派关于"叙事"和"文本"的性质取向。关于两者在这个问题上的本质区别，有位北大教授写过一篇专题性论文，虽然该文是讨论"narrative"一词究竟是应译作"叙事"还是应译作"叙述"这一问题的，但她在表示显然前者比后者更具优势时同时指出，尽管"叙事"和"叙述"两个概念在不同场合的使用均有其合理性，但"叙事"一词是动宾结构而"叙述"则只由动词构成，后者没有"事实"作为它的宾语。[②] 笔者以为，这一讨论对我们正确地认识后现代主义关于"叙事"的性质不

---

① Hayden White, "The Historical Test as Literary Artifact", *Clio*, Vol. 3, No.3, 1974, p. 278.

② 申丹:《也谈"叙事"还是"叙述"？》,《外国文学评论》2009 年第 3 期。

无参考价值：它揭示了后现代主义叙事学"叙述"化的倾向，其实质是"史实"与"文本"的分离。其实，当后现代主义史家宣布"历史若文学"的时候，就已经从根本上动摇了作为历史学根基的客观实在性，因为文学中的"事实"是可以虚构和改编的，而历史事实本身既不能虚构也不能编造。仅此而已，岂有他哉！

而今史学已是一座枝繁叶茂的百花园，拥有众多的分支和流派，观点更是丰富多彩、争奇斗艳，以上所议所论仅及有关史学"本义"的一些基本概念、原则和方法。那么，根据以上的比较与分析，我们可以得出怎样的结论呢？笔者以为，由于以上四个方面的分歧和原因——这些分歧既是结构性的也是实质性的——可以认定后现代主义史学不属于本来意义上的历史学。而且，后现代主义给史学所造成的最大问题，无疑是史学研究的对象即"史事"或"历史事件"罕有地在其史学实践和活动中的"缺席"（absence）。这是因为，本来意义上的史学研究的对象和重点，被后现代主义史家用"文本"取代了"史事"，然后又视"历史作品"等同于"文学作品"，使本来具有客观性、实在性和真实性的"史实"虚化成仅仅是"语言性存在"，以致最终实质性地逃离出史学活动视野之外，从而使这种"缺席"成为不可避免。

什么是"缺席"？托姆·卡尔森（Tom Carlson）对此有过经典的定义和解读："缺席是一种匮乏，它瓦解和延迟充分的在场。由于西方传统史学及其现代成就都涉及一种在场形而上学，因而对西方思想的后现代批评来说具有至关重要的作用。在在场形而上学中，原初性'真理'等同于'存在'，存在又等同于'在场'：是真的或真实的存在即是本源而充分的在场。"① 此定义和解读等于诚实而又准确地告诉人们，"史事"即"历史事件"在史学活动和实践中的"缺席"，不仅是对"过去确实发生过的事件"即"本来意义上的历史"的否定，而且它会造成史学研究中"史实"的匮乏即我们所说的史学的"空心化"或"虚拟化"，它在反对和否定本来意义上的历史学的过程中"起着至关重要的作用"，其基本取向和最大危害是造成史学的"非历史化"。事实正是如此，宣布"历史已死"，可以视作这派史家自以为已全面颠覆传统史学后的狂欢，虽然绝大多数后现代主义史家对本来意义上的历史学乃至整个传统史学的攻击和挑战还停留在理论上，但后现代主义史学也造就和拥有了自己最大也是最著名的代表米歇尔·福柯。他在法国被视为"国宝"，而被国际上众多学者称为"20 世纪最伟大的哲学家"，但即便是对福柯有全面、独到而深刻的研究并对他赞赏有加的美国人布莱恩·雷诺，在所著《福柯十讲》中也认为，福柯是"一个令人无从捉摸的人物，一个非历史的历史家"。② 其实，对此福柯本人也是承认的。在 1984 年 6 月 28 日发表于《消息》上的，由吉尔·巴尔巴特（Gilles Bar Badette）和安德烈·斯卡拉（Andre Scala）对福柯所做的可能是其临终前最后一篇访谈中，福柯说："我承认这一点，我在《事物的秩序》《癫狂与文明》甚

---

① 〔美〕维克多·泰勒、查尔斯·温奎斯特编：《后现代主义百科全书》，第 1 页。
② 〔美〕布莱尔·雷诺：《福柯十讲》，第 6 页。

至在《监禁与惩罚》中所作的哲学研究，都是建立在对某些哲学词汇、游戏和经验的基础上的。"①而在另一篇更早的于1977年1月进行的访谈中，在回答"你能接受这种认为你的分析具有戏剧色彩和虚构性质的观点吗"问题时，他更明确地表示："至于虚构的问题，我认为对我来说是非常重要的，我很清楚我所写的一切都是虚构。"②这并非他"以退为进"的策略，我们也不必追问其中每一个字的虚实，他原本就认为"虚构的话语可以产生真理的效果"。③他说："哲学是反思与真理的关系的方式"，但今后不再思考什么是真和什么是假，而"文学只关心自身"，因为它必须遵守一个重要的原则："文学的不及物性。"④这可能是"史事"和"史实"在后现代主义史学中"缺席"，进而导致史学"空心化"即"非历史化"的最好说明了。然而，诚如笔者在上文指出的，按本来意义上的历史学，任何"历史事件"都是人类思想和活动的产物，"谁""什么时间""什么地点""究竟发生了什么"及其"原因"是构成一个"历史事件"的基本要素，其中就包含必不可少的物质性，不然何来"时、地、人"或"人、时、事"三者定史之说？

　　不过，已经有人注意到，笔者在上文也曾提及，后现代主义史家并非闭口不言"史事"即历史事件。海登·怀特为此

---

　　① 〔法〕米歇尔·福柯：《权力的眼睛——福柯访谈录》，严锋译，上海人民出版社1977年版，第110页。

　　② 同上书，第180页。

　　③ 同上。

　　④ 同上书，第108、89页。

还特地对"事件"（event）和"事实"（facts）作了区分，他
在《答亚瑟·马维克》一文中甚至明确表示："事件必须被认为
是给定的"，而"事实是被历史学家们建构出来的"。他甚至还
说："事实与虚构（fiction）的对立是历史学理论的一个基本要
素。"① 这很容易让人误以为怀特及后现代主义史家并不否认和
摒弃历史研究的真正对象及其客观实在性。事实果真如此吗？
答案是否定的。只要仔细阅读其《答亚瑟·马维克》全文，并
不难从有关的论证逻辑中发现其中的奥妙：是的，鉴于学界对
后现代主义史家所使用"事实"概念的质疑，怀特特地区分
了"事件"（event）和"事实"（facts）并注明"事件"是"给
定的"（as given），它是"历史研究的对象"（as an object of
historical research）②。但怀特立即赋予"事实"而不是"事件"
以"双重意义"（The sense of both "event" and "statement about
events"），即"事实"既包含着"事件"的意义也包含着"对
事件的陈述"，似乎由此就可以顺理成章地用"事实"取代"事
件"来使用了，因为它们被赋予并具有"事件"的意义和功
能③。然而，怀特关于只有"事实"作为"不定之物"，才是"修
正和进一步解释的对象"（It is the "facts" that are unstable, object
to revision and further interpretation）④ 的论断，等于公然宣布把

---

① Hayden White, "Response to Arthur Marwick", *Journal of Contemporary History*,
Vol. 30, No. 2 (Apr., 1995), pp. 238, 240.

② Ibid., p.238.

③ Ibid., p.238.

④ Ibid., p.239.

"事件"排除于后现代史学实践之外，因为作者不仅用"解释"取代了"研究"，而且认定"事件"不是"解释"的对象，因为它是"给定的"[①]，同时也就否定了它自己在前面设定"事实"所具有的"事件"的含义，因为"不定性"和"给定性"是相互排斥的。不仅如此，怀特还进一步引证即承认罗兰·巴尔特的观点："事实只不过是语言性存在"（Facts have only a linguistic existence）。[②]从而也进一步否定或排除了作者原来对"事实"所设定的双重意义中所包含的"事件"的客观实在性，使他们所说"事实"彻底文本化和语言化，至多也只能是怀特所说的"语言实体"（linguistic entities）。[③]然而，这样一来，要深一步说，就会在理论上和哲学上带来以下两方面的风险，因为如果将"linguistic existence"翻译成"语言学上的存在"，就不能不令人联想到索绪尔的结构主义语言学：一方面，由于"事实"概念的彻底文本化和语言化，按后现代主义史家所信奉的"结构主义语言学"，他们对"事实"的解释和演绎，就不可避免地会丧失"事实"本来应有的历史事件的客观实在性，并使"事实"与历史事件之间的联系脱钩，因为索绪尔早就声明这种语

---

① "事件（event）是历史研究的基本单元，一个事件一般都是由一系列"事实"（facts）构成的，因此，不是"事实"而是"事件"才是史学中最终解释的对象，对作为部分的"事实"的解释，不能取代作为整体的"事件"的解释。

② Hayden White, "Response to Arthur Marwick", ibid., p. 239.

③ 这个"语言学实体"即索绪尔所说的"语言实体"，但这种实体（entities concretes）"只有把能指和所指联结起来才能存在"，这一条件决定了该实体的非物质性质，因为它连接的是概念和音响形象，而不是名称和事物本身。〔瑞士〕费尔迪南·德·索绪尔:《普通语言学教程》，第141、94页。

言学属"内部语言学"，它完全"排除"对文本和语言系统以外的历史事件作历时性研究。[①]另一方面，由于"事实"概念的彻底文本化和语言化，按后现代主义史家所信奉的"结构主义语言学"，"事实"概念本身也会随之非物质化，因为结构主义语言学的创始人索绪尔早就认定语言符号是一种由概念和音响形象构成的"<u>心理实体</u>"[②]，因而"<u>主要是心理的</u>"[③]，且在此问题上他与属于唯物论的心理学家的观点不同，并不认为心理是客观现实在人脑中的反映（其反映形式包括"概念"在内）且反映过程和结果要受人的先天特性和社会条件的影响和制约，而认为制约和决定着"所指"即概念含义的"能指"即概念的"音响形象"系统或结构"<u>不是物质的</u>"。[④]换言之，尽管怀特区分了"事件"与"事实"，但又用"事实"取代了"事件"作为实际的研究和解释对象，而这些"事实"并不具有"事件"原本就具有的客观实在性。简言之，"语言实体"不等于"历史实在"，也不等于"文学制品"，再次印证了我们在第四个问题中的看法。

　　这里，尚有三点令人难以释怀：其一，"事实"无论多少，

---

　　① 索绪尔认为："语言符号是一种两面的心理实体。"所谓"两面"即紧密相连且彼此呼应的"概念"和"音响形象"。见〔瑞士〕费尔迪南·德·索绪尔：《普通语言学教程》，第30页。

　　② 索绪尔说："语言符号连接的不是事物和名称，而是概念和音响形象，后者不是物质的声音，纯粹物理的东西，而是这声音的心理印迹，我们的感觉给我们证明的声音表象。"见〔瑞士〕费尔迪南·德·索绪尔：《普通语言学教程》，第94页。

　　③ 〔瑞士〕费尔迪南·德·索绪尔：《普通语言学教程》，第23页。

　　④ 同上书，第94页。

它们本都是一个给定的历史"事件"的具体组成部分，为什么作为整体的"事件"是"给定的"，而作为其组成部分的"事实"则只是"不定的"而不具给定性？其二，既然"事实"和"事件"是部分与整体的关系，又为什么只有"事实"是"解释的对象"，而"事件"反而不是解释的对象？其三，如果说"事件"才是真正要研究和解释的对象，那么仅仅对作为部分的"事实"的解释，能否取代和完成对作为整体的"事件"的解释？这在逻辑上是说不通的。

（本文曾载《陕西师范大学学报（哲学社会科学版）》2019年第 48 卷第 1 期"学术前沿"栏目）

"事实"是怎样与"事件"脱钩的[*]

——海登·怀特史学中"事实"与"事件"的关系研究

笔者曾在《后现代主义史学》[①]一文中指出,后现代主义史学的最大问题是历史研究对象——"事件"在后现代主义史学实践中的"缺席",并因此导致了后现代主义史学的"非历史化"倾向,应该引起研究家的警惕。

但该文的重点在于从理论上弄清后现代主义史学如何从观念到实践都远离"本来意义的历史学",只在最后才以海登·怀特关于"事实作为'不定之物'才是修正和进一步解释的对象"("It is the 'facts' that are unstable, subject to revision and further interpretation")[②]这一论断,来证明后现代主义史学怎样具体地

---

[*]　本文为何顺果先生与张孟媛合撰。张孟媛,国际关系学院教授。

[①]　何顺果:《后现代主义史学:并非本来意义上的历史学》,《陕西师范大学学报(哲学社会科学版)》2019年第1期。.

[②]　Hayden White, "Response to Arthur Marwick", *Journal of Contemporary History*, Vol. 30, No. 2 (April, 1995), p.239.

使"事实"与历史"事件"脱钩。但何以把"事实"（facts）定为"不定之物"（unstable）就会使"事实"与"事件"脱钩？怀特所说的"事实"为何会因将之定位为"不定之物"而发生性质上的改变？因主题与篇幅关系当时并未展开，不免给人以蜻蜓点水之感。鉴于此事涉及整个争议之关键，这里特撰专文以说明其理由，供读者和同仁审议并祈赐教。这里讲五点理由。

理由之一，按本来意义上的历史学，如果一个"事件"（event）是"给定的"（given），那么，第一，有关"事实"（facts）也应当是"给定的"（given）而不可能是"不定的"（unstable），因为任何一个历史"事件"都是由系列"事实"构成的，二者的构成是部分和整体的关系或互相依存的关系，"事实"不能离开整体而存在；第二，"事实"也应当具有客观实在性，因为任何一个"给定的"历史事件都是由"5个W"（when, where, who, what, why）作为基本要素构成的，且这5个要素包含着必不可少的物质性。正因为如此，首次提出"事件史"（history of the event）概念的雅克·拉康（Jacques Lacan, 1901-1981）可能不承认这一逻辑推演，因为他本是研究精神病学出身，并终身与弗洛伊德和拓扑学保持着一种师承关系。① 但提出史学是"事件科学"（sciences of the event）②的威廉·文德尔班（Wilheim Windelband, 1848-1915）却是承认这一逻辑推演的，

① 〔美〕维克多·泰勒、查尔斯·温奎斯特编：《后现代主义百科全书》，第259页。

② Wilhelm Windelband, "History an Idiographic not Nomothetic Science," in Robert Burns, Hugh Rayment-Pickard eds., *Philosophies of History: From Enlightenment to Postmodernism,* Oxford: Wiley-Blackwell, 2000, p.178.

尽管他把科学划分为"自然科学与精神科学"并公然地把历史
学纳入"精神科学"范畴，但他认为这两种对立的科学在研究
方法上也有其"相近之处"。他说："经验科学的性质，是自然
研究和历史学所共有的，也就是说，二者都以经验、感觉事实
作为出发点。"①"感觉事实"即可以感觉到的客观事实，他只是
没有明说而已。不过，曾就学于剑桥大学并集政治家、文学家
和历史家于一身的托马斯·B.麦考莱（Thomas B. Macaulay,
1800-1859），则在1828年发表于《爱丁堡评论》上的论文《论
历史》中，明确地划分了"真实的叙述"与"虚构"的界限：
"在虚构中，原则已经给出，要找寻的是事实；在历史中，事
实已经给出，要找寻的是原则。"（"In fiction, the principles are
given, to find the facts; in history, the facts are given, to find the
principles."②）应该说，麦考莱关于在一个给定的历史事件中"事
实也是给定的"的论断，反映的不仅是他个人的意见，也是整
个传统史学中大多数学者的共识，这符合作为部分的"事实"
与作为整体的"事件"在性质上的统一性或一致性原则。需要
注意的是，学界对"给定"本身的理解并非完全一致，正如德
国著名哲学家威廉·狄尔泰（William Dilthey, 1833-1911）所指
出的，"对于英国思想家们来说，这种'给定'是直接的；而对
于康德来说，这种'给定'则确实是概念性的，（因为）它会受

①〔德〕威廉·文德尔班：《历史与自然科学》，见何兆武主编：《历史理论与史
学理论》，商务印书馆1999年版，第290页。

② Thomas Babington Macaulay, "History and Literature", in Fritz Stern, ed., *The
Varieties of History: From Voltaire to the Present*, New York: Meridian Books, 1956, p.78.

到意识的各种条件的支配"。① 不过，麦考莱应是狄尔泰所说的
"英国思想家们"之一，这是因为：他所说的"给定的"事实本
是"历史"事件本身的一部分，此其一；他明确地把他所说的
"给定"事实与"虚构"相对立，此其二。

　　理由之二，海登·怀特曾说"事件必须被认为是给定
的"，那么，根据本文以上的论证，他在逻辑上也必须承认"事
实"的给定性和客观实在性。本来，彻底颠覆古典真理观是
后现代主义的重要特征，而把研究对象和重点由"实事"改
换成"文本"，是后现代主义史学与本来意义历史学的主要区
别，旨在强调历史解释者的至高无上的权威，以致可以完全不
顾历史的"事实"与"真相"。但后现代主义史家海登·怀特
和弗兰克·安克斯密特似乎是个例外。请看，安克斯密特在
其著名的《六条论纲》中就说过："叙事主义接纳如其所是的
过去。用同义反复的形式来说，它接纳有关过去的不成疑义
的东西。不成疑义的就是历史事实。后一陈述的两种含义都
是正确的。"("Narrativism accepts the past as it is. In the form
of a tautology: it accepts what is unproblematic about the past.
What is unproblematic is a historical fact. Both senses of the latter
statement are true."②) 而海登·怀特在《答亚瑟·马维克》中
甚至说："我曾因赞同巴尔特的论断'事实不过是语言学上的

---

　　① 〔德〕威廉·狄尔泰:《历史中的意义》，艾彦、逸飞译，中国城市出版社 2002
年版，第 178 页。

　　② 　F. R. Ankersmit, *History and Typology: The Rise and Fall of Metaphor*, Berkeley:
California University Press, p.34.

存在’（Le fait n'a jamais qu'une existence liguistique）而受到批评。这句话被认为是在表示，‘事件’仅仅是语言学上的现象，事件不具有实在性，因此不存在。”他接着明确地表示：“这样一种观点（如果真有人这么认为的话）显然是荒谬的。”① 他在《答亚瑟·马维克》一文中一再声称：“在谈到‘历史’（作为历史研究的对象）的时候，我们指的只可能是‘过去’发生过的全部事件（包括它们之间的相互联系）的总和，事件必须是给定的。”[（“By ‘history’ considered as an object of historical research），we can only mean the sum total of all the events (including the inter-connections between them) that happened in ‘the past’. The events have to be takes as given.”]② 然而，作为后现代主义史家的海登·怀特和弗兰克·安克斯密特，是否真的承认了历史“事件”并进而承认历史“事实”的给定性和客观实在性，从而令其历史学可以被视为地道的“历史学”？为了弄清这一重大问题，我们有必要把后现代主义史学中所说的“事实”的性质放在“事实”与“事件”的关系中去作一较为详细的考察，因为后现代主义史学自我定位为“历史解释学”，其解释的“对象”（object）是所谓“事实”（facts）而不是“事件”（event）。当然，为方便起见，笔者认为，我们以海登·怀特为考察对象是恰当的，这不仅因为此公是将后现代主义引入史学领域的“始作俑者”，还因为他在理论上是后现代主义史

---

① Hayden White, "Response to Arthur Marwick", *Journal of Contemporary History*, Vol. 30, No. 2 (April, 1995), p.238.

② Ibid., pp.238-239.

学的主要代表人物，是著名的"历史语艺学"即"历史诗学"（The Poetics of History）的倡导者和宣传家，当然也是国际学术界广为追捧和颂扬的对象，进行有关后现代主义史学关于"事实"性质的考察，都绕不过海登·怀特本人及其著作和文章。

理由之三，海登·怀特虽然曾设定"事实"这一概念包含着"事件"和"对事件的陈述"（"The notion of 'fact' is, ... comprising the sense of both 'event' ...and 'statement about events'"）①，似乎承认了"事实"的给定性和客观实在性，但他所说的"不定之物"（unstable）本来是指史学研究中史料选择的不定性，却被他用来对"事实"的性质作出自己的判断或论断，从而使他所使用的"事实"与"事件"脱钩，不再具有原本所有的"给定性"和客观实在性。在这个问题上，需要提请读者注意的是，我们不能因其许多矛盾的说法而陷于迷惑。记得，怀特在某个地方说过："'事实'的概念是模糊不清的。"根据上文我们对本来意义上的历史学关于"事实"这一概念的考证，"事实"与"事件"一样毋庸置疑地具有"给定性"和客观实在性，与其说是"事实"这一概念本身"模糊不清"，不如说是怀特有意或无意地要"模糊"这一概念，因为他在《答亚瑟·马维克》一文中有过这样明确无误的表述："'事件'必须被认为是给定的……而'事实'则完全是另一回事。"（"The events have to be taken as given, ... It is quite otherwise

---

① Hayden White, "Response to Arthur Marwick", *Journal of Contemporary History*, Vol. 30, No. 2 (April, 1995), p.238.

with 'facts'.")① 可见在其心目中，二者有明确的区分，因而其意思一点也不含糊，这有"quite"（完全）一词为之佐证。既然如此，我们就有理由进一步追问，海登·怀特所说的"另一回事"（otherwise with "facts"）究竟是怎样一回事？我们从以下几种有关"事实"的提法中，或许可以找到某种我们需要的答案：其一，他说过：事实是"零星片段而总是不完备的历史记录"（"Historical record, which is fragmentary and always incomplete"）②；其二，他又说过："一个历史叙事必然是充分解释和未充分解释的事件的混合、既定事实和假定事实的堆积。"③ 其三，他还说过："事实得自有关那些事件的证据的批判性研究。"（"facts derived from the critical study."）④ 其四，他甚至还说，虽然"事实"的概念包含着"事件"与"对事件的陈述"，但"事实作为不定之物（unstable）才是修正和进一步解释的对象"。⑤ 这就否定了他所使用的"事实"（facts）这一概念的"给定性"，从而使之与其所说的"必须被认为是给定的"的历史"事件"（event）完全脱钩。因为，正如笔者在上文论证的，在本来意义上的历史学中，如果一个"事件"是给

---

① Hayden White, "Response to Arthur Marwick", *Journal of Contemporary History*, Vol. 30, No. 2 (April, 1995), pp.238-239.

② Hayden White, The Historical Text as Literary Artifact, *Clio* 3, no.3 (1974), p.280.

③ 〔美〕海登·怀特：《后现代历史叙事学》，陈永国、张万娟译，中国社会科学出版社 2003 年版，第 63 页。

④ Keith Jenkins, ed., *The Postmodern History Reader,* New York: Routledge, p.394.

⑤ Hayden White, "Response to Arthur Marwick", *Journal of Contemporary History*, Vol. 30, No. 2 (April, 1995), p.239.

定的，那么作为一个整体有机组成部分的"事实"也应当是给定的，而"不定性"与"给定性"是相互对立和排斥的。此其一；其二，一个本是"给定的"历史事实，为什么在怀特的笔下变成了"不定之物"（unstable），原来他所说的"事实"已不是本来具有给定性和客观实在性的历史事实，而是指历史学家在研究和写作时对史料即"历史记录"的选择。可是他在《答亚瑟·马维克》一文中又明确地表示"事实是被建构的"。什么叫"建构"呢？他是这样解释的："They（facts）are constructed: in the documents attesting to the occurrence of events, by interested parties commenting on the events or the documents, and by historians interested in giving a true account of what really happened in the past and distinguish it from what may only appear to have happened."[1] 然而，他在这里所说的"不定之物"（unstable），不是建房子所用的砖，而是建房者对砖的选择，选择可因建房人的偏好和需要不同而不同，但被选择的砖无论型号、颜色有什么不同，砖还是砖，而其型号、颜色包括材质本是烧造时就确定了的，与其说是"砖"（即史实）的不定性还不如说是"选择"的不定性，此处强调的是建房人即史家的主观因素。这就提出一个问题：史家即建房人所选择的对象有没有"不定性"问题？答案是"有"，这就是"史料"中有关"史实"的历史记忆的多寡、真假、差错、缺失等问题，即上面我们举

---

[1]　Hayden White, "Response to Arthur Marwick", *Journal of Contemporary History*, Vol. 30, No. 2 (April, 1995), p.239.

证的怀特所说的事实是"零星片断而总是不完备的历史记忆"，不承认这一点就谈不上"修正和进一步解释"问题。但这只是"记忆"即"文本"的不完备、不确定问题，而不是原始"史实"即其型号、颜色乃至材质在当初烧造时就确定的"砖"本身的问题。换言之，怀特不知不觉之中把史家对于史料选择的不定性看成了历史"事实"本身的不定性了。由此可见，"不定之物"这一论断，其实质是使后现代史家所说的，即他用来修正和解释的对象，完全与具有给定性和客观实在性的历史事件脱钩，是后现代主义史学"非历史化"倾向的集中体现。在此，想指出的是，"It is 'facts' that are unstable, subject to revision and further interpretation." 这句话有几点值得注意：第一，它是一个复合句，同时又是一个强调句；第二，它真正的主语是带引号的"事实"（facts），强调的是"事实"（facts）的性质；第三，"unstable"（不定之物）要说明的正是作者所说的"事实"本身的性质；第四，判断"事实"性质有两个指标："不定之物"和"修正和解释对象"，但前一个显然是后一个的条件。换言之，该"事实"的性质，决定于"不定之物"而不是"修正和解释的对象"，与是否对其修正和解释无关，总之"不定之物"这一论断，改变了其原设定的"facts"所具有的历史事件给定性这一意义，这是一个根本性的改变，我们在判断这一改变的性质时，与历史学家在研究和解释"事实"的时候所做的对史料的选择无关，因为作者首先判断了"事实"本身的不定性，然后才能把"不定之物"视作修正和解释的对象。

理由之四，我们发现，怀特把原本源于"史料"选择的"不定性",移植到了"事实"性质的判断上而称"事实"（facts）为"不定之物"（unstable），这或许还只是一个逻辑上的错误或论证上的失误，尽管它在实质上铸成大错，因为它毕竟最终导致了认识上的误判，但他骨子里把"事实"看成是"语言性存在"却是不容否认的事实，因为他自己在《答亚瑟·马维克》一文中说：我将巴尔特的论断"事实不过是语言学上的存在"，解释为是在主张"事实"——与事件不同——是语言学实体（"Barthes's statement that 'fact have only a linguistic existence', I construct as an assertion that—unlike events—are linguistic entities"）。怀特为自己辩护说，他所说的"语言学实体"并非人们所指责的"语言学上存在"，仅仅是语言学上的现象而不具客观实在性，而是语言学家亚瑟·丹托（Arthur Danto）所说的"被描述的事件"。其实，在世上会有离开"语言学实体"的"语言学存在"吗？二者本是相互依托、互为条件的，在含义上并没有根本性的区别。所谓"语言学实体"或"语言学存在"，在费尔迪南·德·索绪尔的《普通语言学教程》中被视为"心理实体"（psychological entity）①，它是一种连接两面即"概念"和"音响印象"的"语言符号"，而"后者不是物质的声音，纯粹物理的东西，而是这声音的心理印迹，我们的感觉给我们证明的声音表象"。② 以下的这段表白证明，怀特正是其"结构主义语言学"的忠实信奉者："事件发生

①〔瑞士〕费尔迪南·德·索绪尔：《普通语言学教程》，第 66 页。
② 同上书，第 94 页。

并且多多少少通过文献档案和器物遗迹得到充分的验证，而事实却是在思想中观念地构成的，或者在想象中比喻地构成的，它只存在于思想语言或话语中。"①换言之，怀特所说的"语言学实体"或"语言实体"乃是结构主义语言学"心理实体"的另一种说法，与巴尔特关于"事实只是语言学上的存在"的论断是一致的。但这样一来，它与"文学制品"和"历史文本"距离就越来越远了，因为"文学制品"虽然是文学艺术家改编、编造、创造之物，其中毫无例外地充斥着"虚构"的色彩，但它们毕竟"源于生活又高于生活"，是有文学艺术家生活体验为基础的；而任何称之为"历史文本"的东西，包括"史料"和"史著"在内，其中包含着的大量具有客观实在性的历史事实，本身是不容改编、编造和虚构的。应当指出，如果说怀特的"事实是不定之物"的论断是其在历史事实虚化的道路上迈出的决定性一步，那么他关于"事实却是在思想中观念地构成的"论断，就最终把自己推入了唯心主义史学的深渊。

理由之五，不管人们对"事实"作为一个给定的历史"事件"组成部分的给定性和客观实在性持何态度，以文字和语言即"文本"形式出现的"史料"却是保留了或多或少甚至大量的"历史痕迹"的历史记忆，在这样的情况下原本具有客观实在性的给定的历史"事实"，就成了有关"历史痕迹"的文字的直接指设物，因而谁也不能否认"文本"与原有"历史事实"之间的联系。因此，不管怀特对"语言性存在"作何理解和解

---

① 〔美〕海登·怀特：《元史学》，第6页。

释或辩护，即使在纯"文本"的范围内关于"事实"是"不定之物"的论断，从语言学上看也是值得怀疑的或者说不能成立的，因为它违反了语言学中"名实"关系的一致性原则。早在春秋战国末期，我国古代著名哲学家、名家学派的主要代表人物、赵国人公孙龙，就在名著《公孙龙子·名实论》中，讨论过"名称"与"事物"的关系问题，也就是"词"同被"词"所指称的事物之间的关系问题。公孙龙曾明确指出："名"与"实"是相对应的，要"正其实"必须"正其名"、其名正则彼此相应而不相乱。为此，他主张名称要有专指性，"彼"只能称作"彼"而"此"只能称作"此"，如果称"彼"为"此"或"此"为"彼"，以致"彼"也成了"此"或"此"也成了"彼"，那是不可以的。他还指出，所谓"名"只是对"实"的称呼，如果已经知道某名称不是指称某事物，或现在不是指称某事物，那就不要再提某个名称了。① 公孙龙在《公孙龙子·名实论》篇中有这样几段重要论述：（1）"天地与其所产者，物也。物以物其所物而不过焉，实也。实以实其所实而不旷焉，位也。出其所位非位，位其所位焉，正也。"（2）"其名正则唯乎其彼此焉。谓彼而彼不唯乎彼，则彼谓不行；谓此而不唯乎此，则此谓不行。"（3）"夫名，实谓也。知此之非此也，知此之不在此也，则不谓也；知彼之非彼也，知彼之不在彼也，则不谓也。"这些论述中的关键词"唯乎"，即"专用于"或"只

① 参阅范晓：《名实论》注（1），见吴文祺、张世禄主编：《中国历代语言学论文选注》，上海教育出版社1986年版，第2页。

限于"，就是强调名称的"专指性"的。由此观之，任何一个已知的"文本"中，哪怕只从纯粹的语言学的角度看，如果其中某概念或词语所指称的"事实"是"不定之物"即没有了"专指性"，那将是难以想象的或简直是可怕的！就好比说美国《独立宣言》1776年7月4日最终在"大陆会议"上通过并签署的定稿（最后誊写稿）中，第一个签名人是不是约翰·汉考克（John Hancock）还不一定一样，那该是多么荒谬。我们是应当相信至今仍可看到的7月4日的那份最后誊写稿呢，还是应当相信关于"事实是不定之物"的论断呢？在此，或许有必要再次提醒读者注意：荀子说过，"制名"是为了"指实"①，"名定"才能"实辨"，"名闻"才能"实喻"，但"稽实定数"乃"制名之枢要"，怎能说"事实"是"不定之物"呢？如果历史文本中的所谓"事实"是"不定之物"，岂不是说文本所使用的相关概念和词语既未"稽实"又无"定数"吗？此处还需提请读者注意，名本无固宜亦无固实，但荀子早就说明："名无固宜，约之以命，约定俗成谓之宜"；"名无固实，约之以命实，约定俗成谓之实"。而"约定俗成"这一原则，早已几乎是各派历史学的共识。

　　根据以上理由，或者说五个层次的讨论和论证，我们得出的印象或结论是，尽管海登·怀特区分了"事实"与"事件"甚至预先设定"事实"具有"事件"的意义，但他在自己的史

---

① 此处之"实"，犹言事物之本质，相当于今之"概念"。《荀子·正名》，见吴文祺、张世禄主编：《中国历代语言学论文选注》，第3—9页。

学乃至整个后现代主义史学中所使用的"事实"概念，在"非历史化"的道路上走得还是太远了，最终演变为结构主义语言学的"心理实体"的"语言学实体"或"语言学存在"，已经完全没有了一个历史"事件"本来应有的给定性和客观实在性，它们与原给定的"事件"是完全脱钩的，而"不定之物"作为怀特对"事实"的定义和定性也就不言而喻了，但愿我们的讨论和论证不会被视作语言或语言学游戏。由是，我们可以大胆地作出如下推论：如果不承认"事实"作为一个给定的历史"事件"组成部分的给定性及其客观实在性，也就推翻了整个"史料学"包括全部"文本"研究存在的必要，因为"史料学"或历史考证的主要任务就是要解决"文本"中的历史记忆是否做到了"有是事而如是书"的问题，但在历史"事实"的给定性和客观实在性被否定的情况下，问题的解决就失去了必要的前提和标准。这里不禁要问，没有了史料考证乃至整个史料学的工作，"修正和进一步解释"又从何谈起？

历史具有"本义"

——驳"全恃"论历史诠释学

我的《后现代主义史学》①一文发表后，得到了意想不到的广泛回应，一位曾在美国和德国学习并长期从事研究的归国博士表示"完全同意"文章的观点，我的一些同事和朋友见面时几乎都要对此表态，据说有数百人从网上下载该原文。但也有人出来为海登·怀特辩护，说在有关大屠杀的辩论后他已承认事实的可认识性。

其实，从表面上看，怀特先生从来就没有否认过历史事实的客观实在性。他在《答亚瑟·马维克》一文中，曾明确表示"事件（event）"是"给定的"并且是"历史研究的对象"，而"事实（facts）"则既包含着"事件"也包含着"对事件的陈述"这样的双重意义（the sense of both）②。不过，我在《后现代主义

① 何顺果：《后现代主义史学：并非本来意义上的历史学》，《陕西师范大学学报（人文社会科学版）》2019 年第 1 期，"学术前沿"栏。

② Hayden White, "Response to Arthur Marwick", *Journal of Contemporary History*, Vol.30, No. 2 (Apr., 1995), p. 238.

史学》一文中已经指出，怀特在对"事实"做了上述"双重含义"的设定之后，有关"只有事实作为不定之物才是修正和进一步解释的对象"的论断[1]，已然否定了他本人此前关于"事实"所具有的事件的给定性和设定。

然而，事情并未到此止步。鉴于上述为怀特辩护的言论，我想在此进一步指出，此事涉及怀特的整个历史编撰理论或整个"历史诗学"的体系和性质，只要他本人没有否认和改变其理论的体系和性质，在个别问题上的改变或表态是无济于事的，因为他的整个理论体系是外在于史事和事实的。正因为如此，笔者不得不将自己的主要关注点转向怀特的整个历史编撰理论或整体"历史诗学"问题，从而被迫卷入自己乃至我国学界很少认真涉入的一个深层领域，而为我"引路"的则是史学大家何兆武先生的"全恃"论历史诠释学，这种观点认为历史的意义"完全凭借"史家所"赋予"。

一、"全恃"论：一个极为重要的观点

2001年，我国史学界发生的一个重大事件，是史学大家何兆武先生的重要著作、厚达 850 页的《历史理性批判论集》以精装形式在清华大学出版社出版。该书敢于以"历史理性批判"为主题著书立说，这在我国尚属首次见到，全书多达 57 万多字

---

[1]　Hayden White, "Response to Arthur Marwick", *Journal of Contemporary History*, Vol.30, No. 2 (Apr., 1995), p. 239.

的内容也几乎很少离开该书所宣布的主题。而在《论集》所收第一篇论文中，何兆武先生提出了一个在笔者看来意想不到的观点：

> 这里，历史学本身就包含有两个层次，第一个层次（历史学 I）是对史实或史料的知识或认定，第二个层次（历史学 II）是对第一个层次（历史学 I）的理解或诠释。历史学 I 在如下的意义上可以认为是客观的和不变的，即大家对它有一个一致的认识。但历史学 II 也是客观的和不变的吗？我们对史实的理解和诠释，乃是我们的思想对历史学 I 所给定的数据加工炮制出来的成品，它是随着我们思想的改变而改变的。假如它也像历史学 I 那样地一旦如此就永远如此，那么它就不会因时、因人而异了。在这种意义上，它是思想的产物，而并没有客观的现实性。然而历史学成其为历史学，却完全有待于历史学 II 给它以生命。没有这个历史理论的重建，则历史只不过是历史学 I 留给我们的一堆没有生命的数据而已。①

我们注意到，兆武先生为了强调他在其中提出的"核心论点"，特意在该文正文前作了一个"提要"，这个提要重申：

> 因此，历史学就包含有两个层次，第一个层次是对史

---

① 何兆武：《对历史学的若干反思》，参阅何兆武：《历史理性批判论集》，清华大学出版社 2001 年版，第 9—10 页。

实的认知，第二个层次是对第一个层次所认定的史实的理解和诠释。第一个层次属于自然世界，它是科学的；第二个层次属于人文世界，它是人文的。历史学之成其为历史学，全恃第二个层次赋给它以生命。第二个层次，包含两个部分，即理性思维和体验能力，两者的综合就成为历史理性。理性思维是使历史学认同于科学的东西；体验能力是使它有别于科学的东西。①

提要以"全恃"取代了正文所使用的"有待"概念。查我国古汉语词典，"恃"字除"代指母亲"而外只有一个意思："依仗、凭借。"② 因此，"全恃"论所能告诉我们的只有一个意思："历史的意义完全是由历史学家所赋予的。"尽管上述两段文字的内容丰富，有许多问题值得深入探究，如可否将"历史学 II"和"历史学 I"截然分开，"历史学 I"的任务是否只限于"认定史实"，"史实认定"完全属于"自然世界"吗？"科学"一词的内涵是就"方法"而言还是就"哲学"而言？除了"理性思维和体验能力"而外，"历史理性"是否还应包含有更重要的内容？但"全恃"一词的提出对传统史学或者说是"本来意义上的历史学"的挑战简直称得上是"革命"性的。对此，可以从两个方面进行观察：

一方面，随着"全恃"概念的提出，它不可避免地会贬低

---

① 何兆武：《历史理性批判论集》，第 3 页。

② 张双棣编著：《古汉语小字典》，商务印书馆 2013 年版，第 356 页。

乃至否认历史客观实在在整个历史研究中的决定和制约作用。首先，作者认为："史实本身没有其固有的意义"，此话见于作者的论文《可能性、现实性和历史构图》第五部分。^①接着，在否认史实本身具有"固有意义"的基础上，进一步把"史料"贬低为"一堆没有生命的数据"。^②作者还认为："单纯的史实本身只能消极地反证一幅历史图像的不正确，但不能正面证明它的正确。"^③另一方面，随着"全恃"概念的提出，它同时又不可避免地会夸大和抬高史家在整个历史研究中的地位和作用。其论证逻辑是：首先，"历史就是史学家为史实而构造图像"；第二，"历史图像也就是把史实安排在一个概念结构里"；第三，"数据本身没有意义"，"一件史实的意义，得自它在整个历史图像中所处的地位"；第四，"历史图像不能脱离史实"，但"对历史的理解才形成为历史图像"，即对其地位做出安排；最后，作者认为，整个历史构图过程都是"在历史学家心目之中"进行的。换句话说，历史的意义完全是由历史学家所赋予的，"历史学家在更完全的意义上乃是人事世界的立法者"。^④

　　在此，需要提请读者注意的是，我们之所以说，"全恃"论是"一个极为重要的观点，是因为它不仅是对当代西方历史诠释学的移植，在某种程度上也是对当代西方历史诠释学的概括和升华。但为什么说"全恃"论是对当代西方历史诠释学的

---

①　何兆武：《历史理性批判论集》，第 66 页。
②　同上书，第 10 页。
③　同上书，第 62 页。
④　此处所有引文，同上书，第 62 页。

"移植"呢？这是因为，兆武先生的"全恃"论虽然包含了系统的观点、主张和意见，却没有一个纯粹的理论形态为之作支撑；而当代西方的历史诠释学，特别是海登·怀特为代表和典型的"元史学"（Metahistory），则有其纯粹的理论形态为之作"支撑"，这个纯粹的理论形态就是他提出的"历史诗学"。对此，我们将在后面详加分析和讨论。

二、"全恃"论的西方诠释学背景

兆武先生的"全恃"观，与诠释学在当代的演变或发展有关，并深受 20 世纪初以来西方哲学的"语言和语言学转向"的影响，包括埃德蒙德·胡塞尔现象学的影响。

诠释学也称解释学，"理解"和"解释"是其不可分离的两个阶段和层面。其名称来自希腊语"Hermeneuein"，它的词根"Hermes"是古希腊神话中众神之一的信使的名字，意在表示说诠释学的基本任务即把一种意义关系从另一世界译解到自己的世界。

如果不算亚里斯多德的《论解释》，而把发生于意大利的"文艺复兴"和发生于德国的"宗教改革"，视作由中世纪向现代社会转型的整个复兴运动的紧密联系的两个不同阶段，那么文艺复兴时期翻译希伯来语和古希腊语著作的古文学工作和为宗教改革而将希伯来文或拉丁文《圣经》译成德文，就可以视作诠释学的史前史，因为两者在工作中在实质上都包含着必不可少的对原文本的理解和解释过程。《圣经》诠释学里所运用的语文学技巧，即从上下文关系去理解的技巧的当然性，在诠释学历史上即著名的"自解原则"（das Schriftprinzip），用马丁·路德的话来说便是："《圣经》就是它自己的注视者。"（sacra scripture sui ipsius intepres）。[①] 这是因为在马丁·路德看来，《圣经》文本本身是有"本义"的。

不过，最终把"诠释学"推上台面的，是施莱尔马赫和威廉·狄尔泰两人：前者以提出解释学的任务是向"有意义的对话"（dus bedeufsame Gespräch）的扩展，后者以指出首先出现在理解过程之中的"意义"这个概念"是生命本身所内在固有的东西"，分别为一种"普遍诠释学"（universal hermeneutics）设想做出了自己的贡献。此处，需提请读者注意的是，狄尔泰在将诠释学引入历史学的过程中，在强调"历史就是在时间之中进行的生命过程本身"并"依赖于生命"[②] 的同时，还在1883年出版的《精神科学引论》中把历史学归入"精神科学"之列。只不过，除了他提出的"体验"（Erlebnis）概念值得好好玩味外，此时的狄尔泰并不把"精神"或"思维"看成康德和当时大多数研究认识论的哲学家所说的"纯粹意识"，即经过理智抽象的和没有生命的观察者和思想者，而是并不脱离或独立于经验过程的即处于现实中的活生生的人的东西。

然而，此后学术的发展及其状况，便随着西方哲学的"语言和语言学转向"而变得越来越复杂：（1）在哲学方面，随着

---

① 引自严平编选：《伽达默尔》，邓安庆译，上海远东出版社2002年版，第220页。

② 〔德〕威廉·狄尔泰：《历史中的意义》，艾彦、逸飞译，中国城市出版社2002年版，第13页。

西方哲学的语言和语言学转向，传统哲学的一些基本范畴，诸如思维与存在、主观和客观、物质与精神、基础与上层，都被颠倒甚至抛弃了，以致产生了埃德蒙德·胡塞尔（1859-1938）所谓的"现象学"。什么是"现象学"？我们也可以用胡氏本人使用过的一个说法，把它称之为"本质还原"论，但他不是把"理念"还原成"物质"，而是把物质世界还原成人类意识中的和为了意识的表达方式，以便实现一种纯粹"科学的"或者"无任何预先设定的"哲学。因为胡塞尔根本质疑把物质世界作为"判断真正的最终之基础"的有效性，转而提出世界的存在可能预设了"存在的先验基础"，而这个"存在的先验基础"只能被理解为一种对前意识的"支配"或决定，也许甚至是一种"根源"。那么，人们要进一步追问：这种前意识之源又是什么呢？萨特曾对此作解答说："只有意识才能成为意识之源"；而胡塞尔则把它归之于前认知的"理解力"。此理解力据说是"先验的大写的我们"所固有的，且正是这个"先验的大写的我们把客体世界还原成一种共用主体性的统一源泉"。[①] 胡塞尔的现象学对此后许多的哲学家都产生了重要的影响，此后西方哲学以 1951 年沃尔什《历史哲学导论》的出版为标志，绝然地由"思辨的哲学"转变为"分析的哲学"，由解释历史事实的性质转变为解释历史知识的性质，其实质是把研究的重点由"客位"转到"主位"。

---

① 〔美〕维克多·泰勒、查尔斯·温奎斯特编：《后现代主义百科全书》，第 348—349 页。

在史学方面，则日益明显地被"精神科学"所主导，在唯心主义道路上产生了从未有过的系统化、经典化的趋势。这就是"克罗齐—柯林伍德—波普尔"阶梯的形成。克罗齐以提出"一切真历史都是当代史"而著名，其中有两个要点：一个是"真历史"，认为编年史是死文字的堆砌，而历史本身才因其固有的内在联系而是真历史；另一个是历史的"当代性"，他认为只有活在当代的历史才是"真历史"，而能活在当代的历史只是现实中的"精神生活"，因为"精神"才能体现历史的本质，这是因为他本来就认为只有"精神"才是唯一的存在。柯林伍德的史学理论充满了矛盾：一方面，他认为"一切科学都基于事实"，但他又区分了两种不同的事实：一种是自然科学中用于"观察和实验"的所谓"自然事实"，另一种是可供"反思"的"心灵事实"。因此，史学研究的真正对象，与其说是客观存在的历史事实，不如说是历史事件背后的思想活动，进而得出了"史学的确切对象乃是思想"的结论，并喊出了"一切历史都是思想史"的口号。请注意，他强调的不是被思想的事物，而是思想本身的行为，从而强化了克罗齐的唯心史观倾向。波普尔的代表作是《历史主义贫困论》，我们之所以把它视作20世纪系统和经典唯心史观发展进程中的第三个阶梯，是因为他把他要批判的对象"历史主义"包括历史唯物主义预设为历史"决定论"或"总体论"，从而通过否定"决定论"或"总体论"达到从根本上否定历史唯物主义和历史主义的目的。他的理论推理和逻辑是：人类历史的进程是受人类知识进步的强烈影响，但我们无法以合理的或科学的方法预言科学知识的增长，因此我们便无法预言人类历史的未来进程，历史主义也因此不能成立。在他看来，人类的思想和想像力本来是无限的，但历史主义者只能以一种唯一的或僵化的方式即"总体论"的方式去想像历史的变化，而无法想像变化条件下的变化。他的结论是，历史主义的贫困乃是思想和想像力的贫困。换言之，由于他从总体上或根本上否定了历史唯物主义，从而发展并超越了克罗齐和柯林伍德的理论。

　　"诠释学"既被称为"历史诠释学"也被称为"哲学诠释学"，上述两方面的发展不能不影响到诠释学。这种影响，集中于对史学"独特性"的认识问题，不仅涉及诠释是"理解"还是"说明"的讨论，还涉及诠释之前提即主客体之关系的讨论。1821年洪堡的学术讲演《论历史编纂者的任务》，在提出"世界史中创造力量研究"以突出"观念"为刻印在不同"个性"中人类自由之表现的同时，也认定认识这种"观念"的前提是"主客观之间一种事先存在的原初的一致性"，由是，为理解起见，人类必须在另一种意义中进行理解。1857年，德罗伊森在《历史知识理论》一书中，把洪堡的上述主张纳入普遍历史诠释学，提出"解释"是从其实用性条件的诠释出发，经过相关条件与历史主角的动机的确认，直到探究其"观念"的目标，从而把"解释"和"说明"区别开来，并把自洪堡提出"创造力量研究"以来的二分法发展到极致，以便一方面坚决阻挡来自西欧的传统的实证主义，另一方面又可明确突出历史学的特殊性。关于这种主观和客观对立的话题，到狄尔泰时挑得更明："我们说明自然，我们理解精神。"此后，1913年，马克斯·韦伯在《关于理解社会学的一些范畴》中提出了一种"理解性说明"的方案。1928 年梅克尼则在《历史中的因果性与价值》中把"观念"的"历史价值"视为"历史学家独特的兴趣范畴"，而 1960 年伽达默尔的著作《真理与方法》更是把诠释学的讨论推到一个从未有过的高度。尽管这些讨论存在着不同重点，但正如乌尔里希·穆拉克所指出的，"他们都把'理解'转移到核心地位"①，即把"理解"视为历史诠释学的核心任务。

三、海登·怀特的《元史学》：当代西方"全恃"论历史诠释学的真正代表

上文谈到，随着西方哲学的发展，特别是哲学向"语言和语言学的转向"，历史哲学也发生了由"思辨哲学"向"分析哲学"、史学研究的重点也由"客位"转到"主位"的过程，这时"理解"俨然已处于历史学的"核心地位"，历史诠释学的"全恃"论不是可以呼之欲出了吗？然而，"主位"不等于"全位"，"核心"不等于"整体"，笔者虽然孤陋寡闻，但几乎查遍了所有能看到的有关该方面的文献，也未找到或发现"全恃"，哪怕是类似的字眼。这就提出一个问题：在当代西方的历史诠释学中，究竟有没有上面所说的"全恃"论，即把历史的意义完全归功于历史家的"赋予"呢？我的答案是肯定的：这就是海

---

① 乌尔里希·穆拉克："理解"，见〔德〕斯特凡·约尔丹主编：《历史科学基本概念辞典》，北京大学出版社 2012 年版，第 278 页。

登·怀特的《元史学》(*Metahistory*，1973)。但怀特先生是大家，我们不能妄加评论，只试作如下讨论和推理，请读者评断。

不过，在正式进入对怀特《元史学》讨论之前，我们发现在上文提到的西方哲学和史学发展和当代西方历史诠释学之间在理论上还有一个过渡问题，因为比起前者的宏观来，后者更专业、更微观一些。笔者以为，这个"过渡"具体就体现在对"理解"(Verstehen) 的理解上，包括由此引出的"主体间性"(die Intersubjektivität) 问题的讨论，因为"理解"的主体是史家。在如何做好"翻译"这个问题讨论的基础上，人们再进一步讨论"理解""了解"和"同意"三者之间的关系时，不仅已提出并强调了"主体间性"问题，同时也把诠释学讨论的重点由主体和客体、史家与史事的关系切换到"主体间性"即史家与作者、史家与史家甚至史家与读者的关系，按逻辑也会随之将判断真理的标准由客观转为主观，这是不言而喻的。这以后，走向以《元史学》为代表的"全恃"论历史诠释学的路径和线索，就越来越清晰了。其实，好多年前，施莱尔马赫的名言——史家"对作者的理解比作者自己的理解更好"，已隐含了在诠释学领域史家的地位和作用高于作者和原著的内容，被伽达默尔称为"任意解释的特许证"(as a license for arbitrary interpretation)。[①]

首先，我们注意到，西方后现代主义史学是严格区分

---

① Hans-Georg Gadmer, *Truth and Method*, New York: Continuum Publishing Group, 2006, p. 193.

"historical research"（历史研究）和"historical writing"（历史书写）的，认为前者"与事实问题有关"（a question of facts）而后者"与解释问题有关"（a question of interpretation）。① 我们还注意到，著名后现代主义史家 F. R. 安克斯密特在做出上述二者的严格区分后有一个重要的表态或论断："The historians task is essentially interpretative."② 意思是说，"历史学家的任务根本上是解释性的"。笔者认为，此表态或论断，不仅可以视作对上述把"理解"转到更为"核心地位"所作的呼应，简直可以看成是对当代西方"全恃"论历史诠释学所作的思想准备和批准证书，"essentially"一词意义非凡，颇有"一锤定音"之感。自然，我们也不会忽视这样一个事实：作者在给《元史学》中译本撰写的前言中曾明确告诉读者："本书对于更具综合性的历史著述理论有所贡献，因为它认认真真地考虑了历史编纂作为一种书面话语的地位。"③ 查该书原文，在其序言中一开始就曾声明："This analysis of the deep structure of the historical imagination is preceded by a methodological introduction. Here I try to set forth, the interpretative principles on which the work is base."④ 与"历史书写"有关的"历史想像""深层结构"和"解释原则"均赫然在目。作者本人就把此书的主题、内容和性质

① F. R. Ankersmit, "Six Theses On Narrativist Philosophy of History", in *History and Tropology: The Rise and Fall of Metaphor*, California University Press, 1994, p. 34.

② Ibid., p. 35.

③ 〔美〕海登·怀特:《元史学》中译本前言，第 1 页。

④ Hayden White, *Metahistory*, p. ix.

直接归入了与"解释问题"有关的"历史书写"即"历史编纂"范畴或领域。

　　然而，把历史学的对象和重点，由与"事实问题"有关的"历史研究"转到与"解释问题"有关的"历史书写"，并不仅仅是为了把研究的重点由"客位"转到"主位"，也不仅仅是为了抬高史家在历史研究中的地位和作用，包括宣布历史学家在人文世界中的"立法者"这样的高位，笔者以为这其中还存在着更深刻、更重要的理由，因为包括海登·怀特在内的后现代主义史家一般都认为，历史书写、历史编纂乃是一种"构造知识"（organizing knowledge）①的活动和工作。笔者以为，这一概念的提出，就不仅仅是改变历史书写、历史编纂活动和工作的性质，也赋予了历史书写乃至整个历史诠释学以新的内涵，值得关注。历史书写既然是一种"构造知识"的活动和工作，怀特就进而提出历史书写的"非修辞化"、"非政治化"并不可靠而只能采取"叙述主义"（narrativism）的书写手段来完成，并依赖历史家的"想象力"和"想象"。"历史想象"（historical imagination）于历史书写的重要性是那样大，以致此概念写入了《元史学》的副标题，这是因为"想象力可通过采纳特殊的风格得到叙述化"（the imagination achieves narrativinization by adapting to a specific style）。②

　　这就产生了一个问题："叙述主义"乃是一种"把历史

---

① F. R. Ankersmit, *History and Tropology*, p. 16.

② Ibid., p. 16.

文本作为一个整体进行分析的语言哲学术语"（the term shall henceforth use for referring to a philosophy of language analyzing the historical test as a whole）[①]，它毕竟还只是历史编纂或历史解释的一种工具，作为怀特历史书写理论核心概念的"深层结构"（deep structure）[②]，究竟是什么东西？我们发现，怀特先生并没有在什么地方作过明确的定义，是史家为历史书写所作的"历史构图"还是历史作品的"言辞结构"？似乎都不是，因为它们都不够"深层"，而且既是"深层结构"，就会因史家的学识、想像力乃至立场、态度和爱好的不同而有所选择。正因为如此，怀特先生聪明地把它同"历史想象"相提并论，并且为他的史学理论取了一个颇为诗意的名字："历史诗学"（The Poetics of History），我猜这个"深层结构"或许就是西方学者所说的"前意识"之类，因为"想象"本来既可天马行空，也可曲径通幽，还可因人而异。

但"想象"越是深不可测、难以琢磨，历史故事的书写者、编纂者和叙述者就越有责任，对其在历史编纂之前以"历史想象"而"预设"（prefigure）的"深层结构"，对读者作出"解释"或"诠释"并阐明其意义。由此，怀特先生特意在其史学理论和"历史诗学"中，找出或设计了"情节化模式""论证模式"和"意识形态蕴涵模式"这样三种历史解释模式，同时又为每一种"解释模式"找到并认定了四种解释策略（见下图）：

---

① F. R. Ankersmit, *History and Tropology*, p.6.

② Hayden White, *Metahistory*, p. 2.

情节化模式	论证模式	意识形态蕴涵模式
浪漫的	形式论的	无政府主义的
悲剧的	机械论的	激进派的
喜剧的	有机论的	保守派的
讽刺的	语境论的	自由派的

资料来源：Hayden White, *Metahistory*, p. 29.

　　但人们不要误以为可供史家选择的"解释策略"就是上面的 12 种，因为这些模式中各种因素之间有些是相互矛盾或相互排斥的，史家需要在各个矛盾或排斥的因素之间寻找审美的平衡，小心地进行选择和组合，给"事件"以诗意的解释和再现。

　　不过，此处我最感兴趣的也最想弄清的还是怀特先生如何让史家"赋予"历史以"意义"，并在理论上提供"支撑"这一问题。因为，仔细推敲起来，意识形态几乎是任何一个史家本来就具有的立场和态度，因而无所谓选择问题，而"情节"安排和编织在文学上则属于"历史表达"或"历史表现"即比较浅层的东西，这样一来在怀特先生所设定和提供的历史解释和意义阐述的"三大模式"（mode）中，真正可供史家选择的就只剩下"论证模式"（mode of argument）了，因而笔者认为此模式才是"历史诗学"的核心即"意义生成系统"之所在。然而，在笔者看来，在整个"历史诗学"中，作者并没有为"论证模式"乃至其他解释模式本身的运作和逻辑提供明白和有效的论证和说明。不过，他独出心裁设计的"转义理论"（the theory of tropology）以及与此有关的"比喻理论"（the theory of figuration），已出色地弥补了这方面的不足。

　　更深一步说，之所以要提出甚至说必须建立"转义理论"，是因为怀特先生认为历史意义的"生成过程"或"产生过程"在文学史或修辞学上是历史叙述中的一个"转义行为（troping）"，因为史家在历史书写或历史编纂中采用的"意义结构"或"知识结构"是为构造"历史故事"进行历史想像中的"深层结构"，它是隐藏于史家心灵深处的"历史诗心"，只有通过复杂的"转义行为"才能显露出来，而为这种"转义行为"服务的修辞手段具体来说就是"比喻"。"比喻"在文学创作中实际采用的手法很多，怀特为自己认定了四种："隐喻"（Metaphor）、"换喻"（metonymy）、"提喻"（synecdoche）和"反讽"（irony）。[1]值得注意的是，在一般文学书和修辞学中它们原是比喻的四种不同类型，而怀特却把它们看成了环环相扣的四个阶梯，从而为其"意义生成过程"即史家"赋予"历史以"意义"的活动乃至整个"历史诠释学"，提供了相当不错或者说有力的理论支撑，同时又自然而然地引入了一个与叙述学特别是"转义理论"有关的新概念："话语"（discourse）。怀特做过考证，从词源上说，"话语"派生于拉丁语 discurere，意思是"前后"运动或"往反"运动。[2]所以，在以后的历史叙述中，"话语"就成了叙述这种"转义行为"的一个常用语，得以在西方乃至整个学术界广为流传。

---

① 　Hayden White, *Metahistory*, p.31.
② 　〔美〕海登·怀特：《后现代历史叙事学》，第 5 页。

　　以上考察表明，史家的整个历史想象、深层结构的预设、历史编撰和叙述，包括历史意义"生成系统"的建构，乃至为这些活动提供理论支撑的全部"历史诗学"，都没有越出与"解释问题"有关的"历史书写"范畴或框架，即兆武先生所说的"赋予历史以生命"和意义的"历史学Ⅱ"的范畴或框架，而绝不涉及他们严格区分的与"事实问题"有关的"历史研究"领域和框架，更不涉及已成为过去的客观历史过程。换言之，怀特先生的"历史诗学"包含了一个主要或重要的观点，即历史的意义完全是由史家所"赋予"的，尽管他没有使用过"全恃"一词。正因为如此，我们不得不把他的"历史诗学"作为本文讨论"全恃"论的主要对象，而兆武先生的"全恃"论就成了这种讨论的引子。

四、"全恃"论之所以不能成立，
是因为历史是有"本义"的

　　首先，必须指出，"本义"与"本意"是有区别的：前者指客观的意义，而后者是主观的意思。

　　"本义"一词，在英文中写作"original meaning"，但查古汉语字典，"本"字的含义有八：（1）草本的根或主干；（2）事物的根本、基础；（3）起始、布景；（4）依据；（5）自己一边的；（6）本钱；（7）版本；（8）量词（用于草木）。[①]

---

　　① 张双棣编著：《古汉语小字典》，第13—14页。

　　本文认为，"全恃"论是不能成立的，因而怀特先生的《元史学》特别是他的"历史诗学"同样存在着很大的漏洞也不能完全成立，因为二者都认为历史的"意义"完全凭借史家所"赋予"，而问题恰恰就在于任何一个历史事件乃至整个历史都是有"本义"的，不可能全由史家所"赋予"。不过，为了回答这个问题，我们又必须回答以下三个问题:（1）究竟什么是历史的"本义"？（2）历史的"本义"如果不由史家所"赋予"，又由谁来"赋予"？（3）历史"本义"这一概念的"义域"在哪里？而在回答这些问题之前，从唯物史观出发，我们还必须区分"历史"和"历史学"这样两个概念。

　　简单地说，按唯物史观，"历史"是"以往确实发生过的事件"，而"历史学"则是"研究以往确实发生过的事件的学术"。这种区分很重要，因为其活动、过程和经验的主体完全不同，因而与此有关的思想、意识和观念的来源也完全不同。这本来已是几乎各派史家的共识或常识，因为古希腊亚里斯多德在比较"历史"与"史诗"时，就说过：前者"记述已经发生的事"，而后者"描述可能发生的事"①，但在国际学术界二者的界限常常被有意无意地混淆了。上文提到的克罗齐认为，历史虽然是过去发生的事情，但历史会因对当代的影响而活着，进而得出结论，我们对当前生活的关注也就是对历史本身的关注，就是一例。然而，正如荷兰著名史家 F.R. 安克斯密特所指

————————————

① 〔古希腊〕亚里斯多德:《诗学》，陈中梅译注，商务印书馆1996年版，第81页。

出的:"在历史学家的看法和历史当事人的看法之间原本是有差异的"(There originally is a difference between the historians' perspective and that of historical agent)[1],"有必要区分历史研究(与事实问题有关)和历史编纂(与解释问题有关)"这两个概念和层次。[2] 不过,这种区分要求并不彻底,还应加一个层次即"历史事件",并把它作为整个历史学的研究对象或第一层次,而把"历史研究"和"历史书写"改为第二和第三层次,因为任何一个独立学科都应包括自己的研究对象。非如此,便不能为我们关于"历史本义"的概念和探讨提供坚实的理论和客观基础。

什么是历史的"本义"?这种"本义"究竟是谁"赋予"的?简单地说,"本义"就是该历史"事件"的发动者和参与者的原初动机和目的以及由它们所体现出来的价值观和价值。这一说法虽然简单,却包含了两个无可怀疑的真理:(1)历史的"本义"隐藏在该历史"事件"的发动者和参与者原初的动机、目的以及由它们所体现的价值观和价值中;(2)历史的"本义"只能由已经发生了的历史"事件"发动者和参与者来赋予并已经赋予,此事在根本上与历史事件发生后的任何人包括聪明的历史家无关。这是因为,正如我们在上文讨论并证明了的,历史学的主体与历史事件的主体处于不同的时代,且"在历史学家的看法和历史当事人的看法之间是有差异的",再聪明的历

---

[1]　F. R. Ankersmit, *History and Tropology.*, p.35.

[2]　Ibid., p.34.

史学家也不能包揽一切、越俎代庖。不过，我想在此指出，以往的研究者，在谈及这种"价值观"和"价值"时，往往只注意其主观方面而忽视其客观效果，这将有意无意地缩小"历史意义"的内涵，而妨碍对"历史意义"进行深入地考察、探讨、挖掘和阐释。在此，我想指出，北大教授、我国著名语言学家王力先生在谈及关于古汉语字典的编写原则时说："就一般情况说，一个词只有一个基本意义，其余都是派生意义。派生意义，古人叫做引申。基本意义，大致相当于古人所谓本义，但不完全相同。有时候，基本意义消失了，派生意义也可变成基本意义，轮着它又产生一些引申意义。掌握字的本义很重要，因为由此可以推知引申意义。有近引申，有远引申。"①同理，我们之所以强调深入地考察、探讨、挖掘和阐释"历史本义"的重要，就是因为王力先生所强调的历史的本义"很重要"，由此可以推知其引申意义以及其他任何意义，包括衍生意义、附加意义、发展意义、比较意义。在此，我还想指出，就大多数而言，对历史意义的探讨是就某人、某事、某族、某国以个案的形式进行的，但即使是有关个案发生的动机、目的及其价值观问题，也常常会超出个别人、事乃至族、国的范围，而离不开对宏观世界和整个人类历史的未来命运的认识。

其实，有关历史的意义以及人怎样赋予其内容的问题的探讨，不仅源远流长而且丰富多彩。苏格拉底的主要贡献虽然是

---

① 王力:《关于古汉语字典的编写问题》，转引自张双棣编著:《古汉语小字典》，第1页。

归纳和定义，但他所关心的不是自然而是"人事"。他的学生柏拉图认为，"事物的原因是理念"且"最普遍的理念是相通的"，他还探讨了"人是怎样认识理念的问题"。①柏拉图的学生亚里斯多德认为，"哲学的任务在于研究原因"而"自然是运动和变化的本原"即原因的原因，并认为不仅人类社会而且"自然的活动也是有目的"，他还批评了他的老师将"理念"与"事物"分离的不妥。古希腊罗马哲学家，甚至还在多个地方论及有没有"永恒幸福"，以及怎样才能得到真正"幸福"的问题，托马斯·阿奎那认定"人的幸福绝不在于肉体快乐"。这之后，由于基督教神学的长期统治，哲学处于低于神学的地位以致成了"神学的奴仆"，这类讨论不再那么活跃。然而，自"文艺复兴"以来一系列革命性的发展，对本文讨论的主题（即历史具有"本义"），包括历史意义形成的前提、标志、高度和性质，以及这种意义怎样被赋予的途径，都有莫大的意义：（1）达尔文的《物种起源论》（1859）、泰勒的《原始文化》（1891）和摩尔根的《古代社会》（1877）所构成的进化论系列，从根本上打破了"上帝造人"的神话，证明了人类乃是生物进化的产物，极大地促进了人类对自己自然本性和社会本性的认识。（2）人类拥有"理性"是人与动物唯一和根本的区别成为哲学界的共识，并同时认识到"感觉经验是知识的唯一来源"，"感觉虽有用，但不能认识真理"，然而"人凭着理智是可以认识确定原理"的，这

---

① 北京大学苏格拉底哲学史教研室编译：《西方哲学原著选读》（上卷），商务印书馆2002年版，第72—107页。

就在很大程度上确立了人类历史和文明的水准和程度。(3)关
于科学在生产中的运用,在人类历史和文明中的影响即理性如
何赋予历史以意义问题获得非同一般的重视,为此而提出的
"知识就是力量"以及"科学是经验与理性的结合","科学是实
验与理性的结合"的相关论述 ①,不胫而走、广泛传播。所有这
些进展,都为本文主题即历史最初怎样被赋予意义问题的解决,
提供了坚实力量和实践基础。因为"自然理性"作为人所独具
的思维、认知、体验能力,如果说它是人类成长、演化的结晶
的话,那么"理性"和"经验"、"实验"结合的过程,就可以
视作观念和思想反过来影响历史,即赋予历史以意义的过程。
此事,人们只要想一想工业革命如何发生,又怎样影响整个人
类历史进程,就会明白。

不过,个人以为,从历史诠释学角度看,最贴近本文主题
即历史"本义"最初怎样被赋予的系统性证论应始于威廉·狄
尔泰(W. Dilthey, 1893—1911)。他在这方面的代表作《历史中
的意义》,书名挑明其主题研究的对象就是隐藏和包含于历史过
程中的"意义",即"历史的本义"。为此,他提出了一种"生
命哲学",认为历史在本质上"就是在时间之中进行的生命过
程本身"并依赖于生命,其活动和意义乃是"生命力"的体现,
并必须通过某种历史形式才能被人们看到。他同时又指出,这
样一来"意义就会与各种主观感受发生关系",因为在生命之

---

① 北京大学苏格拉底哲学史教研室编译:《西方哲学原著选读》(上卷),第
345、310—311、358—359页。

中存在和具有"各种确定无疑的价值观念"。① 不仅如此，他还指出，"各种个体的生命，通过他们与他们的环境，与其他人与各种事物的关系，而得到无限的丰富和充实"，"由于这些个体而得到实现的内容、价值观念和意图"，"又超越了他们的生命"。② 他的结论是："从对生命的解释出发走向这个世界和生命的唯一一条道路，仅仅存在于经验、理解和历史性的领悟之中，我们（指历史研究者——引者注）并没有把这个世界所具有的意义带到生命之中去"，"意义和意味都是完全从人及其历史那里产生出来的"。③ 他不仅仅有力地证明了本文关于"历史具有'本义'"的论点，也有力地反驳了历史的意义"全恃"史家所赋予的观点，因为他强调和突出的是人类而不是史家作为历史缔造者的原始地位和作用。美国著名学者理查德·E.帕尔默认为，作为"当代诠释学问题之父"，狄尔泰丰富而深入的诠释学研究，"不仅更新了普遍诠释学而且大大地推进了它，而将诠释学置于历史性（historicality）范畴之中"。④ 不过，此处我更关注的是有关本文主题的论述，其余不再赘述。

最后，我想引证一段何兆武先生有关文明史与自然史之区别的精彩文字，来结束此部分的讨论：

> 正如一切物种都有它们的自然史一样，人类也有其自

---

① 〔德〕威廉·狄尔泰：《历史中的意义》，第13、14页。

② 同上书，第19页。

③ 同上书，第150—151页。

④ Richard E. Palmer, *Hermeneutics: Interpretation on Theory in Schleiermacher, Dilthey, Heidegger and Gadamer*, Evanston: Northeastern University Press, 1969, p.123.

身的自然史。但是人类的自然史只是人类的史前史。我们通常所谓的人类历史，并不是指人类这个物种的自然史，而是指人类的文明史。

文明史不是自然的产物，而是人的创造。也可以说，文明史是自然史的一种外化或异化。一旦人类的历史由自然史外化为文明史，它就在如下的意义上对自然史宣告了独立，那就是，它不再仅仅表现为是受自然律所支配的历史，同时它还是彻头彻尾贯穿着人文动机的历史。人文动机一词是指人类的理想、愿望、热情、思辨、计较、考虑、推理、猜测、创造乃至野心、贪婪、阴谋诡计，等等。总之，是人类的思想，是为人类独有而为其他物种所没有的思想。

思想一旦出现在人类历史舞台之上，它就赋予历史以生命和生机，于是就有了文明史。

思想史的研究，"不仅考虑观念本身的价值，而且要考虑各种观念具体的内涵和意义"。[①]

这段文字包含了四点涵义：(1)历史本身就具有意义；(2)历史意识在性质上可以用"文明"二字来概括；(3)历史本身的意义来自于人在从事历史活动时的"人文动机"；(4)这种"动机"和"意义"的"赋予"者不是后来的史家而是"历史事件"当时的发动者、参与者。这里，我想说的是，这明明就是对什

---

① 何兆武：《历史理性批判论集》，第20—21，24页。

么是历史的"本义"以及它是由谁赋予问题的很好的回答，可惜在提出"全恃"论的时候就把它全忘了。

五、对"史料"的考证和解读：
发现历史"本义"的必由之路

西方的"诠释学"，尤其是海登·怀特的"历史诗学"存在着巨大的内在矛盾，它宣称所诠释的内容在同等程度上既是被"发现"的也是被"发明"的，其危害性比具体的错误不知要大多少倍，因为越是理论的越具有普遍性。

但既然历史具有"本义"，历史的意义也就无需史家代劳，更谈不上"全恃"史家所赐，只需史家细心而努力地探讨、挖掘、发现、解读即可。不过，大家不要以为这种探讨、挖掘、发现、解读的工作事小，它乃是历史学和历史家的头等大事和主要任务，因为任何引申、衍生、发展、比较之类的意义，都是由"本义"派生出来的，不可"本末倒置"。可为什么说对"史料"的考证和解读，是发现历史"本义"的必由之路呢？

首先，正如我在《后现代主义史学》一文中讨论过的，历史学源于一个几乎是各派史家都承认的"定义"或"共识"："历史是以往确实发生过的事件。"由此可以引申出两点：（1）既然是已经发生的，就是史家不曾接触和经历过的，因而是独立存在于史家之外的；（2）既然是确实发生过的，就是存在于史家之外的客观实在，因为任何一个历史事件都有"五个w"作为基本要素构成。史家一旦决定把某个"历史事件"作为研究对象，他就必须首先要认识这个历史事件，这时"史料"就成了史家与史事之间的"中介"，这就意味着史家虽然不可能直接与研究对象发生联系，但可以通过"史料"而与之发生间接关系。这是因为，"史料"不是一般的文本，"史料"特别是第一手的资料即原始资料，不是历史事件的发动者、参与者就是旁观者留下的记忆，其中"历史档案"原本就是历史事件本身的重要组成部分，它们均包含着大量"史实"及相关信息而成为历史的载体，即《文心雕龙·史传》中所说的"载籍"。对此，梁任公在《中国历史研究法》中有一个解读：史料乃是"过去人类思想行事所留之痕迹，有证据传留至今者也"。一个"痕迹"，一个"证据"，不仅说明了"史料"的"中介"作用，也说明了"史料"考证和解读之于挖掘历史意义的必要性。

　　然而，从历史诠释学的角度看，对"史料"作为"中介"的认识已不够了，因为无论从史料考证的目的来看还是从历史"解释"的前提来看，都有许多问题值得好好琢磨。其一，有关诠释学本身，历史上就存在着数不清的争议，马丁·路德提出过"自解原则"（das Schriftprinzip），施莱尔马赫曾认为"诠释学为避免误解的技艺"（Hermeneutics as "the art of misunderstandings"）[1]，威廉·狄尔泰则主张"从生命的实在出发"，"理解生命的实在"（"must start from the reality of life"，"are seeing to understand the latter and present it"）[2]，与此同

---

[1]　Hans-Georg Gadamer, *Truth and Method*, New York: Continuum Publishing Group, 2006, p.185.

[2]　Ibid., p.223.

时，对诠释学的两个核心概念"理解"（understand）和"解释"（interpretation）也争论不休。我根本不同意那种视二者为一回事的观点，因为"解释"的对象是读者而"理解"的对象才是"史事"，没有对"史事"本身的理解就不可能做出任何解释，且前者属心理过程而后者属实践过程。正如某位著名哲学家所说：理解在某种程度上是对某个创造的"重构"'（de rekonstruktiden），而解释的唯一标准是其作品的"意蕴"（sinngehalt）即"意指"。其二，本文研究的主题和要求，与一般意义上历史学特别是后现代主义史学所研究的主题和要求有很大的不同：第一，二者研究的对象和重点不同，后者研究的对象和重点是"文本"（text），前者研究的对象和重点是"史事"；第二，后者由于共时语言学的影响只研究文本的语言结构，而前者按历时语言学的要求更重视词语在古今的"细微差别"；第三，后现代主义史学把史学等同于文学，历史的"深层结构"是通过"历史想象"构建起来的，而我们所说的历史的"本义"则出自于历史的客观实在，不仅要探究其"原因"还要追寻其"原因的原因"，在古希腊哲学中称之为"本原"（arche），而对"本原"的探讨颇有些深不可测。不过，话又说回来，对史料的考证和解读，之所以是探讨历史"本义"的必由之路，仍有现代诠释学方面的理论根据，因为"普遍诠释学"概念的提出者施莱尔马赫说过："诠释学的一切前提不过只是语言。"（Everything presupposed in hemeneutics is the language.）① 因为

---

① 转引自 Hans-Georg Gadamer, *Truth and Method*, p.383.

"能被理解的存在就是语言",而人类实在本身就充满了"语言性"。①不仅如此,对史料的考证和解读,还可以从另一个角度即"文本学"的角度得到证明,因为"史料"本是一种因包含大量"历史痕迹"而不同于一般"史著"的特殊文本。但不仅"文本必须可读"②即它是以语言表达的形式出现的,还因为"文本"的概念的特点便是它只与解释有关,并且从解释的角度它是将要理解的真正给定之物,且"只有在解释概念的基础之上,文本的概念在语言性结构中才成为一个中心概念"。③

　　这里,发生了一个问题:在当今诠释学高度发达的情况下,我们究竟应当如何对待传统的历史学特别是其中的一些重要理念及其考据学?应当承认,传统史学的一些重要理念及其考据学,无论在东方还是在西方都达到过很高的水准,并留下了丰富的经验和宝贵的遗产。在西方,由于受"哲学是求'真'的学问"这一定义的影响,史学从一开始就把"事实"和"真相"放在了中心的位置,在19世纪中后期便产生了以系统考证方法为特征的德罗伊森的经典《历史知识理论大纲》(1882),随之便有了以宣示"如实直书"为标榜的兰克和兰克学派的横空出世。在中国,由于受"天命"观念的影响,史学产生之初对"纪事"的重视甚于求真,"究天人之际,通古今之变"成为史学乃至整个中国哲学的基本问题,但到唐代也产生了刘知几以

———————

　　① 严平编选:《伽达默尔集》编选者序,邓安庆译,第6—7页。
　　② 〔德〕伽达默尔:《文本与解释》,严平编选:《伽达默尔集》,邓安庆译,第60页。
　　③ 同上书,第59页。

崇尚"良史以实录直书为贵",而以研究"直书"和"曲笔"关系为重要内容的史学名著《史通》,至于清朝前期和民国时期诞生的"乾嘉学派"和"古史辨派"的影响之大,已不亚于西方任何考据学派了。不过,笔者还是觉得,何兆武先生在把史学分为"史学Ⅰ"和"史学Ⅱ"时,把"史学Ⅰ"的任务和目标定位为"史实认定",多少既显示了传统考据方法的重要也显示了传统考据方法的不足。因为,正如本文在上面已经证明了的,对历史"本义"的探究、挖掘及相关史料的考证和解读,不仅涉及史实的认定、原因和结果、动机和目标之类的问题,还涉及原因和本原、历史过程和生命过程、思想意识和人类活动甚至有意识和无意识即"潜意识"的关系问题,显然已大大超越了"史实认定"的范围。正因为如此,我们的任务决定了,我们在继承和发扬史学特别是考据学的优良传统的同时,还应对高度发达的诠释学持开放的态度,尽量吸收其有用的东西,以利史学的发展。

正因为对史料的考证与解读,是探究和挖掘历史意义的必由之路,本文对于"史料"本身有关的一些重要问题就特别关注,例如,除了不能把兆武先生所说的"历史Ⅰ"即本文所说的"历史学Ⅱ"只局限于"史实论定"外,与"史料"本身有关的重要问题之一,是除了以"文本"形式出现而外就没有别的形式的史料了吗?答案是否定的,譬如"文物"。"文物"分地上的和地下的,地上的如房屋、建筑等,地下的城市、宫殿、墓葬遗址等,并非所有文物都无文字,大量"竹简"的出土曾丰富并改写了我国传统的经学研究,没有文字的文物以它们在质料、造型、风格上的不同，可以读出不同民族和文明的许多内涵。以"文本"形式出现的史料，除了历史档案和留有大量"历史痕迹"的历史事件的发动者、参与者和旁观者留下的记忆之外，可不可以把诗歌、小说、戏剧等当"史料"使用？亚里斯多德认为诗歌所描述的事"未必已是现实中的存在，但又是相当现实、相当逼真的"，[①]F.R. 安克斯密特说过："希腊最早的历史编纂是史诗"，施莱尔马赫在"艺术性的思想"里"看到极妙的生命要素"，恩格斯赞誉巴尔扎克的《人间喜剧》"给我们提供了一部法国'社会'，特别是巴黎'上流社会'的卓越的现实主义历史"。[②]答案已一目了然。

最后，请务必记住伽达默尔如下的告诫："各种形式的解释学真正共同的东西，即所要理解的意义只有在解释过程中才能具体化和臻于完善，但这种诠释工作完全受文本的意义所制约。"[③]

六、以怀特"历史诗学"为代表的"全恃"论的先验唯心论倾向

前面，我们以历史具有"本义"这一事实，有力地证明了"全恃"论即历史的"意义"完全凭借史家所"赋予"之论断的站不住脚，但"全恃"论的真正代表并非何兆武先生，而是提

---

① 汪子嵩等著：《希腊哲学史》（第3卷），人民出版社2003年版，第1171页。

② 〔德〕弗·恩格斯：《致玛格丽特·哈克奈斯（1884年4月初）》，《马克思恩格斯全集》（第3版）第4卷，人民出版社2012年版，第590页。

③ 〔德〕汉斯-格奥尔格·加达默尔：《真理与方法：哲学诠释学的基本特征》（下卷），洪汉鼎译，上海译文出版社1999年版，第427页。

出"历史诗学"的海登·怀特。此处，笔者想使我们的讨论再深入一步，讨论一下"全恃"论历史诠释学的先验唯心论的倾向问题。如果不跨出这一步，我们的讨论将不会彻底，本文的任务就不算完成。但进一步论证"全恃"论历史诠释学的性质之前，有必要先弄清什么是"先验唯心论"，它与一般的"唯心论"有什么不同和特点。

人们常常把"先验唯心论"等同于一般"唯心论"，弄不清二者的重大或主要的区别和特点，更不愿下力气去追寻先验唯心论的性质和深层涵意。其实，先验唯心论和一般唯心论有很大的不同，其最大的区别在于前者根本不和"客观实在"即"物质世界"打交道，而一般唯心论和唯物论一样都离不开"意识和存在"的关系问题。因为马克思哲学认为，凡承认世界的本质是物质的进而承认"存在决定意识"的便是唯物论，凡认为世界的本质是精神的进而认为是"意识决定存在"的就是唯心论，二者的共同点是都涉及"存在和意识"或"物质和精神"的关系，但在哪一个是"本原"、哪一个是"派生"、哪一个是"第一性"的、哪一个是"第二性"的看法上，它们的看法恰恰是相反的或颠倒的。请注意，它们有时也把"意识"或"精神"视为"存在"，但那是把它们视为"抽象存在"而不是"客观实在"。①

如果我的理解不错的话，唯心论包括先验唯心论的源头，

---

① 参阅〔苏〕罗森塔尔、尤金编：《简明哲学辞典》，生活·读书·新知三联书店1973年，第442—445，447—451页。

在哲学上都可以追溯到古希腊的柏拉图的"理念"（idea）论。他第一次把世界分为"可见世界"和"可知世界"，前者是我们的感觉所及的具体的物质世界，这里一切事物因变动不居不是真实的存在，而真实的存在是永恒不变的理念的世界，但它们只有通过我们的"理智"才能被认识。不过"先验唯心论"作为一种科学论即系统理论是始于康德，经黑格尔到胡塞尔而达于极致。先验唯心论的核心概念，是黑格尔提出的"自我意识"（self-consciousness）①，先验唯心论者认为：意识既不是来源于客观物质世界也不是来源于人对外界事物的感觉和人的实践经验；人的意识与客观物质世界完全无关，其来源应从客观物质世界"返回"到人本身的意识即"先验存在"乃至"先验自我"（transcendental ego）中去寻找；这样，意识的对象就由"现象实在"（phenomenal reality）取代了"客观实在"（objective reality），而整个意识形成过程或研究过程都完全是在一种"自我意识"中进行的，而与这个过程有关的主体和对象包括过程本身的基本特征就是"意向性"（intentionality）。

对此，几位先验唯心论大师都有过明确无误的解释。康德把他所说的先验理念称为"纯粹理性"（pure reason），而把认识对象称之为"现象"（appearance）即"作为感性直观之客体的那种对象"（an object of sensible intuition），而不是指"作为自在之物（thing in itself）本身的那种对象"，并说："我们

---

① Georg Wilhelm Fredrich Hegel, *The Phenomenology of Spirit*, "Preface", Princeton University Press, 2005, 转引自韩水法等编：《西方哲学名篇选读》上，北京大学出版社 2014 年版，第 363 页。

先天的理性认识只涉及现象，而不过问自在之物本身，自在之物虽然自身是实在的，但却是我们所不知道的。"（our a priori knowledge of reason, namely, that such knowledge has to do only with appearance, and must leave the thing in itself as indeed real per se, but as not known by us.）① 他又说：纯粹思辨理性已经"包含有一个真正的有机结构（a structure wherein everything is an organ）"，它既能根据它给自己选择思辨客体时所用不同方式测出它自己固有的能力，又能给一个形而上学的体系描绘出"一幅完整的蓝图"，它在实践应用中必须且"不可避免地会把自己扩展到感性世界的界限之外去"。② 黑格尔之所以把"自我意识"视作其"精神现象学"（phenomenology of spirit）的核心概念，是因为他认为"唯有精神的东西才是现实的"（the spiritual alone is the actual），而精神的东西又是"本质或自在而存在着的东西"③；进而，知识的生成过程或科学的认识过程，就成了一种"纯粹的自我认识"（pure self-recognition）、自我发展、自我完成的过程，因为只有在精神把自己当作"自我存在"、"自我转化"之时，这个存在才真正是"主体"并控制者整个"自我意识"过程。为把现象学乃至整个精神科学或先验唯心论推向顶峰，而提出"先天科学"（a prior science）概念的胡塞尔认

---

① Immanuel Kant, *The Critique of Pure Reason*, "Preface to the Second Edition", Pacific Publishing Studio, 2011, 转引自韩水法等编：《西方哲学名篇选读》上，第 320, 316 页。

② 韩水法等编：《西方哲学名篇选读》上，第 328, 320 页。

③ 同上书，第 358 页。

为，只有"到事情本身中去"即"到人的意识体验中去"并通过"反思"，才能使主观体验被意识到或对我们显现出来，而成为严格意义上的"现象"。如果说康德、黑格尔均把（先验）意识视作"意识之源"，胡塞尔却并不把"意识"看作"意识之源"，而认为真正的"意识之源"本是与"自然自我"（natural ego）不同的"先验自我"（transcendental ego），但又"不是一个与'自然自我'在自然词义上相分离的自我"，这个"先验自我"拥有"前认知的'理解力'"而成为"把客体世界还原成一种共同主体性的统一源泉"。^① 正因为如此，胡塞尔才在康德提出的"投合"（conform to）和黑格尔提出的"返回"（return into）的基础上更明确、更正式、更系统地提出自己的"本质还原"（eidetic reduction）概念及其理论，并把康德和黑格尔学说中的"还原"意识演变成三重还原："现象学还原"（phenomenological reduction）—"本质还原"—"先验现象学还原"（transcendental-phenomenological reduction）^②，其中"本质还原"主要指与心灵有关的纯粹现象学的心理学的还原。总而言之，此时的先验唯心论，在学术上被称为"纯粹先验唯心论"。以愚见，这"纯粹"二字包含了三个要点：（1）整个认识过程都是在"自我意识"中进行的；（2）这个认识过程和意识过程完全与客观物

---

① 〔美〕维克多·泰勒、查尔斯·温奎斯特编：《后现代主义百科全书》，第3219页。

② Edmund Husserl, "Phenomenology", Edmund Husserl's Article for the *Encyclopedia Britannica,* 1927. 转引自韩水法等编：《西方哲学名篇选读》下，第70，74，79页。

质世界无关；（3）"先验自我"成了"绝对主体"。

兆武先生提出的"历史学就是史学家为史实而构造图像"的提法，至多只能在它和康德关于为形而上学体系描绘"完整的图像"之间产生联想，只有怀特的"历史诗学"才有资格与先验唯心论相提并论。我们之所以说以怀特"历史诗学"为代表的"全恃"论历史诠释学存在"先验唯心论"倾向，是因为它与"历史诗学"的"转义理论"有关。查《元史学》导论即"历史诗学"共七部分，只有第六部分一个地方专门谈到"转义理论"（the Theory of Tropes），可见此论也是《元史学》全书的核心理论，因为作者认为历史意义的"生成过程"是一种"转义行为"（tropping）。但这个"转义理论"有如下几点值得特别关注：其一，作者认为，这种"转义"过程是通过"比喻"来实现的，所以这部分文章一开头就确定四种"基本比喻"：隐喻、换喻、提喻和反讽；其二，作者在《话语的转义》前言中又把"隐喻"认定为"主转义"（master tropes）①，因此其他三种比喻在"历史诗学"中便成了"隐喻"的不同类型（Trony, Metaphor, and synecdoche are kinds of metaphor）②；其三，作者认为，这几种比喻虽然同属于"隐喻"，但它似又"彼此区别"，从而构成隐喻的四个阶段，也是推动"转义行为"实现的四个阶段；其四，不仅如此，作者还在《话语的转义》前言中，将"隐喻"的四个阶段与皮亚杰发现或总结的儿童意识发展或意识

---

①　〔美〕海登·怀特：《后现代历史叙事学》，第7页。

②　Hayden White, *Metahistory*, p.34.

成熟的四个阶段，即感觉、再现、运作和逻辑阶段"相对应"[①]，这就把"隐喻"演变即转义过程纳入了"神秘"的"人类意识"范畴，并赋予其意思以某种"原始性"；其五，为了给史家充满先验色彩的隐喻手法找到一个认识对象，怀特还生造了一个不是历史经验的"历史经验"，所指其实只是史家历史书写或转义行为而不是客观历史过程，这个"历史经验"的发源地是所谓"怀乡病"（Sehnsucht），在德语中其含义是"思慕而不可求，苦恋而不可得"。[②]说穿了，它只是一种"历史感"！由此可知，"隐喻"而非"转义"不仅是"历史诗学"乃至整个《元史学》的真正的核心理论，而且它将会不可避免地把自己推向先验唯心论的怀抱，因为它不能不令人联想起黑格尔的"自我意识"概念。

　　这里，为使读者理解我们的这一推论和看法，下面特引证著名学者 F.R. 安克斯密特有关"隐喻"和"先验论"的关系的专门研究，请读者审议和批判。有意思的是，安氏虽然是地道的后现代主义史家，但作为荷兰人常常在学术上拥有与盎格鲁-撒克逊人不同的视角，十分难能可贵。所著《历史与转义》的导论，专门和集中研讨了"隐喻的兴衰"问题。他在其中明确地表示："Transcendental philosophy is intrinsically metaphorical, and metaphor intrinsically transcendental." 意思是："先验论哲学内在地是隐喻的，而隐喻内在地是先验的。"查《现代高级

---

　　① 〔美〕海登·怀特：《后现代历史叙事学》，第 17 页。

　　② 〔荷〕F. R. 安克斯密特：《历史与转义：隐喻的兴衰》，韩震译，文津出版社 2005 年版，第 253 页，译注①。

英汉双解辞典》(*The Advanced Learner's Dictionary of Current English with Chinese Translation*, Oxford, 1961), "intrinsically" 一词的原意是 "指（价值或性质）固有地、内在地"。换言之，安克斯密特认为，隐喻和先验论在性质上原本就是相通的，就是一回事。因为 "从认知上说先验论本身和隐喻的观点实现了相同的功能"。[①] 那么，它们究竟怎样或通过什么方法在认知上实现其 "相同的功能" 呢？具体地说，根据安克斯密特的研究，主要体现在以下二者的三个特性上：（1）是二者都能使我们 "构造世界"（to organize the world）[②]：康德让 "先验自我把本体实在（noumenal reality）转变为现象实在（phenomenal reality）"；隐喻的使用则向我们提供了理智的或精神的存在；（2）是其所谓 "类似性"（similarity），因为先验论和隐喻都可以或明或暗地按 "a 是 b" 这个公式以隐喻手法把一个 "陌生的东西" 熟悉化；（3）但二者都 "不能把自身客观化"（its incapacity to objectivity itself）[③]：先验论虽然用 "现象实在" 取代了 "本体实在"，但 "现象实在" 并非客观实在而是 "精神实在"，同样，隐喻中取代 "陌生事物"（即 a）的 "熟悉事物"（即 b）也都不是历史中的客观事物，而是历史想像中的事物。F.R. 安克斯密特有个明确的论断："先验主体只能让我们接近其谓词而不是其自我。"[④] 在这

---

① F. R. Ankersmit, *History and Tropology: The Rise and Fall of Metaphor*, University of California Press, 1994, p. 13.

② Ibid., pp.12-13.

③ Ibid., p.10.

④ Ibid., p.13.

样的情况下，怀特的"历史诗学"是否就是胡塞尔的"先验自我"，读者无论作何推断恐都不为过了。安克斯密特的结论是：怀特的"转义理论没有为像历史编纂的真相和可证实性这样的概念留有空间"，"转义学似乎把怀特的船吹离了安全的科学港湾，而来到充满危险的文学和艺术之中。《元史学》把历史编纂转变为文学了"。①

我说过，查遍了几乎所能看到的有关历史诠释学的西方文献，都未找到类似兆武先生所说的"全恃"二字。但此处突然想到怀特自己的一个声明或断言："历史学家赋予资料以意义，使陌生转变为熟悉的，使神秘的过去变得可以理解的"工具，"是比喻语言的艺术"②，是否可当作"全恃"来理解呢？因为，正如安克斯密特先生所指出的，"这里隐含的意思是，历史见解和意义只有借助于转义的使用才是可解的。"③

余　　论

最后，笔者还想提请读者注意，安氏之所以如此深入地探寻并肯定怀特"隐喻理论"乃至整个《元史学》的先验唯心论倾向，其实意在拐弯抹角地赞扬其在"构造知识"方面的意义和价值，因为几乎所有先验唯心论大师都认为自己所探寻的是"科学认识"或"科学发展"的道路和方法。不过，个人以为，

① F. R. Ankersmit, *History and Tropology: The Rise and Fall of Metaphor*, p.9-10.

② Ibid., p.10.

③ Ibid., p.10.

可以把先验唯心论的指向分为两个：一是指向未来，一是指向过去。就指向未来而言，对"科学认识"或"科学道路"的探寻包含着积极的因素，因为如果我猜得不错的话，在他们所说的"自我意识"中本包含着"自然理性"的因素；但在指向过去即指向历史方面则完全不能苟同，因为正如我们在本文中已经证明了的，先验唯心论完全不涉及或根本否决客观实在。而如果承认"一切真历史都是当代史"，那么人类历史本就由无数当代史演化而来，否认"客观实在"即否定"真历史"必然导致否认整个人类文明史。感谢兆武和怀特两位先生，是他们的高论引发了我这么多的思考。

（本文曾载于《陕西师范大学学报（哲学社会科学版）》2023 年第 3 期，刊载时有删改）

史学三层次说

——读何兆武《历史理性批判论集》札记

一

之所以对何兆武先生所著《历史理性批判论集》（以下简称《论集》）发生兴趣，是因为这部文集可能是我们所看到的，当今中国大陆最具理论色彩和个人性格的史学著作了。

这部文集，厚达845页，共57.3万字。"主要收录作者历年发表的有关历史哲学以及思想史研究的学术论文（或为译序），集中展现了作者多年思考历史哲学问题的思想成果，对历史与历史学的本性有深刻的反思"（见该书"内容简介"）。

出版方面，虽附有"内容简介"，但未作"作者简介"。从文集中透露的信息可知，先生系湖南人，曾就读于西南联大（北大）历史系，新中国建立后曾就职于中国科学院尹达领导的中国历史研究所，转入清华大学文化研究所应是"文革"之后的事。从先生自述看，在西南联大期间，他很注意外文的学习和修养，并对史学理论有浓厚兴趣，岂止是"兴趣"，简直是爱好！^① 可以说，这部《论集》是其一生心血的结晶。

《论集》由50篇论文和文章构成。从形式上看，分为两大部分：第一大部分，是"思想与历史"论著；第二大部分，叫做"书前与书后"。第一大部分的文章又可分为两类，一类是有关史学与史家的文章，涉及中外历史上具体的人和著作，以及完全是作者自己有关史学思想和主张的文章；另一类又可分为译序、大小心得和历史回忆，文章虽小但亦很精粹。

二

兆武先生首先是位优秀的翻译家。仅《论集》中提到的其重要译著，就不下6种：（1）康德著《历史理性批判文集》，商务印书馆，1990年；（2）帕斯卡著《思想录》，商务印书馆，1984年；（3）卢梭著《论科学和艺术》，商务印书馆，1959年；（4）孔多塞著：《人类精神进步史表纲要》，三联书店，1999年；（5）梅尼克著：《德国的浩劫》，三联书店，1991年；（6）卡尔·贝克尔著：《18世纪哲学家的天域》，三联书店，2001年。其中，他首次收集并翻译，且系其最重要的译著堪称康德"第四批判"的《历史理性批判文集》，包含了康氏从1784年到1797年所写的8篇论文：《世界公民观点之下的普遍历史观念》（1784）、《答复这个问题："什么是启蒙运动？"》（1784）、《评

---

① 参何兆武：《历史理性批判论集》，第703—719页。以后文中所附页码均出自该版文字，不再另作注释。

赫德尔〈人类历史哲学观念〉》（1785）、《人类历史起源臆测》
（1785）、《万物的终结》（1794）、《永久和平论》（1795）、《重
提这个问题：人类是在不断朝着改善前进吗？》（1797）、《论
通常的说法：这在理论上可能是正确的，但在实践上是行不通
的》（1793）。兆武先生的翻译工作有几大特点：（1）所涉原作
者都是西方文明发展史上的大家和名人；（2）所译著作均是西方
思想和史学史上转折时期或某个流派的代表作；（3）所译著作尽
量选用原文原著而不是转译；（4）在翻译时对某些重要概念（如
Idee、Historismus 等）会作辨析以确定其译法；（5）原著出版时
所附"译序"包含了译者重要的研究成果从而给读者以必要的
引导；（6）"译序"往往能抓住原著中一些在人类思想和理论史
上的关键性或转折性观念（如梅茵的"从身份到契约"）并给予
解读与阐释。总之，这些译著和译序，在我国的西方思想和史
学史教学和研究乃至整个学科建设中，占有重要的历史地位。

三

　　兆武先生思想敏锐、观察深刻，常常以人、事、书系论，
引出与之有关的一些重要议题，又能阐发其本人的独到见解。
例如，他在《也谈清华学派》文中，曾引 17 世纪初杰出科学家
徐光启的名言："欲求超胜，必先会通。"一下就点明了我国传
统旧学的一大特点，并说明在"四大导师"[①]主导清华的 20 世纪

---

　　① 四大导师：梁启超、赵元任、王国维、陈寅恪。

上半叶（1911—1952 年）虽然没有形成通常意义上的所谓"学派"，但他们大都有着深厚的旧学根底，"每个学人都会自觉地去追求这种会通"，但又是"我们这一代后人们所无法望其项背的"。（第 737 页）"会通"，这应是每一个学问家，特别是人文社会科学家，在做学问时必须重视和具备的资质和条件。又如，与此相联系，他谈到在西南联大选修哲学课时，发现了北大和清华两个哲学系在治学方面的重要区别："当时北大哲学系的先生们大多走哲学史的道路"，而"清华哲学系的先生们大多走逻辑分析的道路"。（第 709 页）当然，也不尽然，因为他在另一个地方谈到听冯友兰哲学史研究课时的感觉却是"从理论到理论"，而我们知道从新中国北大哲学系走出来的王若水是中国少见的有纯粹思辨能力的哲学家，其所撰《桌子的哲学》曾得到毛泽东的表扬和赞许。但在哲学的治学问题上，究竟是应当走"哲学史道路"还是走"逻辑分析"的道路，兆武先生的这一观察和提醒，是十分必要和重要的。再如，兆武先生不仅关注哲学的治学道路问题，还进而从这一视角来观察和思考中国历史理论和史学理论的"传统"问题，并得出他独具个性而发人深省的结论："中国的历史理论走的是一条伦理说教的道路，而始终没有采取一种价值中立的道路。"（第 796 页）这是兆武先生又一有关中国文化传统性质和特点的重要论点，尽管在他之前已有许多人有过类似的观察和思考。在兆武先生看来，正如他在发表于《历史研究》2000 年第 2 期上的《笔谈四则》之三中所说，中国古代的主流历史哲学经历了道家自然哲学的"五行说"、战国阴阳家的"五德终始"说、宋代的"元会运世"说以及康有为的"三统三世"说这样几大发展阶段，尽管"五德终始"在很大程度上已摆脱了"人格神"那种意志论的内涵，尽管"三统三世"说已摆脱了"元会运世"的历史循环论，并对中国历史哲学注入了"进化"之类的某些新因素，但康氏的理论"仍停留在一种猜想或臆想的层次上，而缺乏任何科学的论据"（第 795 页），"所以它始终没有上升到严格意义的哲学"（第 796 页）的水准和高度。再如，他借回忆尊师吴雨僧，谈及对"学衡派"的评价，以及可否"砸烂旧文化"问题。吴是陈寅恪先生的"至友"，是兆武先生 1939 年秋入读西南联大后颇受其尊敬的老师，吴开设题为"欧洲文学史"的必修课，以"两个世界"①的学说解说古今中外文学作品的义谛，但吴曾参与"反对白话文"的《学衡》杂志的工作，并引出究竟应如何对待"旧文化"的态度问题。兆武先生如下的这段有针对性的议论颇值得一读：对于"历史文化"，"总有些人会倾向于肯定得多一些，而否定得少一些；又总有些人会倾向于否定得多一些，而肯定得少一些。这本来是很自然的、很正常的事。不过，在一个剧烈变动的时代里，这种现象往往会表现得格外突出，而且采取激烈论战的形式。法国大革命是近代史上影响最为巨大的事变，而当时的伯克（Edmund Burke）就反对革命的破坏行为。他认为历史文化是人类智慧历代努力的结晶，任何人都无权以革命的名义一笔抹杀这份珍贵的遗产"。（第 766 页）兆武先生

---

① 吴的"两个世界"，一为"the world of truth"，另一个是"vanity fair"，都是从文学理论出发的。

由此得出两点结论：(1)对旧文化"或许不如不去砸烂它，倒更能为民族及其历史文化多保留一份元气"(第766页)；(2)"不同意见的争鸣，总比一言堂要好。"(第767页)均可视为一位智者对"文革"的重要反思。这里，再举兆武先生以人系论一例，我所指的是他写的《原子、历史、伦理——读〈费米传〉书后》。费米本是意大利人，曾在罗马大学物理系以实验证明爱因斯坦关于原子中蕴藏着巨大能量的理论而获诺贝尔奖，因遭意法西斯政府驱逐而到美国并成为美国研制原子弹(即"曼哈顿计划")的实际负责人，却拒绝在成立一个原子能国际管制委员会的建议书上签名，尽管他曾在奥本海默事件中为奥氏辩护。兆武先生由此引出和关注的问题，是研制大规模杀伤性武器中的知识的作用和评价问题以及有关的文明问题。兆武先生从中得出的反思是："知识是力量，但不是智慧"，"这种力量究竟被引向何方，是造福人类还是为祸人类，这却不是知识本身，因而也就不是科学本身的事了"。他得出的结论："知识是要由德行来引导的。"(第838页)这样的话除了智者和仁者而外，不是任何一个历史学家或科学家可以随便说得出的。总之，任何一个重要的人、事和书，一旦被他关注并抓住，总会引出一个富于价值和意义的议题来，并最终会推导出与众不同的和有启发性的他个人的思想和观点。

四

兆武先生慧眼独具、思考缜密，同时又视野开阔、知识宏富，对西方以及中国史学理论和史学史有系统而全面的了解。《论集》第一大部分中第 3 至第 6 组文章，可以说涵盖了相关所有重大主题及其代表人物，其中《从思辨的到分析的历史哲学》一文，可视作先生对西方史学理论和史学史的高度概括。他曾先把伏尔泰在 18 世纪提出的"历史哲学"概念定位为人们的一种"理论性的活动"（第 360 页），因为人们对于历史的认识"不仅仅是限于要求知道或确定历史事实"，"他们还要求从历史事实中能总结出一种理论观点来"（第 359 页）。他认为，这种哲学所要回答的是这样两个问题：（1）是历史演变的规律或规律是什么？（2）历史知识或理解的性质是什么？思辨的历史哲学主要回答第一个问题，而分析的历史哲学主要回答第二个问题，从思辨走向分析，构成了近一个世纪西方历史哲学演变的趋势，转折点是 1874 年 E. H. 布莱德福发表的《批判历史学的前提》。但整个近代历史哲学的奠基人则非意大利思想家维科（1664—1744）莫属，维科曾努力把历史学改造成一门"新科学"，认为历史由人而不是神所创造，这是其历史意识觉醒的中心论点。

　　思辨的历史哲学崇尚"理性"，以为"理性"和与之相联系的"人性"是人与动物的唯一区别，人的理性一旦觉醒，人类就能理解世界并掌握自己的命运，有规律地推动历史的进步。不过，由于他们对"人性"的理解和对"理性"重视的程度不同，又产生出几大派别来：（1）一派似乎过分相信了"理性"的作用，提出历史"可视为一等大自然隐蔽计划的实现"的康德，把历史视为外因（环境）和内因（精神，尤其是民族精神）相互作用的产物的赫德尔，以及认为"一部世界历史就显示为精神上自由意识的发展和实现"的黑格尔都属于这一派，其中最大的代表是黑格尔，在他那里精神被"绝对"化。（2）另一派深受 19 世纪物理学成就的影响，主张"地理环境决定论"的巴克尔，认定历史学就是社会心理学的泰纳和兰普雷喜特，主张历史学就是生物社会学的斯宾塞，以及把人类精神分为神学的、形而上学的和科学或实在的发展阶段的孔德，都属于此派；（3）还有一派强调历史进程中精神的自我矛盾的斗争，兆武先生认为以自由作为历史中轴线的阿克顿以及认定历史是"生命力"体现的狄尔泰都属于这一派，模拟"生物学"原理而主张文化形态学的斯宾格勒和汤因比，把历史文化分为感知的（sensate）和意念的（ideational）的索罗金也属于这一派。兆武先生认为，各派思辨的历史哲学的共同特点，是他们都试图在大堆杂乱无章的"历史事实"背后，寻找出所谓理性原则、规律和意义来，但在方法上通常都带有浓厚的形而上学的色彩，而缺乏严谨的、科学的、语义学的和逻辑学的洗练。

　　笔者以为，在思辨和历史哲学研究中，兆武先生对狄尔泰、克罗齐、柯林伍德和波普尔的研究有特别的价值和意义，因为这些人的理论和观点构成了"精神科学"即唯心史观和一个系列性的阶梯：狄尔泰→克罗齐→柯林伍德→波普尔。自然，四人各自都有其复杂的理论和观点，此处仅就其在"精神科学"方面的相关性而言。严格意义上的"精神科学"概念，首见于狄尔泰的《精神科学序论》（1883），用以严格区别"历史科学"与"自然科学"，认为"体验"（Erlebnis）才是理解历史的关键，即历史是须从内部加以认识的，进而强调"直觉"在认识中的重要作用。克罗齐从"精神即存在"出发，在 1915 年出版的《历史学的理论和实际》中提出"一切真历史都是当代史"这一著名命题，成为"精神科学"的主要代表人物之一，该命题把"当代性"视为一切历史的本质，认定"过去并没有死亡，就活在现在之中"，历史本身就是现实的精神生活，因而我们对当前生活的兴趣和关怀，也就是对存在于当前生活中的过去的兴趣和关怀。柯林伍德因在其《历史的观念》中提出"一切历史都是思想史"这一命题，从而成为"精神科学"的另一位主要代表人物，其论证逻辑是：（1）一切科学都基于事实。（2）心灵科学与自然科学不同，它不是基于自然事实而是基于心灵事实。（3）这些"心灵事实"之所以得到史家的关心，是因为事件背后有思想并反映了或表现、体现了思想。（4）因此，史学的确切对象并非历史事件本身而是其背后的思想。这样，柯氏就以"思想"取代了克氏的"精神"，思想成了他所承认的唯一的"存在"。波普尔是 20 世纪中叶才涌现出来的史学家，他在《历史主义贫困论》和《开放社会及其敌人》中提出和响应"精神科学"的命题为"第三世界"，此概念既不是指客观的物质世界（即第一世界）也不是指主观的精神世界（即他所谓的第二世界），而是指介于二者之间的各种理论、问题和文化等人类活动的成果，虽然与克氏和柯氏的提法不同，但仍然把历史看成是人类思想的历史。兆武先生认为，这四位历史学家所提出和宣扬的命题和论证方法虽各有不同，但在根本上否认自然意义上的事件和史实作为历史的客观存在这方面却是一致的，这就在西方现代史学史上掀起和强化了一种思潮，"即把史学的立足

点从客位移到主位上来"。（第323页）

请注意，兆武先生认为，史学立足点由客位到主位的转移，在西方史学史上具有巨大的学术意义：第一，由于立足点的转移，史学的主要任务不再是通过对"史料"的辨析去认定史实的真实与否，而是把"史料"当作"元素"去"构建"史学的大厦；第二，由于史学的主要任务的转移或改变，史家从事历史研究所要解决的主要问题不再是历史的真实和规律的认识问题，而是历史知识的来源、性质、理解与解释问题；第三，随着历史学主要任务和主要问题的改变，原先不以人的意志为转移的历史的"客观性"，现在必然要受到史家在开始从事历史研究之前所提出的"前提"和"假设"的限制和制约。所有这些改变汇集到一起，终于在20世纪中叶导致了一个新的历史哲学流派的产生，这个新的史学流派被称为"分析的历史哲学"，它主要回答的问题是"历史知识或理解的性质问题"，但直到1951年沃尔什《历史哲学导论》第一版，这一概念才第一次正式被使用。在兆武先生看来，波普尔、雷蒙·阿隆、M.曼德尔鲍姆、维特根斯坦、P.文茨、罗素和A.丹托等人，都可以看作是这一派的历史家。兆武先生高度关注沃尔什在分析派历史哲学形成中的地位和作用，不仅翻译了他的《历史哲学导论》（中国社会科学出版社，1988年），而且还写了题为《沃尔什和历史哲学》的专文，认为沃尔什"开辟了对历史和历史学进行哲学反思的道路"（第378页），因为《导论》"以绝大部分篇幅来探讨（在当时是新颖的）分析历史哲学的课题"，"只有对历史认识首先进行一番分析和洗练，才能朝着真正理解历史和历史学前进"。

兆武先生特别关注《导论》中涉及的两大问题：（1）是"历史和历史知识的客观性和真实性的问题"，指出沃尔什"所谓的历史客观性就是'每一个进行调查研究的人都必定会加以接受'的东西"，从而表明了他的理论的"唯心的"性质。（第385页）（2）是分析派历史哲学之不同于自然科学的方法论问题，指出沃尔什所使用的思维方式可称为"综合方法"，就是在历史研究中"对一个事件要追溯它和其他事件的内在联系，并从而给它在历史的网络之中定位"。（第381页）兆武先生同时指出："分析的历史哲学也只是有助于澄清传统历史哲学（即思辨的历史哲学）的问题，而并没有能正面回答传统历史哲学的问题，即客观历史究竟有没有规律"的问题。（第387页）

五

　　兆武先生是国内通晓西方史学理论和史学史的大家，更是或者说尤其是研究康德"历史理性批判"的专家：第一，他是汉译康德著《历史理性批判文集》的权威翻译者。第二，在所著《历史理性批判论集》中有6篇文章直接涉及康德的历史理性批判问题。第三，在6篇文章[①]中，除3篇是序和译序外，有3篇是专门研究、解读和评论康德历史理性批判的长篇论文。第

---

　　① 这6篇文章是：《批判的哲学与哲学的批判——序朱高正〈康德四讲〉》《康德〈论优美感与崇高感〉译序》《康德〈历史理性批判文集〉译序》《"普遍的历史观念"如何可能？——评康德的历史哲学》《"普遍的历史观念"是怎样成为可能的？——重评康德的历史哲学》《一个世界公民的历史哲学——读康德〈历史理性批判〉》。

四，在此基础上，兆武先生还撰有 4 篇完全是其本人史学思想和主张的论文 ①，在这些论文中深深地打上了康德历史理性批判的烙印。第五，如上文所述，《论集》包括了 50 篇论文和文章，可以说涉及了西方史学理论和史学史多个议题和方方面面，但书名却只取"历史理性"，即聚焦"历史理性"。大体说来，这些论文和文章的内容可概括为三个方面：

（1）回顾中国有关康德"理性批判"译介和研究的历史和状况。据兆武先生的考察，中国学术界接触康德哲学已整整 100 年，20 世纪初梁启超在日本撰写大量介绍西方学说的文章中，最早提到康德，并称其为"近世第一大哲"（第 607 页）。但王国维才是中国第一个正式钻研并评述康德哲学的人，1903 年他曾以如下《汗德像赞》开始其对康德的研究："观外于空，观内于时，诸果粲然，厥因之随，凡此数者，知物之式，存于能知，不存于物。"（第 557 页）其信息收入《静庵文集》，但王氏后来放弃哲学研究而转治文史。康德的《纯粹理性批判》，20 世纪 30 年代有胡仁源和蓝公武两种译本，兆武先生认为中文比原文还难懂。虽然浦薛凤的《西洋近代政治思潮》载有论康德的专章，但中国人用中文写的讲康德哲学的专著，20 世纪上半叶仅郑昕《康德学述》一部。新中国成立至"文革"，康德因有马克思、恩格斯的"定论"而免于被一棍子打死，但哲学界因忙于"唯物"与"唯心"之争，中国的哲学研究大抵以"考据笺注"

---

① 即《对历史学的若干反思》《历史学两重性专论》《历史两重性专论》《可能性、现实性和历史构图》。

代替了"义理探讨"。（第609页）其间，只有关文运译《实践理性批判》、唐钺重译《道德形而上学探本》及宗白华、韦卓民合译《判断力批判》面世，但兆武先生认为译文"不忍卒读"。兆武先生认为，在"文革"中完成的李泽厚的《批判哲学的批判：康德述评》，"不仅是一部我国论述康德哲学的专著"，而且表达了一个真正有思想高度的思想家的思想"，（第610页），说明中国思想界"在孕育着一派活泼泼的生机"。可惜，对康德素有专攻的老先生齐良骥、冯文潜、沈有鼎等人的译著和论著，都未曾面世。据兆武先生自述，从西南联大就对理论和哲学颇感兴趣的他，"文革"初起就甘做一个"逍遥派"，整整两年蜗居家中偷偷阅读康德"三大批判"和"三小批判"即《导论》《探本》和《考察》直至其所谓"第四批判"，待干校归来后乃对8篇文章重新校对整理，取名《历史理性批判文集》送商务印书馆，于1990年正式出版发行。笔者想在此补充三点信息：一是商务印书馆在"汉译世界学术名著丛书"中先后收有宗白华等人所译康德的三大批判；二是此三大批判"文革"后由杨祖陶、邓晓芒重译并由人民出版社于2017年出版；三是2016年北大出版社曾出版张世英著《康德的〈纯粹理性批判〉》一书。笔者还想在此补充说明，杨、邓的重译本曾获"第四届中国高校人文社科研究优秀成果一等奖"，出版方面甚至认为该重译本"代表了国内这一领域的领先水平"，可能是"华文世界的最好译本"。兆武先生的有关回顾，见于2001年为台湾学者朱高正《康德四讲》所写的序，不可能涉及以上这些信息，但已相当详细，并略有评说。

（2）是兆武先生有关康德"理性批判"即康德哲学的总体

认识和评价。与国际学术界有关康德是"唯心主义者"的共识有所不同，先生把宣称"只要给以物质，我就会给你造出整个宇宙来"的康德、在自然科学领域提出了"两个天才的假说"（主要是"星云说"）的康德定位为近代辩证法的开创者，认为其哲学（主要自然科学方面）"具有唯物主义倾向辩证法因素"，"坚持了经验的必要性、知识的客观性以及知识对象的实在性"，但康德并"没有能正确地理解知识与实践二者之间的辩证关系"，因为他"既承认物自体的客观存在，但又不承认我们可以认识它"（第561页）。兆武先生认为，康德最终是把"理性"定位为"能力"而其性质是"先验"的。下面这一段话集中地表达了兆武先生的这一认识："康德把理性最后分解为三种根本的不可再简约的能力——认识'真'的纯粹理性，要求'善'的实践理性与感受'美'的判断能力。康德就这样概括了他对于全部人类理性的根本见解：'全部的灵魂能力或者说能量，可以归结为三种——这三种已经是我们不能从一个共同一致的立场上再一步加以区分的——即，认识的能力，愉悦与否的感觉和愿望的能力'"（第582页）。兆武先生强调指出"《判断力批判》一书代表康德晚年希图打通物我之间、本体世界与现象世界之间的努力"，艺术于是就起着一个自然与自由的居间的作用。（第582页）这段话虽然是从王国维哲学思想研究中所引发出来，但既可以视作兆武先生对王氏康德研究成果的概括，在某种程度上也可视作兆武先生本人思想的认识的表述，有兆武先生的《康德〈论优美感与崇高感〉译序》为证。在这篇译序中，兆武先生写道："康德批判哲学的代表作，一般认为是他的三大批判，它们构成一套完整的理性哲学的理论体系。但此外，他还有一系列其他的哲学著作与之有关，它们也都是阐释这个理性哲学的问题的。其中，通常人们认为《未来形而上学导论》可以看作是第一批判的一个提要或导言，或缩写本、改写本，《道德形而上学探本》可以看作第二批判的一个提要或导言，或缩写本、改写本。那么，《论优美感或崇高感》可不可以认为是第三批判的一幕前奏或提要呢？从技术角度上，或许不能这样说，因为本书中并没有明确地论证目的论。但从人性学的角度而言——因为哲学就是研究人的理性能力或心灵能力之学，也就是人学或人性学——则本文和 27 年后的第三批判，二者的基本着意是相同的，作者的思路是由这一人性学的出发点而逐步酿成晚年的压卷之作的。"（第 635 页）康德"从美感着手而探讨人性"，"终于由审美判断和目的论打通了天人之际，使理性的三方面复归于统一。"（第 632 页）兆武先生认为，康德的进展在于："前人把理性简单地理解为就是智性或悟性，康德则赋之以更高的新意义，把一切智性的以及非智性的（道德的和审美的、意志的和感情的）都综合在内，于是理性便突破了智性和狭隘范围，理性哲学才成为名副其实的理性哲学，才上升到全盘探讨人的心灵能力的高度。"（第 633 页）笔者以为，此处包涵了兆武先生对"理性"的重要认识和解读，值得关注。在 2017 年由人民出版社出版的，由邓、杨重译的康德著《判断力批判》一书中，所附邓《论康德〈判断力批判〉的先验人类学建构》一文也认为："康德的'批判哲学'的最终归宿是一种经验性的'实用人类学'，而全部由三大批判构成的批判哲学本身，则是康德对某种'先验人类学'的先验原理体系的探索。"[①]
看来，何、邓在这个问题上的看法是一致的，只是邓用"人类
学"取代了何的"人性学"而已，尽管"人性学"比"人类学"
来得深刻而贴切。

（3）是兆武先生在翻译并出版康德《历史理性批判文集》
及相关论文《论优美感与崇高感》的基础上对康德历史理性批
判的专题研究。其成果可以概括如下：第一，兆武先生认为，康
德的所谓"历史理性"，就是"以理性的理由为其唯一标准的
人类实践"，即理性在人类实践中的运用并体现为两点：合规律
性＋合目的性，它表明"历史是理性发展的过程"。第二，兆武
先生认为，康德认为既然历史是理性发展的过程，人类历史就
是不断走向完美之境的，因为它既是"大自然的一项隐蔽计划
的实现"，也是人类为了自由的自我实现。第三，兆武先生认为，
康德关于人类历史的这种理解和解释，其哲学思想来源一个是
牛顿所总结的自然界的根本大法："大自然决不作徒劳无功的
事"，另一个则是卢梭关于"自由乃属于每一个人之所以为人的
唯一的原始权利"即人的"最基本的天赋人权"的观点。第四，
按兆武先生的理解，康德既然认为大自然赐给人类以理性和自
由，就"决定了终究要在人类漫长的历史过程中全部地、充分
地发展出来并得到其最大限度的表现"，否则"大自然就是在做
徒劳无功的事了"（第74页），从而解答了"人类历史会否不断

---

① 〔德〕康德:《判断力批判》（第3版），邓晓芒译，杨祖陶校，人民出版社
2017年版，第291页。

走向完美"的问题。第五,兆武先生认为,卢梭关于"自由"的定义包含了两个要点:一是"不受他人意志的束缚",一是"依据普遍的法律而与别人的自由可以共存",结果理性在第一次运用自由时就要犯错误而成为恶的起源,并不可避免地会导致"对抗",康德称之为"非社会的社会性"。第六,兆武先生认为,康德的高明和宝贵之处就在于,他视"人性中的善与恶表现一幕理性的辩证,恰好是人性中的恶乃是把人类从自然状态推入公民状态的动力"(第85页),为此才需要"建立起一个普遍法治的公民社会"以解决人类面临的"最大问题"①,才需要"建立一部完美的公民宪法"及"各民族的联盟"来给各国人民的权利平静和安全予以保障,并最终结束"他们那野性的自由"。②第七,兆武先生认为,从上述观点可以看出,康德的历史哲学是"一个世界公民的历史哲学"(第124页),但他的历史观是"普遍的历史观念"而不是从具体"历史经验和事实"中抽象出来的观念,因而是既不能被经验证实也不能被经验证伪的,但都是必要而有效的。第八,兆武先生指出,尽管这种"普遍的历史观念"不是出于对具体"历史经验和事实"的抽象,但它之所以是必要和有效的,是因为"观念之作为观念则必须撇开一切具体的事例始能具有普遍的有效性","理论之所以成其为普遍有效就正在于它并不结合于或拘束于任何一桩具体的实际",它体现了康德哲学的"先验原则"或"超验原则"。第九,兆武先

① 〔德〕康德:《历史理性批判文集》,何兆武译,商务印书馆1997年版,第8页。
② 同上书,第11—12页。

生认为，康德的历史理性批判，"可以看作是他第三批判（1790年《判断力批判》）的理论在历史上的引申和运用，同时也对他第二批判（1788年《实践理性批判》）以及《道德形而上学探本》提供了重要的诠释和解说"（第100页），因而既不属于判断力批判也不属于实践理性批判，应同意卡西勒的说法称之为康德的"第四批判"。

以上考察的回顾表明，兆武先生不仅对整个西方史学理论和史学史有全面和系统的了解，而且对整个康德的理性批判有深刻而独到的理解。他以满腔的热情，研究和解读了康德的"普遍的历史观念"，即"一部世界历史就是人类自由的发展史"如何成为可能以及怎样成为可能的理论基础，指出这个理论基础就是康德所提出的"先验目的论"这一前提假设。他同时指出，全部康德的批判哲学，代表了近代的人的自我觉醒的高峰，其实质在论证人的尊严、独立和自由，并反复强调了"人是目的，不是工具"这一基本论点，从而巧妙地把"自然哲学""道德哲学"和"历史哲学"结合为一体，成功地在历史上铸就了"针对等级制度和特权制度的反题"。不过，兆武先生也没忘记指出康氏历史哲学"两个根本性的缺陷"：其一，是康氏未能正确地理解历史的物质基础，从而也就不可能揭示历史发展的客观规律性及其与物质生产发展的联系；其二，是康氏不能正确地认识只有人民群众的实践活动才是历史的创造力，只得把历史的发展"单纯归结为理性原则自我实现的过程"。[1]也许有人

---

[1] 〔德〕康德:《历史理性批判文集》，第3页。

会对兆武先生这两点评点感到疑惑，因为它们和上述兆武先生对康氏历史理性批判的整体评价似乎不太一致，但只要想到兆武先生本认为历史学包含有"科学的因素"（第11页），或许就不以为怪了。对此，下面我们或许有机会做一些讨论。

六

其实，兆武先生并非只对整个史学理论和史学史感兴趣，也不只是对西方历史哲学特别是康德三大理性批判及其历史理性批判有深厚的学养和透彻的理解，他还拥有本人丰富而独到的史学思想和理论并有强烈的批判意识和反省精神，在国内史学和理论界可谓"独树一帜"。这里有其所著《历史理性批判论集》第一组文章为证，它们是:《对历史学的若干反思》《历史学两重性专论》《历史两重性专论》《可能性、现实性和历史构图》。我们注意到，这组文章在写法上与《论集》中其他所有文章不同，绝不涉及具体的人物、著作、思想、观点，也没作必要的注释，而是直抒己意、一气呵成而又字斟句酌，应是其历史理论和史学思想的集中体现。那么，在这些论文和文章中，表达了兆武先生怎样的历史理论和史学思想呢？笔者以为，就主要内容和贡献而言，其历史理论和史学思想可概括为如下三点:

（1）历史与历史学"两重性"论。历史与历史学"两重性"的思想，在国际学术界可以说源远流长。关于"History"一词，通常都包含有两层意思：一是指以往确实发生的事件，一是指

我们对过去事件的理解和叙述。卡尔·贝克尔（1873—1945
年）曾将前者称为"既往实存之史"，而将后者称为"吾人记
忆之史"。[①]后现代主义史家弗兰克·安克斯密特在其《六条论
纲》中也把历史学的任务分为"历史研究（与事实有关）和历
史写作（与解释有关）"这样两项。[②]但在中国，正式提出历史
和历史学"两重性"并反复加以论证的，在我们的记忆中似乎
还是首见于兆武先生及其著作，且在提法上并不与他人的提法
完全雷同并多有发挥。请注意：兆武先生所说的"两重性"，不
是一个"两重性"而是两个"两重性"，其前提是"历史学"与
"历史"的区分。在兆武先生看来，"'历史'一词包含有两层
意思：一是指过去发生过的事件，一是我们对过去事件的理解
和叙述。前者是史事，后者是历史学，有关前者的理论是历史
理论，有关后者的理论是史学理论。历史理论是历史的形而上
学，史学理论是历史学的知识论，两者虽然都可以用'历史哲
学'一词来概括，但大抵前者即相当于所谓的'思辨的历史哲
学'，而后者则相当于所谓的'分析的历史哲学'"。（第4页）
"历史"的两重性是指："一方面它是自然世界的一部分，要受自
然界的必然律所支配；另一方面它又是人的创造，是不受自然
律所支配的。"（第3页）之所以要区别这"两重性"，是因为这
里涉及一个历史哲学问题即"人类向何处去的问题"："作为自
然人，人的历史是服从自然和必然的规律的，但作为自由和自

---

① 汪荣祖：《史传通说——中西史学之比较》，中华书局2003年版，第194页。

② F. R. Ankersmit, "Six Theses On Narrativist Philosophy of History", *History and Tropology*, p. 34.

律的人，他又是自己历史的主人，是由他自己来决定自己的取向的"（第47页），因此，历史向何处去的问题是要自己作出抉择的。兆武先生认为，就前一方面而言，思辨理性（科学）就是必要的，但单靠思辨又是远远不够的，因为以往和当代的全部历史都表明人类并没有仅仅因为科学的进步就能保证自己的生活更美满幸福。（第47—48页）"历史学"的两重性是指：一方面是对"史实"的认知，另一方面是对所认定的"史实"的理解和诠释。之所以要区分历史学的两重性，是因为这里涉及另一个历史哲学问题即历史认识的"真理性"问题。我们必须明白："事实本身并不能自行给出理解"（第4页），而我们的书写对客观存在的反映并"没有完全地、精确地反映客观的真实"（第4页），"所谓的真理并没有一种客观意义上的定位。"（第5页）兆武先生认为，历史认识的进步或改变，要受到以下三个方面的条件的制约：一是新材料的发现；二是以往的历史事实在尔后历史发展中如何起作用；三是史家本人的思想水平和感受能力。（第5—6页）很明显，兆武先生关于历史两重性和历史学两重性的思想和观点，是其把"历史学"（包括史学理论）从"历史"包括历史理论领域中划分出来的必然结果，并给其"两重性"思想和观点深深地打上这种划分的烙印：注意其两重性，但忽视其统一性。

（2）"史学两层次"说。如果说"两重性"是兆武先生将"历史学"从"历史"划分开来的必然结果，那么"史学两层次"说就是其对历史学两重性过程的逻辑结论，因为"史学两层次"说本是兆武先生在讨论"历史学两重性"的过程中提出来的，有关思想、主张和论点集中见于其《论集》的第一篇论文（该论文与别的文章不同，文前附有"提要"，以示重要），但又不能将二者混为一谈：历史学两重性所说的主要对象是"史实"，而史学两层次说所谈的主要对象却是"史料"，这是由前后讨论的不同角度所引发的。兆武先生认为，"史料本身是不变的，但历史学家对史料的理解则不断在变，因为他的思想认识不断在变"。（第9页）从中可以发现，"历史学本身就包含有两个层次，第一个层次（历史学 I）是对史实或史料的知识或认定，第二个层次（历史学 II）是对第一个层次（历史学 I）的理解和诠释"。（第9页）"历史学 I 在如下的意义上可以认为是客观地和不变的，即大家可以对它有一致的认识"，但"我们对史实的理解和诠释，乃是我们的思想对历史学 I 所给定的数据加工炮制 ① 出来的成品"（第9页），它"并没有客观的现实性"（第10页），"完全有待于历史学 II 给它以生命"（第10页），而"历史学之成其为历史学，全恃第二个层次给它以生命。……没有这个历史理性的重建，则历史只不过是历史学 I 所留给我们的一堆没有生命的数据而已"（第13页），因为"史实本身没有其固有的意义，意义是由历史学家的理解或思想所赋予的"（第66页），如果说"史学就是史学家为史实进行构图的方式"，那么"史实作为元件是中性的、单纯的、朴素的，史学作为认识则是

---

① 兆武先生认为："所谓本来面貌只不过是片断的数据，而不可能呈现一幅完整的画面。所谓历史的本来面貌实际上乃是史家所企图传达给读者的那幅面貌。这里面已经经过了历史学家的理解、诠释和他的表达以及读者的理解三重炮制。"参阅何兆武：《历史理性批判论集》，第13页。

有色彩的、构造的、合成的。划清历史和历史学之区别，这是保证历史学家不致陷入谬误的根本前提之一"。（第64—65页）"在这里朴素的史料作为原材料，并不能决定历史构图"（第65页），这就要求史家在"治史"时拥有三方面的内涵：一是在认识史料方面"操作程序是纯科学的或者说是完全科学的"；二是在必须对确认的史料进行解释时，既要有科学的态度和方法又要有人文价值的理性和精神；三是史家需要对人性进行"探微"。概括地说，就是史家必须具有"理性思维和体验能力（即洞察力）"，前者是使历史学认同于科学的东西，而后者是使历史学认同于艺术的东西。（第10页）由此，兆武先生得出结论："历史学既是科学，同时又不是科学；它既要有科学性，又需要有科学性之外的某些东西。没有科学性就没有学术和纪律可言，它也就不能成为一门科学或学科。但是仅仅有科学性，还不能使它就成其为历史学。"（第10页）以此结论为基础，兆武先生进而得出了一个重要推论："历史学家是以自己的心灵境界拥抱世界和人生的。在某种意义上，历史学家对过去所构思出来的那幅历史图像，乃是他自己思想的外烁。"（第11页）

（3）可能性"大于"现实性的观点。该观点集中体现在兆武先生的《可能性、现实性和历史构图》一文中。兆武先生认为，"全部的事实都是历史，但历史并不都是事实，它也是全部的可能"。（第59页）"就其并未实现而言，可能的世界并不就是现实的世界，但就其可能实现而言，它并不就是不现实的世界。"（第59页）"自然界有成功的物种，也有不成功的物种；成功的物种和不成功的物种在它们同属于自然界不可或缺的一部分这一点上，是等值的。人的思想有实现了的，也有没有实现的；在它们同属历史世界不可或缺的这一点上，它们是等值的。如果人类的历史，像康德所说的，可以视之为'一幕大自然的隐蔽计划的实现'，那么这个计划的实现之中就包括没有实现的思想在内"。（第59页）"所谓可能就包含着，事实是可以这样的，也可以不是这样的而是那样的。只有研究了一切可能之后，历史家才有资格可以说，它为什么是这样的而不是那样的，以及它为什么也可能是那样的而不是这样的"。（第58页）"仅仅显示并不就构成历史，历史包含着现实以及没有成为现实的一切可能，即已经成为现实的和可能（但并未）成为现实的。"（第58页）"一切已成为事实的，并不就是过去历史的全貌；必须再加上一切可能成为事实的，才是过去历史的全貌。一部真正的历史著作乃是一部探讨了一切可能性的历史著作"，因为"可能的世界远远大于现实的世界，部分只有放在全体的背景里才能加以理解"。因此，"历史学家应该极大地开拓他们的视野。他们应该不仅探讨事实，而且探讨可能。探讨事实只能使他们看到历史的局部，探讨可能则可以把他们提高到观察历史的整体"。（第59页）同理，"历史学就应穷尽一切可能的情况。前者的准则是'只要不违反可能'，后者的准则是'不可能逾越现实'。事实是：只有逾越的现实并穷尽现实之外的一切可能，才能走向真正地认识现实。正像几何学中对一个问题的讨论的充分展开，就必须考虑它的一切可能情况一样"。（第58页）我们深切地感觉到，兆武先生这位视野开阔而又善于思考的史学家，在其关于可能性"大于"现实性、可能的世界"大于"现实的

"世界"的阐述中，不知不觉而又十分自然地为历史学的发展，展示了从未见到过的广阔的前景。

其实，在史学理论和史学史方面，兆武先生的贡献不限于这三论，还有许多重要理论思想和观点散见于其他地方，待我们去淘宝。不过，笔者以为，在上述三项兆武先生的宏论中，最重要的也最值得关注的，还是他提出的"史学两层次"说。此说及其他两论中的某些提法，或可还有斟酌和讨论的余地，但他在后现代主义横行于国际学术界的情况下，在以"理性"为核心的科学主义遭到巨大挑战的情况下，仍公开承认并保存了历史学中的"科学"因素，这实在是难能可贵并值得祝贺的。这是因为，兆武先生作为我国老一辈史家理论家的杰出代表，不仅有深厚的理论学养，而且有严谨的治学态度，得以既固收其阵地，又能开拓新的领域。

七

在史学理论和史学史研究方面，兆武先生所提出的"史学两层次"说可能是其最大贡献之一，也是最值得关注和讨论的问题之一，因为它牵扯到有关史学理论和思想的整体认识：史学究竟是由两层次还是由三层次构成？兆武先生认为是两层次，而我认为应是三层次。

我曾在一篇论文中指出："历史学是研究以往确实发生过的事件的学术"，而这个关于又源于一个有关"历史"的"常识"

和定义："历史是以往确实发生过的事件。"①换言之，在本来意义上的历史学看来，"史事"即"历史事件"才是历史学研究的真正对象，在对以往确实发生过的事件的研究中，首要的任务是要弄清有关的"事实"并努力探寻其"真相"，而"史料"只不过是但也必然是历史家接近并认识"史事"的"中介"，因为"史料"原本是历史事件的发动者、参与者或旁观者留下的记忆，其中包含有大量他们当时留下的历史痕迹，通过对这些"痕迹"的发掘和探讨，可以间接地接近和认识原史。因此，按历史学的本义，历史学应有三个层次：最基本的一层是"史事"，第二层是作为历史记忆的"史料"，第三层才是史家的解读。笔者以为，我们对"历史学"的这种定义和解释，是从唯物史观出发并可归为唯物史观的，因为任何世界观同时也是认识论，唯物史观在哲学上是世界观和认识论的统一：如果说承认"史事"是独立于史家之外的客观实在，以及"史料"包含有大量当事人留下的"痕迹"，属于唯物史观的世界观领域，那么，通过对"史料"收集、整理和考定而确认其"事实"，并努力探寻其"真相"，便是唯物论的认识论的范畴。但在这里，我们只能把上述思想和观点称为"历史学"，而不能把它分为"历史理论"和"史学理论"，因为我们是运用"历史学"来观察和处理有关问题的，历史学不能不包含它所研究的对象，而这个"对象"就是"事件"本身，它是一种有限制性的角度。

---

① 何顺果：《后现代主义史学：并非本来意义上的历史学》，《陕西师范大学学报（人文社会科学版）》2019 年第 1 期"学术前沿"栏目。

　　而且，笔者还以为，如果全面考察兆武先生有关"历史哲学"的论述，而不仅仅把视线投放在他有关"历史学"的论述方面，那么，对"史学三层次"说，兆武先生在某种程度上也是可以同意的：第一，如笔者上文所述，先生认为"历史学"包含着"科学"的因素，甚至说史家在史料收集、考订、认识和确认过程中，其"操作程序是纯科学的，或者说是完全科学的"（第11页），一个"完全"、一个"纯"字表达了作者在观点和主张上的坚定性和彻底性。第二，兆武先生认为，亦如笔者上文所述，"历史"一词包含有两层意思：一是指过去发生过的事件，一是指我们对过去事件的理解和叙述，其中"前者是史事，后者是历史学"，而"有关前者的理论是历史理论，有关后者的理论是史学理论"（第4页）。如此，我们就有理由作如下的推论：如果我们把兆武先生的"史学两层说"，放在一个更大的范围即兆武先生所说的"历史哲学"中来观察，在逻辑上"史学两层次"就顺理成章地演变为"史学三层次"，因为兆武先生在紧接上文的地方还说过："历史理论是历史的形而上学，史学理论是历史学的知识论。两者都可以用'历史哲学'[①]一词来概括。"（第4页）这里实际上包含了三个公式：

历史学 = 历史学 I + 历史学 II

历史哲学 = 历史理论 + 史学理论

　　[①]　此处所用的"历史哲学"一词，即在该文的"提要"中使用的"历史理性"一词。见何兆武：《历史理性批判论集》，第3页。

历史学 = 史学理论。

请注意：兆武先生认为，无论是构成"历史学"两部分中还是构成"历史哲学"的两部分中，二者之间在性质上都是不同的，"历史和历史学不但属于两个不同的层次，而且是两种不同的事物"（第 63 页），也就是说"历史理论""历史记忆""历史事件"，三者原本就不在一个层次上。但由于"历史学"="历史理论"，上述三公式就可以约化为这样一个公式"历史哲学"="历史理论"+"历史学 I"+"历史学 II"（第三层次）。这样，兆武先生论述中所体现出的这种逻辑关系，我们可以图式如下：

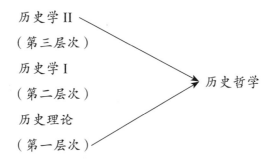

从上图及有关讨论可以看出："史学两层次"说与"史学三层次"说的主要分歧在于要不要把"史事"本身当作"历史学"研究的对象，其实质是承不承认"史事"对于史家的客观实在性和真理性，它牵涉到历史认识的性质问题；对这一问题或分歧取何种态度，乃是从事任何历史研究工作的必要和重

要的前提，因为它在学术上决定和制约着史家对史观和方法以致结果的取舍。

　　然而，兆武先生并没有按其本人论述中阐述的逻辑，把"历史学"的结构分为三个层次，而是止步于"两层次"。细读先生的有关论述，我们从中惊奇地发现，尽管他承认"历史"是"过去发生过的事件"，承认"历史学"包含有"科学"因素且这种"科学"是"纯科学"即"完全科学"，承认"历史学"和"史学理论"同属于"历史哲学"范畴，但他在一个关键问题上的认识、观点和看法，在实际上或从根本上却把"历史学"和"历史事件"分开了，这个关键词就是"史实"的"意义"究竟是由谁"赋予"的？这个问题之所以是"关键问题"，是因为它体现了"历史学"与"历史事件"的紧密关系，也赋予"历史学"以生命，因为"史实"是"真相"和"意义"的统一。按"历史学"的"本义"，亦即"唯物史观"，"史实"乃至整个"历史事件"，自己原本就蕴涵有自己的意义而不会是一堆废物或僵尸，因为该"历史事件"的发动者和参与者从一开始就以其"人文动机"赋予它们以"意义"，还因为各种思想和观念都有其"具体的历史内涵和意义"。（第24页）"思想一旦出现在人类历史舞台上，它就赋予历史以生命和生机"。（第21页）不是说"人类的自然史只是人类的史前史"吗？不是说"人类历史"是"指人类的文明史"而不是"指这个物种的自然史"吗？不是说"文明不是自然的产物而是人的创造"，因而其中"彻头彻尾贯穿着人文动机"吗？（第20页）由此可见，"史实"乃至整个"历史事件"的意义，从一开始就由事件的发动者和参与者以自己的"人文动机"①，被赋予了或者已经赋予了。
否则，兆武先生就不能根据这一事实得出以下结论："总之，是
人类的思想，是人类独有而为其他物种所没有的思想——好的
和坏的，正确的和错误的。没有人类的思想就没有人类所创造
的事业，就没有人类的文明史，而只有和其他物种一样的单纯
的自然史。没有人类的思想，就没有、也不可能有人类的物质
文明和精神文明（或者不文明）的历史。都是由于人类有了思
想活动的缘故，人类才有了文明史。在这种意义上，一部人类
文明史也可以说就是一部人类的思想史，是人类思想活动（及
其表现行为）的历史。"（第20—21页）然而，在另一些地方，
正如我们在上文所引证过的，兆武先生却认为"史实本身并没
有其固有的意义，意义是由历史学家的理解或思想所赋予的"
（第66页），或者说"得自它在整个历史图像中所处的地位"（第
65页），因而"历史学之成其为历史学全恃第二个层次赋给它
以生命"（第3页），史家研究之后所构想的"历史图像乃是而
且也只能是一种拟制"（第67页），因为"在这里朴素的史料作
为原材料，并不能决定历史图像"（第65页）。这就在某种程
度上，甚至可以说从根本上，使"历史学"及所构"历史图像"
中使用的"事实"因失去原有的"意义"和"生命"而完全与
原来具有客观实在性的"史事"脱钩，因为所谓"朴素的史料"
即"没有意义和生命的史料"，用兆武先生的话来说只是"一堆

---

① 兆武先生认为："人为动机一词是人类的理想、愿望、热情、思辨、计较、考
虑、推理、猜测、创造乃至野心、贪婪、阴谋、诡计，等等。"（何兆武：《历史理性
批判论集》，第20页。）

没有生命的数据"（第10页）即"废物"，尽管它们是经过了历史学 I 即史家用科学方法认定过的。兆武先生一面强调"人文动机"即人的主体性在历史创造中的作用，一面又否决了这个"人文动机"所赋给历史事实和事件的"意义"，这就成了一种十分令人费解的矛盾状态。它说明，历史学家在这种"历史学"中所用的"史料"和"事实"与原来具有客观实在性的"历史事件"中的"史实"就完全不是一回事了。如果说后现代主义史家以"史实"文本化和语言化令"史实"失去其原本具有的客观实在性，兆武先生则是以否决"史实"原本所具历史"意义"而令"史实"失去其在整个历史学中的决定作用和价值。这样做的后果在于，兆武先生不知不觉中就把自己划入了陈学明先生所指责的"某种人"了：持这种立场的人片面地接受解释学、后现代主义者等的一些思想方法，认为任何思想主要是解释者、研究者的思想，他们把解释、研究对象相对主义化和虚无化。[①] 而"全恃"一词就是这一指责的集中和有力的证据。在这样的情况下，不把原本的对象而只把"史料"作为研究对象，将"史学三层次"结构变为"史学两层次"结构，就不足为怪了。

　　或许，以笔者愚见，将"历史哲学"划分为"历史理论"和"史学理论"，可能是造成上述分裂和结果的另一大原因，因为这种划分造成了"历史理论"和"史学理论"两个各自独立

---

　　① 参见陈学明：《"西方马克思主义"命题辞典》，东方出版社2004年版，第9页。

的概念，也就把"历史哲学"原本公认的和统一的对象、内容和涵盖性分开了。从语言学上讲，任何语言中的任何"概念"，都应遵循"名实"一致的原则并具有"专指性"，否则就会在使用上造成认知的混乱，而失去词和概念的密切关系以及词的确指性和稳定性，进而带来交往上的困难。

正如《荀子·正名》所说："制名"是为了"指实"，"名定"方能"实辨"，而"闻名"才能"实喻"，尽管在历史上常常存在"名无固实"的现象，但一旦"约定俗成"就不能随意更改了。再说，"历史理论"既然是"理论"而不是"历史"，其中就必然包含历史家或哲学家主观的因素或思考的结果，因而就是和"史学理论"相通的，在学术上怎能完全将"历史理论"和"史学理论"分开呢？这在逻辑上是说不通的。当然，我们并不是说，对"历史哲学"的这种划分是毫无理由或完全错误的，兆武先生完全有权以任何理由和方式表达自己有关"历史哲学"的理解、思想和观点。这里，只是想指出，这种划分可能违背了世界观和认识论统一的原则，在实践上即历史研究中可能会产生一些副作用。夸大"历史学 II"的作用，否定"史实"乃至整个"史事"原本就拥有自己的"意义"，不仅取消了史家探寻和发掘"史实"乃至整个"历史事件"原始意义的首要的和重要的任务，也造成这种历史学所使用的"事实"与具有客观实在性的"史实"的脱钩，或许就是明证。

但也不能说除了把精力用于挖掘"史实"和"事件"的历史"本义"而外，史家就不可以赋予"史料"或"史实"以"意义"，只是说或必须说史家所赋予的并非"本义"，而是别的

"意义"如"引申""演义""转义"等新义，甚至还可以加上史家的"推测""想象"，等等。这些"赋予"如果是以一定的"事实"和资料为根据的，并在演绎中采取了严格的和严谨的态度，其"意义"自然是另当别论、不可小觑。这也就是为什么《三国演义》在历史上或民间的影响大于《三国志》的原因。而此类例子，在中国和世界历史上，可谓是"不胜枚举"，也就不必赘述了。因为后面还有一系列问题等待我们去讨论，其中有几个问题与本章所讨论的问题有关。但一个严肃的史家必须清楚：对"引申""转义""演义"等的关注，绝不能也不应代替对历史事实和本义的探讨，否则就可能令你的所谓"理解""解释"本末倒置、离题万里，甚至完全陷入主观唯心论的泥潭，因为"理解"和"解释"毕竟是由史家的主观意识主导的。

八

上文谈到，兆武先生承认历史是"过去发生过的事件"，又认为史家在构造"历史图像"时所使用的"史实"，是史家经过了"历史学 I"以"科学"方法"认定"并在史家真正"理解"之后才采用的。但同时兆武先生又认为，这些"史实"本身只是一堆没有"生命"和"意义"的数据和砖瓦，其"意义"是"由历史家的理解或思想所见赋予的"，从而使"历史学"中所使用的"史实"（或"事实"）完全与以往发生过的历史事件中的"史实"脱钩，同时也割裂了"历史学"与"历史"的实际联系。其中，暗含的理论逻辑是：如果说"历史学就是史学家为史实而构造图像"，那么根据科学方法认定了的史实并不就能反映历史真实，因为"实际存在是成其为史实的唯一条件，但它并不是历史学家"构造他的历史图像的唯一条件（第 63 页）；史实或事件本身并没有固有的意义，"如果不被放在一个思想的网络或模型（即"历史图像"）里就不能获得任何意义"（第 65 页），但这种历史图像只"存在于历史学家的心目中"（第 62 页），因为"对历史（事实或事件）的理解才形成为历史图像"（第 63 页）。在这里，"理解"成了兆武先生整个"史学理论"的关键或核心概念。而为了抬高"理解"在其整个史学理论中的地位和作用，兆武先生从历史两重性及历史学两重性出发，赋予历史学家以"双重身份"："作为创造历史的人，他就是一个参与者。"（第 108 页）却拒绝说明，历史家是以往发生过的历史事件的参与者，还是生活于当下的当代史的参与者。笔者认为，这种"脱钩"和"割裂"也体现在兆武先生关于"历史哲学"之"历史理论"和"史学理论"的划分之中，带有明显的康德哲学的特征，只是康德所说的"智性"，被兆武先生的"理解"一词取代了。我的理由如下：

康德是德国古典哲学的开创者，在世界近现代哲学史上占有极为重要的地位。他在自然科学领域以提出"星云假说"而享誉世界，但在人文科学领域宣扬的却是唯心主义的认识论，一般将其哲学归入"主观唯心主义"范畴。以笔者之见，其认识论可作如下分解：（1）与其"先验唯心主义"哲学相一致的是其主体哲学，认为人不仅是实践的主体也是认识的主体，这个主体就是所谓"自我"。（2）但康德哲学有其复杂性和深刻性，一方面，他承认在我们的意识之外存在着客观实物世界，这个实物世界就是"物自体"（亦译为"物自身""自然之物"）；另一方面，他又认为这个"物自体"是根本不可知的，对我们的认识来说它是彼岸的即"超验的"。（3）不仅于此，康德不仅认为"物自体"是不可知的，还认为正是"物自体"的推动和影响，人的感觉能力造成了知觉的混乱，只是靠直观的主要形式（时间和空间），才得以整顿而形成现象和感性事务。（5）然而，把感性事物和现象变为概念，起决定作用的不是"感性"而是"悟性"（或称"智性"、"知性"），因为悟性拥有其固有的主观逻辑范畴。（6）不过，康德认为，虽然"悟性"或"智性"能把感觉材料和经验上升为"概念"，但它们还不是科学知识，因为科学知识必须具有普遍性和必然性，而概念只是个别的和具体的东西，而科学知识的形式靠的是"理性"。（7）康德认为在人的感性、智性（悟性）和理性中，虽然"智性"或"悟性"是推动人真正进入认识世界过程开始的认识能力，但"理性"才是认识的"最高范畴"，因为只有"理性"才能给知识提供普遍性和必然性。而人类的理性认识能力本是"先天的"，即先于经验的。这样看来，在康德的认识论中，真正启动了人的认识过程的"智性"（或悟性）从而整个认识，"是把任何自然隔离开来，而不是把它们连接起来"①，其影响是巨大的。笔者以为，在兆武先生的史学理论中，"理解"的作用和康德认识论中"智性"的作用是一样的，我们从中深深地感到了康德哲学的影响。

---

① 〔苏联〕罗森塔尔、尤金编：《简明哲学辞典》，第479页。

只是我们不要忘了，在康德主观唯心论中确实存有唯物论的因素：据我国著名哲学家张世英研究，康德在使用"物自体"的时候也使用"对象"一词，且使用"对象"一词的机会比使用"物自体"的机会更多。①这也是我国康德哲学研究中的新进展。

其实，在兆武先生的"史学理论"中，还有一个与康德主观唯心论的认识论有关的问题，而且比上一个问题更具实质性并进而更具现实性，因为它直接影响了兆武先生对"理性"的理解，这个问题就是："理性"究竟是什么？或者"理性"究竟是指什么？笔者以为，按唯物史观，"理性"应该就是指人的"认识能力"；它包括了人的感觉（通过五官）、推理（借助概念）、判断（按照逻辑）的能力；因此，"概念"应形成于推理之前，它应是感觉经验在大脑中的反映和结晶，因为"推理"必须借助"概念"才能进行；而以此定义和理解、判断所遵循的逻辑，就不是借用什么"先验的理性"，因为所有上述三种"认识能力"，其物质基础都是人的发达的不同于其他动物的大脑；概念，你叫它"理念"也好"观念"也好，都是在"感觉"或"经验"的基础之上形成的而非"先验的"东西，对所有这些"认识能力"你可以说它是"天赋"即大脑与生俱来的能力，但却绝不是"先验的"。康德关于"理性"的理解和定义之所以是"主观唯心主义"，首先是他的论述常常撇开了人的"大脑"

① 张世英:《张世英文集》第4卷《康德的〈纯粹理性批判〉》，北京大学出版社2016年版，第63页。

这个思维的物质基础，其次是他常常离开人的"认识能力"来谈"理念"或"观念"的来源问题；第三是他否认了"概念"是外界客观事物通过人的感官在大脑中反映后形成的基本事实。总之，康德一方面把"理性"定为人的"认识能力"，一方面又视"理性"是"先验的"即与人原本就有的能力无关的东西，这在理论上和逻辑上是矛盾的，很容易导致认识上的神秘主义。在兆武先生看来，历史学的本质"就是史学家为史实而构造图像"（第63页），因此历史图像肯定不能没有和脱离史实，但"史实本身（又）没有其固有意义"（第66页）。那么，史实乃至整个历史学的意义从何而来呢？据兆武先生说，"一件史实的意义得自它在整个历史图像中的地位"（第66页），而其地位又是由历史学家亲自"安排"的（第63页）。这就提出了一个新的问题：历史学家凭什么可做出如此这样的"安排"，其答案是："对历史的理解才形成为历史图像"，而历史图像只"存在于历史学家的心目之中"（第62页）。这样，兆武先生的"理解"和康德的"智性"一样，由于均不是出于史实、感觉和经验，都带有了某种"先验"的色彩。

兆武先生的"史学理论"中，与康德主观唯心论有关的第三个问题，是如何正确理解马克思关于康德历史哲学的"最大长处"的问题。马克思在一封书信中，曾说过："这种历史哲学理论的最大长处在于它是超历史的。"[1] 在兆武先生看来，这似乎就是"对康德做了定论，所以幸免于被一棍子打死，虽则也没

---

① 《马克思恩格斯书信选集》，人民出版社 1962 年版，第 347 页。

有得到应有的重视"。（第 609 页）笔者以为，说"超历史"是
康德历史哲学的"最大长处"，只是对康德哲学某一方面和某一
特点的某种肯定，而对康德其人及其哲学的整体性"定论"，非
马克思如下的另一段重要论点莫属："在法国发生政治革命的同
时，德国发生了哲学革命。这个革命是由康德开始的。"①康德作
为"德国哲学革命开创者"的地位，就这样被马克思稳稳地定
下了，此话在兆武先生的康德《历史理性批判文集》译序中本
是引证过的。其实，如何定性和定位康德哲学，并非本人关注
的主要问题，此处笔者最感兴趣的还是由"最大长处"所引发
的如下议论："唯其是超历史的历史哲学，所以它就不受历史的
检验。（何况历史还短暂的远远够不上去检验它。）""哲学（包
括历史哲学）所能告诉我们的只是先验的形式；既是先验的，
所以经验就不能、也不会违反它。"（第 93 页）因为"任何理
论都需要以某种未经证明（也不需要或不可能证明的假设为基
础）"。（第 94 页）或者说，"理论必须脱离实际（而不是结合
实际），才能具有理论成其为理论的普遍有效性"。（第 105 页）
这里提出的问题有很多：其一，马克思对先验历史哲学的某种
赞赏，是否可以扩大至整个先验哲学？其二，康德的历史哲学
是"先验的"，那么任何哲学或理论是否都是或必须以"先验形
式"出现？其三，先验的历史哲学可以不受历史的检验，那么，
所有的历史哲学是否都可以不受历史的检验？笔者以为，这里
有明显以偏概全之嫌，在逻辑上是说不通的，但也不仅仅是逻

---

① 《马克思恩格斯全集》第 1 卷，人民出版社 1956 年版，第 588 页。

辑问题，本质上还是理论问题；因为并不是任何理论和哲学都是或都要以"先验形式"出现，否则，就不会有"唯物论"和"唯心论"的区别了，更不会有马克思主义的"唯物史观"的诞生了；"唯物史观"之所以是"唯物的"，就因为它不是"先天的"并可以接受"经验"的检验。

这里，我想借用列宁的一个例子。他在说明何以"社会形态"的演变是一个"自然历史过程"这一理论的时候，认为并强调"只有把社会关系归结于生产关系，把生产关系归结于生产力的高度"①，才能证明它的正确。列宁所强调的逻辑取向是什么呢？就是理论必须联系实际。而列宁所说的这个例子，恰好是马克思唯物史观中的核心观点。

九

在本文第七节中，我们已讨论了兆武先生史学理论中与"史实"有关的一个重要而又核心的问题，即"史实"本身有无"意义"的问题。这里，笔者还想就与"史实"有关的另外一些问题展开进一步的讨论，以充实和深化对"历史学"乃至整个"历史哲学"的认识。

在兆武先生的史学理论中，与"史实"有关的问题之一是"史实"的定性问题，因为先生提出和界定其"史学两层次"说的时候，认为"第一个层次（历史学Ⅰ）是对史实或史料的知识

---

① 《列宁选集》第 1 卷，第 8—9 页。

或认定"（第 9 页）。请注意作者在"史实"和"史料"之间所使用的连词"或"，我们认为它有模糊"史实"与"史料"的界限之嫌，因为它可能意味着二者是可以互换的，而可以互换的两个事物在性质上必须有某种一致性。然而，我们知道，二者在性质上是完全不同的：一般认为，"史实"是指客观实在的东西，而"史料"是指历史记忆的产物。就"史实"而言，事件发动者和参与者的思想、观念和动机，在事件发生的过程中已物化在人们活动之中了，对史家来说始终是独立的客观存在。但"史料"则不同，作为"记忆"的产物，其会受到记忆者的主观因素的影响，其来源会有"直接"与"间接"之分，其中包含的"史实"会有差错和真伪之别。何况，"史实"即使是史家确认了的，也不等于完全是"真相"，其中有的可以完全反映真相，有的可以部分反映真相，有的可能完全不能反映真相，还有一些简直就是假相，否则就不存在"探寻"真相的问题了。因此，不能模糊"史实"与"史料"之间的界限，如果模糊了它们之间应有的界限，就可能令史家在考订史料的过程中，忘记考订乃至整个史料学的真正任务：认识历史，确定史实，探寻真相，弄清隐藏在"史料"背后的东西。

在兆武先生的史学理论中，与"史实"有关的另一问题是赋予"史实"以"意义"的因素问题。正如笔者在本文第八节中指出的，任何"史实"，只要它是"史实"，其本身都拥有或包含有自己固有的意义即历史的"本义"。而赋予其"本义"的，就是兆武先生特别强调的"人文动机"，就是历史事件发动者或参与者当时的任务、原因和目的等。但笔者以为，赋予

"史实"以"意义"的并不只是"人文动机"，还有"非人文动机"，这是因为：第一，迄今为止，人既是社会人又是自然人，因此人类就不会只有"社会意识"（"人文动机"属于人的社会意识），还会有自然人的"本能"和"潜意识"，它有时候会引起一些人的冲动，而背离理性。第二，人的存在和发展始终离不开自然，因为人的衣、食、住、行离开了自然，任何一样都不能得到满足，更别说阳光、水和空气了。第三，人类的文明活动极其复杂，在"人文动机"背后往往有大量经济、社会、政治因素在起作用，其中最根本的是经济因素，因为人类的交往始终是以人与自然的交换为基础的。第四，在人类历史上，特别是在近现代，对人类历史影响最大或最重要的政治或军事活动，其"动机"往往明里或暗里都与自然资源的争夺有关，为此政客们不惜鼓动国家间大打出手。因此，在这个意义上，我们不能武断地说：人类的历史"完全是人类自身的创造"，更不能在历史研究中"彻头彻尾"只强调"人文动机"。列宁的批评完全正确："以往的历史理论，至多是考察了人们历史活动的思想动机，而没有考究产生这些动机的原因。"①

　　在兆武先生的史学理论中，与"史实"有关的第三个问题是"史实"在整个历史学中的"地位"问题。此问题牵涉到"史实"在整个历史学中的作用和影响，它是由兆武先生宣布"史实本身没有其固有的意义"而引起的。因为这一否定性论断，不仅否决了"史实"乃至整个历史"事件"本来拥有的本

---

　　① 列宁:《卡尔·马克思》,《列宁选集》第 2 卷, 第 586 页。

义，也就在很大程度上淡化、降低和取消了"史实"在整个历史学中的地位和制约作用。在本来意义上的历史学中，之所以把确认"史实"并探寻其"真相"视作历史学的首要任务，就是因为如果不弄清"史实"和"真相"，其他的一切如理解、解释和重构历史就失去了必要的依据，兆武先生上述论断的实质就在于此。其结果和影响是双重的：一方面：它因"史实"失去"意义"而令"史实"失去价值：一曰"史实"只是史家重建历史大厦的"元件"（第64页）；二曰"史实"只是重构历史网络的"数据"（第65页）；三曰单纯的数据"没有历史学上的意义"（第66页）；四曰史实的多少"证明不了什么"（第66页）；五曰"史实的有无不能从根本上决定历史图像真伪"（第66页）；六曰"单纯的史实本身只能消极地反证一幅历史图像的不正确"（第62页）；七曰朴素史实作为原材料"并不能决定历史图像"（第65页）。另一方面，又因"史实"失去"意义"，而必然会夸大史家在整个史学实践中的地位和作用，令史家对史实的"理解"成了整个史学实践中的决定因素，以致可以反过来"赋予"史实乃至整个历史事件以"意义"并按史家的"理解"去"安排"史实在"历史构图"中的位置。用兆武先生的话来说："历史学之成其为历史学，全恃第二个层次赋给它以生命。"（第3页）一个"只是"，一个"全恃"，突出地表达了"史实"和"理解"在兆武先生史学理论中之地位的巨大反差。而在本来意义上的历史学中，或者说在传统的历史学中，史家的工作第一步是考订和确认"史实"，第二步是努力探寻"史事"背后的"真相"，第三步才谈得上对历史的理解、解释和重构之类。在这种历史研究中，史家的全部实践活动，所遵循的"最高原则"是"真实"，而这一原则是由"历史的本质"决定的。

在兆武先生的史学理论中，与"史实"有关的最后一个问题是"史料学"问题，因为兆武先生的史学理论已将它纳入其中，认为历史学 I "是对史实或史料的认识或认定"问题（第9页）。在这一论断的基础上，兆武先生还对"史料"和"史料学"提出三点说明和要求：一是认为史料认定方面的"操作是纯科学的"（第11页）；二是要求在确认史料后"还必须对它做出解释"（第11页）；三是除了科学态度和方法而外，这种认定和解释"还需要有一种人文价值的立项和精神"（第11页）。兆武先生指出，人文价值的理想和精神"是历史精神的核心"，历史学"在某种意义上也是人性学"（第11页），其观点颇有见地。但我们发现，由于兆武先生认为"史实本身没有其固有的意义"，不仅贬低了"史实"在整个历史学中的地位和作用，也贬低了"史料学"在整个历史学中的地位和作用，所以未见其对"史料学"的进一步展开，不免有些遗憾。其实，有关"史料学"的问题还很多：在史料种类方面，除了文字史料而外，还有实物史料，现在还要加上"网络数据"；在文字史料方面，除了历史文献和资料，还有戏剧、小说、诗歌等；如果把"史料"视为"文本"，对"文本"的理解就颇为不同，以致"历史"本身在一些人看来也是"文本"；如果从"科学"的角度看待"历史学"问题，"科学"就不应当单纯指"操作"方法，是否承认史料中包含的"史实"的客观实在性也属"科学"范畴；史料本身有来源问题（如直接和间接），还有主次问题（如第一手和第二手）、真伪问题（如有意伪造、实录不实），以及价值问题（它与史料多少无关）；史料作为"记忆的产物"，必然包含有记录人的主观因素，但历史创造者的思想意识、人文动机在创造历史的过程中已物化在人们的活动中了，那么，还能否认史料中所含"史实"的客观实在性吗？史料搜集、整理、考订和认定的方法多种多样，是否所有的方法和操作都是"科学"的？究竟应当强调科学性还是应当强调原则性和有效性，又如何评价语义考据学或文字考据学在历史研究中的作用？还有，在大数据时代，"真相"已不再是网络大数据使用者所考虑的主要问题，从而改变了人们以往的或传统的"思维方式"，那么，历史的"真相"问题是否就因此而不存在或可以被忽视了呢？思维方式和哲学问题是一回事吗？如此等等。

十

以上所谈系列问题，都是由兆武先生的"史学两层次说"引发的，也都是围绕这个"史学两层次说"展开的，但这并不是说兆武先生提出的所有问题，都是这个"两层次说"引发的，例如下面这个问题，就与这个"两层次说"无关，这个问题就是：人类历史的发展究竟有没有普遍的规律？这个问题很大，而且很难说清，只能略加讨论。

在1998年所写的《历史两重性片论》中，兆武先生写道："就物质层次的历史而言，事物的发展有其必然的规律；但就人文层次的历史而言，则其发展并没有物质发展那种意义上的必然规律。"（第45页，原载《史学理论研究》1998年第1期）为什么"人文层次的历史"与"物质层次的历史"有如此巨大的区别和差异呢？兆武先生在《对历史学的若干反思》（《史学理论研究》1996年第2期）中所写下的这段话或可作为对此问题的回答："历史乃是自由人所创造的自由事业，不是大自然先天就规定好了非如此不可的必然。否则的话，人们的'决心'、'努力'、'奋斗'、'争取'之类，就变成毫无意义的空话了。"（第8页）在兆武先生看来，"人既然是历史的主人，是所谓'创造历史的动力'，他的全部精神能力及其活动（即历史）就应该成为历史研究的核心"（第8页），但不仅每个时代都"各有其不同的思想文化"（第31页），而且"每个民族、每个集体、每个个人都必然有其特性"（第51页），很难在他们之间找到"一个共同的尺度或坐标"（第29页），因为个人思想、人格修养、道德情操、心灵境界这类思想文化作为个性的创造，既不能积累也不能继承（第27页）。换言之，虽然在某种意义上人类的历史可称为"思想史"，但由于"思想文化"本身固有的特点，无论从横向发展还是从纵向发展角度来看，历史都难有所谓的"普遍性"。

　　然而，在谈及一百多年前的那场"中学"与"西学"之争的时候，兆武先生坚决地认为学术乃天下之公器，只有正确与错误之分而无所谓中与西之分，"所谓中学西学之分，不外是历史发展不同，但其间并没有一条不可逾越的鸿沟。所有的民族大体上都要走全人类共同的发展道路。毕竟真理是放之四海而皆准的，其间并无中西之分或者之辨"。（第 824 页）"五四时期所揭橥的民主与科学两面旗帜（就）已经是全人类共同的价值取向，其内容实质并不存在什么东西之别"。（第 823 页）据笔者观察，兆武先生这里所说的"全人类共同的价值取向"和"全人类共同的发展道路"，其实指的就是今天人们常说的"近代化"或"现代化"之路。他之所以认为这条路全人类都应当走而落后的中国就更应该走，是基于他提出的文明演变和发展的"两大阶段"论，此论详见于其所撰《历史坐标的定位》中如下的文字："全人类的文明史大抵无非是两大阶段，即传统社会与近代社会。其间最为关键的契机便是：人类历史是怎样由传统社会步入近代社会的，亦即如何近代化或现代化（均是 modernization）的问题。人类历史上所曾出现过的各个伟大文明中（8 个或 21 个或 26 个），其中只有西欧式最早（也是唯一自发地）步上了近代化的道路的。然而问题却在于，一旦有了某个文明早着先鞭，率先进入了近代化，则别的文明也必将步它的后尘进入近代化。这个近代化的潮流一旦出现，便浩浩荡荡沛然莫之能御，任何民族或文明要想抗拒近代化乃是绝不可能的事。只要有某一个文明率先迈步走上了这条路，所有其他的也都必然只能是一往无前地而又义无反顾地走这同一条道路。近代化是唯一的历史道路，其间并无中外之别、华夷之辨。民族特色当然是会有的，但那只是近代化过程中的不同形式或风格，究其实质并无二致。"（第 793 页）兆武先生在另一个地方更是明确表示："当然，每个民族、每个集体、每个个人都必然有其特性，但那比起普遍性的规律和价值来，终究是第二位的、

次要的。"（原载《历史两重性片论》，第 51 页）

　　这就提出了一个问题：究竟有没有带普遍性的历史规律？而上面所说的"全人类的共同发展道路"是否是历史规律？种种迹象表明，兆武先生似乎是承认有历史规律的。例如，他在《笔谈四则》之一中写道："20 至 30 年代，马克思主义传入中国并被引入历史研究。解放后史学界沿着这条路线展开，曾取得大量成果；但它有时不免限于简单化的武断，甚至被加以僵化的理解或歪曲，例如把《联共（布）党史》中有名的那一节话当成教条，以之取代了对马克思主义进行科学研究和以马克思主义的批判精神进行历史研究。现在，马克思主义应该恢复其作为科学的尊严。"（第 787—788 页）又如，笔者曾在上文提及，兆武先生在《历史理性批判文集》译序中指责康德历史哲学的两个缺陷："一是不能正确地理解历史的物质基础，从而也就不可能揭示历史发展的客观规律性及其与物质生产发展的联系"；二是"不能正确认识只有人民群众的实践活动才是历史的创造力"，于是"把历史的发展单纯归结为理性原则自我实现的过程"。（第 641 页）再如，在《论柯林武德的史学理论》（原载《历史的观念》，中国社会科学出版社 1986 年版）一文中，兆武先生虽然认为柯氏有关自然科学与人文科学的区别"有其绵密与深邃之处"，但也同时指责他"截然划分并割裂科学与史学方法却不免绝对化，甚至不谈或不承认历史本身也多少可以有像自然规律那样的客观规律"。（第 228 页）

　　关于马克思之"社会形态演进论"，兆武先生在《笔谈四则》之四中，先是把"规律"划分为"描述性的"和"规范性的”两种，接着写道：“马克思确实提到五种社会形态的相续，但我的理解是，他的这一提法只是对西方历史发展历程的一番描述性的说明，并无意义以此作为一种所谓不以人的意志为转移的（亦即“非如此不可的”）普遍必然的规律”，“它只不过是对以往历史的一项描述，而不是一种规定或者说一种先天的立法”。“及至 20 世纪 30 年代，斯大林在《联共（布）党史简明教程》的‘辩证唯物主义与历史唯物主义’一节中把它系统化并传入俄国之后，它就第一种意义上的规律日益转化为第二种意义上的规律。”（第 798—799 页）笔者曾在《世界历史：马克思的概念及其思想体系》一文中，就斯大林和马克思的提法作了四点比较：第一，马克思讲的是社会经济形态的“演进”，而斯大林强调的只是客观事实及其存在。第二，马克思所讲的几种生产方式在社会经济形态中占主导地位，而斯大林的提法不涉及生产方式（甚至只是生产关系）与社会经济形态的关系。第三，马克思只把那些生产方式称为“几个”（即使用了复数），而斯大林却把它们变成了一种固定数字即“五种基本类型”。第四，马克思以“大体说来”和“可以”两个或然语表达了某种猜测性，而斯大林却用一个固定数字把它变成带有僵化色彩的公式。

但笔者认为，马克思的提法并不就是“描述性的”，因为：第一，马克思提出“社会主义”将取代“资本主义”，乃是科学论证和推理得出的结论。第二，“演进”和“时代”两词已包含有逻辑问题。第三，按兆武先生的定义，“描述”是“陈述事实”，而“社会主义”当时还不是“事实”。第四，“社会形态”演进论出自马克思《政治经济学批判序言》，该序言是他对本人唯物史观基本原理的高度概括和总结，因而显然是"规范性的"，何以带有结论性的"社会形态"演进论反是"描述性的"？对如此重大的理论问题，我们不可轻易下结论。

十一

上文提到，兆武先生把人类的文明史描述为由传统社会向近代社会演变的过程，认为"近代化"或"现代化"是各民族走向近代社会的必由之路，因而对科学和技术自然格外重视并高度评价："一切科学技术都是第一生产力。"（第31页）同时，在其《历史学两重性片论》一文中，还留下这样一段重要的话：

> 一个社会的形态和性质，是由其生产关系所制约的，而生产关系又是随着生产力的发展和变化而发展变化的。在生产力和生产关系二者的综合体中，生产力永远是最活泼、最积极、最主动的因素。而在生产力之中，科学技术又是第一生产力。所以大体上，有什么样的科学技术，就会有与之相适应的社会形态和思想体系。"（第31页）

众所周知，第二次世界大战前后，关于科学技术的问题，日益成为热门话题。讨论或争论，主要集中于四个焦点：（1）争论科学技术是不是生产力的问题，属于原理范畴的问题。（2）争论科技作为生产力在社会生产过程中如何运用及已达到怎样的程度，属于科技在整个生产力中所占比重问题。（3）争论用什么来衡量科技在各种生产力中所占比重，属于衡量的标准或指标问题。（4）争论如何计算科技特别是高科技中所付出的劳动量，属于劳动性质和评价问题。那么，兆武先生是怎样回答这些问题的呢？

我们知道，最早提出"科学技术是生产力"这一原理的是马克思。早在 1857 到 1858 年，他在所写的《政治经济学批判大纲》中就提到："在这些生产力里面也包括科学在内。"接着，他又在《机器，自然力和科学的运用》（1861 年 8 月—1863 年 7 月）中重申："科学的力量也是……另一种生产力。"兆武先生自然是承认这一原理的，因为他在上面的引文中明确表示科学技术包括"在生产力之中"。但科学技术是不是不存在高、中、低之别，并且从一开始或自始至终都是"首要生产力"或"第一生产力"呢？兆武先生"一切科学技术都是第一生产力"，不仅对上述两问题都作了肯定的回答，而且也把"科学技术是第一生产力"认定成了原理。

然而，很少人注意到，但我们又不能不注意，马克思在提出"科学技术是生产力"这一原理之后或提出的过程中，还提出并阐述过与此原理有关的系列观点：其一，他始终把科学技术置于"知识"和"智慧"范畴，因此如果说"科学技术是生产力"也只是"潜在的生产力"。其二，他认为，只有通过"科学的运用"即"生产过程"，科学技术作为"潜在的生产力"才能转化为"直接的生产力"。其三，与此同时，他把科学家投入科技研究中的劳动和工人在使用机器进行生产时投入的劳动，分别称之为"间接劳动"（即脑力劳动）和"直接劳动"（即体力劳动）。其四，马克思认为，"只有资本主义生产方式才第一次使自然科学为直接的生产过程服务，同时，生产的发展反过来又为从理论上征服自然提供了手段"，并成为生产财富和"致富的手段"；而在此之前，总体来看，科学技术还处于"一般生产力"的状态，直接形式的劳动还是"财富的巨大源泉"。第五，这是因为，在马克思看来，"资本的趋势是赋予生产以科学的性质，而直接劳动则被贬低为只是生产过程的一个要素"。他由此进而断言："现今财富的基础是盗窃他人的劳动时间，这同新发展起来的由大工业本身创造的基础相比，显得太可怜了。一旦直接形式的劳动不再是财富的巨大源泉，劳动时间就不再是，而且必然不再是财富的尺度，因而交换价值也不再是使用价值的尺度。"[①]笔者以为，这种转变的关键就是，科学技术取代直接劳动成了财富的巨大源泉，而由一般生产力上升为"首要生产力"即"第一生产力"。由此可以作出如下推论：（1）并非一切科学技术都是第一生产力；（2）科学技术由一般生产力上升为"第一生产力"或"首要生产力"，是由资本推动的工业革命引发的；（3）判断科学技术是否取代"直接劳动"而上升为"第一生产力"，要看科技是否真正成为"财富的巨大源泉"。历史已经表明，尽管马克思根据工业革命的事实所预言的资本的趋势已经发生，但科学技术真正取代直接劳动成为"财富的巨大源泉"，却是因第二次世界大战后的"高科技革命"才完全出现的，哈贝马斯和邓小平先后在20世纪后半期断言"科学技

---

① 《马克思恩格斯全集》第46卷（下），第218—219页。

术是第一生产力"就是明证，同时也说明它是"论断"而不是
"原理"，因为它不具一个原理应具的普遍性，否则，马克思
1857 至 1858 年所作的判断"现今财富的基础是盗窃他人的劳
动时间"就失去效力了，但这也再次证明了马克思预言的正确
和伟大。

　　这里还想补充几句。我曾在 1994 年的一篇论文中，就邓小
平关于高科技革命的论断指出："它意味着，根据马克思的原理，
在高科技条件下，科学技术不仅在理论上而且在实际上变成了
最强大的生产力，并不可避免地会在经济上引发出三大变化：
（1）构成主要生产力的要素发生改变，知识生产力即高科技将
取代人工和半人工的生产力，成为主要生产力；（2）获取财富的
主要形式发生改变，非直接劳动即脑力劳动将取代'直接形式'
的劳动即体力劳动，成为财富的巨大源泉；（3）判断价值的尺度
发生改变，劳动时间不再是也不可能再是判断价值的尺度。"① 此
后，有关价值判断的问题，特别是有关"创造性"思维在脑力
劳动中的估价问题，在学术界和舆论界争论不休，人们总是想
用体力劳动的倍数来评估脑力劳动的价值。这里，我只想指出
两点：在理论上，在如何评估脑力劳动的价值时，马克思虽然
提到过"倍数原则"，但也说过脑力劳动和"生产它们所花费的
直接劳动不成比例"②；在实践上，在高科技发源地美国，在财富
积累方面已涌现了无数神话，仅 2019 年就有四家高科技公司的

---

　　① 何顺果：《资本主义史文集》，江西人民出版社 2016 年版，第 338 页。
　　② 《马克思恩格斯全集》第 46 卷（下），第 217—218 页。并参阅何顺果：《资
本主义史文集》，第 11 页。

市值突破万亿美元，它们是亚马逊、苹果、微软和字母表，尽管此后因经济危机有的公司市值缩水，但并不能就此否定其已取得的巨大成就。

十二

此处，我准备讨论的问题，是"史实"即历史学研究对象的客观实在性问题。它似乎与兆武先生的史学理论无关，因为总体说来，先生是肯定和承认这种客观实在性的，并在《论集》中多有申论。

我们知道，在《〈政治经济学〉序言》（1859年1月）中，马克思第一次对其提出和发现的唯物史观作了理论的概括和表述，其最基本和最核心的观点是："人们的社会存在决定人们的意识"，同时指出在考察生产方面所发生的物质的变革时，是"可以用自然科学的精确性指明的"。① 这就意味着，人类史的演变不仅是有规律可循的，而且其研究不能完全离开自然科学，因为经济变革的物质基础是由自然所赋予的。关于这种"精确性"，只要举一个例子就可以说明问题：在整个经济学诺奖得主的成果中，相当大一批成果都是用数学公式来论证和表述的。

然而，兆武先生虽然承认"史实"的客观性，但从许多他关于"史料"和"史实"的议论看，又不尽然。他完全否定"人文层次的历史"中有"物质事物发展那种意义上的必然规

① 《马克思恩格斯全集》第2卷，第82—83页。

律"。（第45页）他认为，历史学 I 的任务是"史实"的考订和确认，但"史实"只是"历史学 I 留给我们的一堆没有生命的数据而已"。（第10页）如果说"历史学 I 所给定的数据可以为有一个'实'"，那么这个"实"只是"一个大家一致（或可以达成一致）的看法"（第12页），这就用史家的主观看法否定了"史实"的客观存在。他甚至认为"史料"它们本身不能独立存在；只有当它们融入历史学家的精神时，才成为"历史学"（第155页）。本来，"真理"问题属于认识论问题，是否是"真理"要通过"概念、推理、判断"等逻辑程序来确定，兆武先生却用"真理不是北极"这样的地理定位，否定了真理在客观意义上的定位。

　　这就提出了一个问题：是什么导致兆武先生在"史实"的客观实在性上发生动摇？看来，也只能从兆武先生有关"人类史"的定义和定性的论述中找到答案了，因为这种论述影响了他有关"史实"客观实在性的看法。在兆武先生看来，与自然史不一样，人类的历史是人自己的创造，因为"人的一切活动都是有思想的活动"（第25页），"所谓历史是人创造的，亦即是由人的目的驱动的"（第55页），这就令"历史世界"与"自然世界"发生了重大区别："自然世界的物独立于人之外，而且与人无涉；而历史世界的物则是人实现自己目的的手段，它不是独立于人之外而是与人合为一体的。"（第55页）笔者以为，所谓"物与人的合一"，实质是思想、意识、观念与物的合一，正是导致先生产生"史料本身不能独立存在"看法的主要根源，反过来必然模糊有关"史实"客观实在性的看法，因为"史料"

一般来说乃是"史实"的载籍。

这里，我想提请读者注意的是，我们也可以从另一个角度来看待和理解人类史中的这个"物与人"的"意识和物质"统一体，而把这个统一体视作思想"物化"于物质之中的产物。为此，我认为有必要引证一下柯林武德的一个重要观点和理论：他认为，历史科学和自然科学同源科学，因为都基于事实；但作为两者对象的事实，其性质却大不相同。他说："一切科学都基于事实。自然科学是基于由观察与实验所肯定的自然事实；心灵科学是基于由反思所肯定的心灵事实。"两者的不同在于："对科学来说，自然永远仅仅是现象"，"但历史事件却并非仅仅是现象，仅仅是观察的对象，而是要求事实必须看透它并且辨析出其中的思想来"。（第196—197页）从中我们可以得出这样一个结论：既然"思想"是从"历史事件"中观察、看透并辨析才出来的，说明人类的思想和动机已经"物化"在历史事实之中了，否则就不需史家去观察、看透和辨析了，可见"史实"整个来说仍然是独立存在的客观存在，史家对它的研究应当而且可以做到"客观如实"。当然，这还只是个人的理解，学界可以继续讨论。

十三

最后，我想说的是，我们应当感谢何兆武先生，正是这位卓越的史学理论家，使我们有机会去接近和进入有关历史和历史学的一系列深层次的领域和问题，并迫使自己尝试着进行探讨、追问和思考。兆武先生关于历史和历史学"两重性"的反思和论述可以说都达到了极致，并在许多议题和方面拥有自己精彩、深刻和独到的思想和见解。但他过于看重"两重性"而忽视了事物的"统一性"，对"两重性"的阐述越彻底就越难看到二者的"统一性"，"两重性"便成了两股道上跑的车，既看不到二者的出发点也找不到二者的交汇点，从而在很大程度上割裂了二者的关系。结果，他强调人类历史活动的"人文动机"，本来是要说明人类史和自然史在性质和意义上之区别的，因而也就在理论上和实践上赋予"史实"乃至整个"历史事件"以难以抹杀的原始意义，却由于夸大了史家在"历史构图"中的主观能动作用，不得不否定"史实"乃至整个"历史事件"本身所固有的意义，提出"史实"乃至整个"历史事件"的"意义""完全"（原话为"全恃"）由史家"赋予"的观点，使对"史实"的认证和为"认证"所采用的所谓"科学"手段及"史实"本身都变得毫无"意义"。这使我们想到了另一个与此类似的问题，即理论的"普遍性"究竟来自何处的问题，兆武先生从马克思对康德历史理性的某种赞赏中推导出其"普遍性"来源于它的"先验性"，进而得出理论必须脱离实践或者说只有"先验"的理论"预设"才具有"普遍性"的结论。所有这些都表明，兆武先生十分耀眼的史学理论留下一些漏洞，尽管我们不能因此而否定先生在引进康德"历史理性批判"中的巨大功绩。看来，或许我们需要有一个对批判的批判进行再审视的过程，以使我们的史学理论研究有一个更加稳固的基础。

神话、传说与历史 [*]

    各民族、国家和地区几乎都有自己的神话和传说。早在公元前 4000 年前到达两河流域并开创了古代巴比伦文明的苏美尔人，通过泥板文书留下了目前已知最早的创世神话《恩努玛·埃利什》，讲述众神如何从化身混沌之水的男女最高神中产生，并在反抗父母神的过程中，用母神的尸体造出了天地，又用神的血液造出了人类。在他们的英雄传奇《吉尔伽美什》史诗中，还出现了一度被认为是世界上最早的洪水传说。对古代埃及文明的考古挖掘显示，古埃及人的神灵往往呈现半人半兽的形象，而且不同的地方信奉不同的主神，其中地位最为显赫的是太阳神，法老被看作太阳神的化身。古代印度人也用神话来记录他们对自然和人类社会的看法。公元前 1500 年至前 600 年左右形成的《吠陀经》是印度神话的源头。它描述了地位最高的雷电神因陀罗保护和管理其他众神的故事，这实际上是作为后来者的雅利安文明侵入并融合当地文化的表现。约公元前 5 世纪至公元 3 世纪，印度又出现了两大史诗：其中《罗摩衍那》

---

    * 本文为何顺果先生与陈继静合撰。陈继静：北京大学史学理论和史学史博士生。

描写了英雄罗摩在神猴哈努曼的帮助下排除万难，将妻子悉达从恶魔那里救出的故事。《摩诃婆罗多》则讲述了一场王族内部为争夺王位而进行的血腥大战。两部史诗都通过插话的形式大量记述了众多的神话和传说。中国自古以来，也流传着盘古开天辟地、女娲造人补天、大禹平治洪水、黄帝大战蚩尤、夸父追日、精卫填海等神话，它们通过《山海经》《淮南子》等古代典籍被记载和流传至今。而在古希腊，相传由荷马编定的两大史诗《伊里亚特》《奥德赛》和由赫西俄德创作的《神谱》等，则记载了以宙斯为首的希腊众神和赫拉克勒斯、忒修斯等古代英雄。希腊众神干涉人类活动、在人世间挑起了特洛伊战争。罗马人也用神话来阐释他们城市的起源。历史学家李维在《罗马史》中讲述了由野狼喂养大的罗穆卢斯和雷穆斯兄弟创建罗马城的经过。而根据罗马诗人创作的《埃涅阿斯纪》，罗马城的建立则是英雄埃涅阿斯的神圣功劳。除此以外，在很多原始部落如美洲的印第安人部落中间，也通过传说或仪式的形式保存着很多神话传说。因此我们可以说，神话传说是普遍存在于各文明发展初期的现象。

　　神话传说在现代人看来是荒谬可笑、非理性的象征，在古代人眼里却曾经是真理的象征。"神话"一词发源于古希腊，[①] 它

---

　　① 中国虽然也有神话，但"神话"一词最初却是通过日本而从西方引进的。1903 年留日学生蒋观云在《新民丛报》上发表的《神话历史养成之人物》，是中国的第一篇神话学论文。此后，王国维、梁启超、夏曾佑、鲁迅、周作人、章太炎等，相继把"神话"概念作为启蒙新工具，引入到文学和历史研究领域。马昌仪：《中国神话学发展的一个轮廓》，载《中国神话学文论选萃》，中国广播电视出版社 1994 年版。

在古希腊地位的变化也最能说明问题。1940 年，德国古典学家涅斯特尔（Wilhelm Nestle）出版了《从神话到逻各斯》一书，该书的标题很快成为对"西方"叙述传统变迁的标准概括。涅斯特尔指出，代表"神话"的 mythos 和代表理性的 logos 都指"说"和"话"。只不过，mythos 为"讲故事"，是具体的，有情节的；而 logos 为"讲道理"，是直接表达的，理论性的。在形式上，mythos 一般以"诗"的形式出现，如荷马、赫西俄德与希腊的语录体作品，它们往往以口传心授的方式传播；而logos 则一般以"散文"形式存在，更宜于以文字形式流传。从mythos 到 logos 的转变，大约发生在公元前 6—前 5 世纪。当时，寓言、拟人故事、诗歌和宗教逐步让位于逻辑学、抽象概念、雄辩术和哲学。赫西俄德与荷马的地位逐渐被苏格拉底与柏拉图取代。这正是西方文明形成的重要标志。[①] 正因为如此，近代较早开始研究神话的英国历史语言学家缪勒早就指出，神话传说的荒谬性是"不可回避的事实"。他说："大多数古代神话，无论就其自身内在的、还是其文字的意义而言，都是荒谬可笑的、非理性的，而且经常是和思维、宗教、道德的原则背道而驰的。"[②] 不仅如此，我们今天翻开词典，仍然可以看到，神话不仅指"远古人类公认集体创作的神异故事"，还用来指"不

---

① Wilhelm Nestle, *Vom Mythos zu Logos: die Selbstentfaltung des greichischen Denkens von Homer bis auf die Sophistik und Socrates*, Stuttgart: Kröner, 1940; 2nd ed., 1942.

② 〔英〕麦克斯·缪勒：《比较神话学》，金泽译，上海译文出版社 1989 年版，第 11 页。

真实，荒谬的言论"。[①] 可见，今天一般人的意见，也认为神话是荒诞无稽、违背事实的。然而 1996 年，美国宗教史学家林肯（Bruce Lincoln）却对这种将神话与代表理性的逻各斯对立的关系提出了质疑。他对赫西俄德的《神谱》和荷马《伊里亚特》中人物的说话方式进行了研究，发现 mythos 经常被那些刚愎、顽固的男性用在粗暴、武断的言说中，使用的场合也往往是集会、战场等。换句话说，mythos 常与公共、权力和权威联系在一起。而 logos 则往往是 mythos 的对立面：温和、巧饰、委婉和间接，经常被女性（但又不限于女性）所使用。Logos 作为一种弱者的武器，在古希腊的各种文本中具有多种形式，是对传统或占支配地位的力量的一种挑战。总之，从 mythos 到 logos 的转变不应该简单地被看作从迷信的故事向理性的命题的转变。mythos 与 logos 只是两种言说的"策略"（strategies），是表达真理之不同方面的手段。[②]

那么，从历史学的研究需要出发，神话传说中是否包含着历史的真实？为了方便讨论，本文设定两个前提，旨在使问题简化而清晰：前提一，我们区分"真理"和"历史真实"，并且只讨论"历史真实"。虚假的故事也可以反映真理。换句话说，"神话传说中是否包含着真理"与"神话传说中是否包含着历史的真

---

① 《新华字典》，商务印书馆 2004 年版，第 235 页。

② Bruce Lincoln, "Gendered Discourses: the Early History of 'Mythos' and 'Logos' ", *History of Religions*, Vol. 36, No. 1. Aug. 1996, pp. 1-12. "Rather, these words (mythos and logos) were the sites of important semantic struggles fought between rival regimes of truth." p. 11.

实"是两个需要独立回答的问题，本文只试图讨论后者；[①] 前提二，我们暂且把"神话""传说"看作"未知项"，而把"历史"看作"已知项"，即只有"信史"才被视作"历史"。在这两个前提下，对神话传说与历史的关系，以往的回答大致可分为三类：

一类观点认为，神话和传说就是历史。显然，讲述和流传这些神话传说的原始人都同意这一观点。不仅如此，他们在当代学者中也能找到赞同者。例如，意大利宗教史学家贝塔佐尼（Raffaele Pettazzoni）就认为，神话讲述的是"那些令人难以忘怀的创造过程"：诸如事物的起源，世界的起源，人类的起源，生与死的起源，动物和植物（含蔬菜）的起源，狩猎精灵和耕作精灵的起源，崇拜的起源，传授仪式的起源，巫医团体及其治病能力的起源等。所有这些事件都发生在极为远古的时代，但人们现在生活的源头和基础都是由此而来，整个社会的结构也是以此为基础的。用他的话说，"神话不是纯粹杜撰的产物，它不是虚构的无稽之谈，而是历史，它是'真实'的故事而不是'虚构'的故事"。[②] 近年来，研究《山海经》的中国学者刘宗迪也主张在传说故事和历史之间画上等号。正如他所说，"文

---

① 因此本文不直接讨论神话传说是否包含真理。不过我们的结论是肯定的。借用新西兰历史学家蒙茨（Peter Munz）的看法，神话追求的是普遍真理。而历史，要求将单一的历史事实变成有意义的历史。没有时空坐标的神话在传播过程中，逐渐变成了一个有意义的历史，也就是说，不是纯粹的事实，而是有意义的历史实践，其中加入了很多事实的因素。历史事件的形成是由于神话的膨胀，历史学家所讲的故事之所以是历史，这乃是因为它们包含了事实的材料。

② 〔意〕拉费尔·贝塔佐尼:《神话的真实性》,〔美〕阿兰·邓迪斯编:《西方神话学论文选》,朝戈金等译,上海文艺出版社 1994 年版,第 11、137 页。

字产生之前的故事传说和文字之外心传口授的齐东野语，既是历史，又是故事。……归根到底，历史和故事，原本是同出一辙。……故事与古史、文学与历史在本体和本原上是相通的"。①

　　另一类观点认为，神话传说中包含着历史事实，或者历史记载中包含着神话传说。早在公元前约 3 世纪，古希腊哲学家欧赫墨鲁斯（Euhemerus）就提出，希腊神话其实都有史可寻。在至今仅存残片的《圣史》中，他对诸神和英雄作了索隐式的考证，指出每个神祇都可以落实到远古时代曾经存在过的某个人物。例如，他认为宙斯是希腊文明以前克里特岛上的一个国王，死后才被不断地神化附会，演变成以他为首的神话体系。相对于欧赫墨鲁斯简单而僵化的考证而言，中国史学之父司马迁的看法代表了更为普遍的倾向。他在论述五帝所处的时代时指出，虽然由于年代久远，很多流传下来的记载显得很不合理，但它们并非完全凭空捏造。他对这些神话传说的态度是：一方面，将前人的各种记载进行比较；另一方面，又实地走访调查五帝活动过的区域，发现了很多风俗习惯与文献记载有相近之处，从而证明了前人的记载并非完全捏造。于是，他选择那些较为可信的记载，编纂成了《五帝本纪》。②与司马迁类似，古

---

　　①　刘宗迪：《古史、故事、瞽史》，载《读书》2003 年第 1 期，第 15 页。

　　②　"学者多称五帝，尚矣。然《尚书》独载尧以来。而百家言黄帝，其文不雅驯，荐绅先生难言之。孔子所传宰予问《五帝德》及《帝系姓》，儒者或不传。余尝西至空桐，北过涿鹿，东渐于海，南浮江淮矣，至长老皆各往往称黄帝、尧、舜之处，风教固殊焉，总之不离古文者近是。予观《春秋》《国语》，其发明《五帝德》《帝系姓》章矣，顾弟弗深考，其所表见皆不虚。《书》缺有间矣，其轶乃时时见于他说。非好学深思，心知其意，固难为浅见寡闻道也。余并论次，择其言尤雅者，故著为本纪书首。"司马迁：《史记·五帝本纪》，中华书局 1959 年版，第 46 页。

今中外很多历史学家都或多或少地抱着这样的看法。另一方面，很多神话学家却认为，流传至今的历史记载中包含着神话传说。这一类观点与前一类观点很接近，但强调的是，很多流传下来的文献记载很大程度上是神话传说的一种表现形式。中国神话研究鼻祖茅盾就指出，中华民族是一个早熟的文明，神话传说很早就被历史化，以有条理的、历史记载的形式流传了下来。他曾经指出，中国古代史上从黄帝以至禹的所有历史人物，他们的身上都附粘着一些神话事迹，因此"有理由可以断言禹以前的历史简直就是历史化了的古代神话"。[①]总之，对于夹杂着神话传说与历史事实的古代文献，历史学家们倾向于将它们看作包含着神话传说的历史，神话学家们则倾向于将它们看作包含着历史的神话传说。

　　第三类观点认为，神话传说并非历史，或完全与历史无关。美国民俗学家拉格兰（Lord Raglan）主张，神话来源于仪式，与真实的历史完全无关。用他的话说，"我们找不出一个好的理由，来相信神话或其他传统叙述形式传达了历史事实"。[②]拉格兰根据自己的经验指出，在没有文字记载的情况下，任何事实都不可能在发生150年后还为人们所记住。换句话说，口头传统无法保存历史，历史只能依赖于文字记载。原始人没有文字，因而也就没有历史。"当然，大部分没有文字的共同体都

---

　①　茅盾：《中国神话研究初探》，上海古籍出版社2005年版，第41页。

　②　Lord Raglan, *The Hero*, London, 1949, p. 121, cited from William Bascom, "The Myth-Ritual Theory," *The Journal of American Folklore*, Vol. 70, No. 276. (Apr.-Jun., 1957), pp. 103-114.

有传统故事，而且这些故事也许貌似对历史事件的记忆。……但这些故事实际上却是神话。"① 我国 20 世纪 20 年代至 30 年代兴起的古史辨派也认为，先秦典籍中有关三皇五帝的记载，实际上并非历史，而是战国至两汉的人们编造的神话和传说。古史辨派代表人物、历史学家顾颉刚极力倡导"用故事的眼光看古史"。他在《〈古史辨〉自序》中主张中国三皇五帝的古史是"层累地造成"的，"时代愈后，传说的古史愈长"，"时代愈后，传说中的中心人物愈放愈大"，这就彻底摧毁了古史的可信性。②

认为"神话传说并非历史"的看法虽然仍旧影响巨大，但大部分学者还是承认神话传说与历史有一定关系的。只不过具体怎样看待这种关系，则往往只存在一些经验性的习惯做法，很少有学者从理论的高度进行总结和归纳，尤其是从历史研究的角度提出过系统的看法。因此，这个问题仍旧有探讨的必要。

然而，由于神话传说的形态纷繁复杂，如何界定"神话"就成为学术界长期以来存在争议的问题。美国人类学家巴斯科姆（William Russell Bascom）从情节发生的时空、可信性、神圣性和角色性质等方面出发，对神话、传说和民间故事进行了区分，他的看法为大多数民俗学家所接受。（见下表）

---

① Lord Raglan, *The Hero.* p. 8.

② 顾颉刚：《〈古史辨〉自序》，河北教育出版社 2000 年版，第 4 页。

散文叙事的三个形式

形式	信实性	时间	地点	取态	主要角色
神话	事实	遥远的过去	不同的世界：其他的或很早的	神圣的	人类
传说	事实	不久的过去	今天的世界	世俗的或神圣的	人类
民间故事	虚构	任意的过去	任意地点	世俗的	人类或非人类

资料来源：〔美〕威廉·巴斯科姆：《民间文学形式：散文叙事》，载〔美〕阿兰·邓迪斯编：《西方神话学论文选》，朝戈金等译，第 11 页。

这种区分方法虽然针对的是民俗学研究，但对于历史学家而言，也具有借鉴意义。因为我们从历史研究的目的出发，可以在上述区分中注意到两个要点：首先，相对于虚构的故事而言，神话和传说"最初"都被视作是真实的。（这里的"最初"，不太准确地说，是指创作和传颂神话传说的时代。）[①] 其次，相对于虚构的故事而言，神话和传说都发生在特定的时间和空间当中，主要的角色也都是人类。换句话说，以上两点表明，神话传说与历史似乎没有根本的区别，即它们讲述的都是"'真地'发生在特定时间和空间中的人类活动"。当然，巴斯科姆主张，神话与传说的区别在于它们所发生的时间和空间不同：神话发

————————

①　提出这点对本文讨论至关重要。因为在现代人看来，神话传说在很大程度上都是虚构的、不真实的。这意味着我们关心的问题是：按照当代历史研究的标准看来，神话传说是否具有信实性。因为对于原始人相信神话传说的真实性这一点，我们接受巴斯科姆的看法，认为早已是毋庸置疑的。

生在遥远的过去、远离今天的世界，而传说则发生在不久的过去、我们所熟悉的世界。不过由于本文主要讨论的是如何看待神话、传说的信实性问题，因此很多情况下，我们都将神话与传说相提并论而不加以区分。但在讨论到神话时代时，我们会发现这一区分也是具有借鉴意义的。①

　　除了巴斯特姆之外，尚有许多学者从各自的角度给"神话"下过定义或对神话进行过研究。英国人类学家缪勒（Max Muller）首先从历史语言学的角度着手解读神话，对各文明的神话起源作了研究。他认为，神话是了解欧亚诸民族的祖先雅利安族的钥匙。他所采用的研究方法是对印欧语系，尤其是印欧神话中的一些基本词汇进行比照和分析。他认为，只有通过语言分析的方法，才可以揭示当时的历史面纱，证明历史上确实存在过这样一个充斥着神话的时代。而这种研究却不是通过历史研究，即文明史能够揭示的。② 英国人类学家弗雷泽（Sir

---

　　① 参见本文后面有关"神话时代"与"历史时代"的讨论。如果说神话所讲述的内容发生在神话时代，则传说所讲述的内容往往并不是发生在一个特定的、可以称之为"传说时代"的时空。相反，传说往往发生在"历史时代"，许多真实的历史事件和历史人物成为这些传说的背景和要素。

　　② "由于我们对分解为不同民族（诸如印度、日耳曼、希腊、罗马、温德、条顿，以及凯尔特）以前的雅利安族无所了解，于是这种通过语言分析、揭开古代各个时期历史面纱的方法，就变得极为有价值。因为这种方法可以证实人类历史上某个时期的历史真实性，而这个时期存在与否又是屡受怀疑的——人们常常称之为'从未存在过的过去'。我们不必指望有哪一个完美无缺的文明史会充分地向人们展示《荷马史诗》和《吠陀》语言尚未形成之际的图景。然而我们应当借助虽然微小、但意义重大的点滴材料，体会到那个人类思维早期阶段的真实存在——我们认为这个时期就是越来越明了的'神话时代'。"〔英〕麦克斯·缪勒：《比较神话学》，第23页。

James George Frazer）在巨著《金枝》中对世界各文化中的原始
祭祀和神话做了考察，提出了交感巫术在印欧民族神话起源中
的重要作用。[①] 心理学家弗洛伊德（Sigmund Freud）把神话看
作与梦境类似的心理反常现象，认为它们都是人类意识和潜意
识互相作用的结果。弗洛伊德的学生、德国心理学家荣格（Carl
Gustav Jung）发展了老师的研究，提出神话是集体无意识的反
映。例如，他认为《启示录》中的基督形象，是某种英雄生活
的原型（archetype），反映的是个人无意识的集体生活。[②] 此外，
尚有许多人类学家将神话与仪式联系在一起，通过研究仪式来
解释神话，这就是所谓的"神话—仪式论"。例如，英国学者哈
里森女士（Jane Harrison，1850-1928）终其一生都是"剑桥仪
式论"学派的代表人物。她主张神话与仪式是一组平行的表达
方式，神话的意义或功能都源于它的社会性，与仪式密切相关。
因此只有通过研究仪式才能解释神话。[③] 仪式论揭示了神话原
初的存在状态，对神话研究具有巨大的推动作用，围绕着这一
理论产生了大批学者和丰富的研究成果。与之相反的是，法国
人类学家列维-斯特劳斯（Claude Levi-Strauss）并不关注各类
神话动机或主题，而是注意那些将各类因素联合在一起的结构。
1955 年，他发表了《神话的结构主义研究》一文，[④] 以众所周知

---

① 〔英〕詹·弗雷泽著，刘魁立编：《金枝精要：巫术与宗教之研究》，上海文
艺出版社 2001 年版。

② 参见 Gerald H. Slusser, *From Jung to Jesus: Myth and Conciousness in the New
Testament*, Atlanta, Georgia: John Knox Press. 1986。

③ Eric Csapo, *Theories of Mythology*, MA: Blackwell Publishing, 2005, p. 145.

④ Claude Lévi-Strauss, "The Structural Study of Myth," *Journal of American
Folklore*, Vol. 78, Nol. 270, Oct.-Dec.1955, pp. 428-444.

的俄狄浦斯神话为例，指出所有的神话都可以还原为一些对立
的关系，如自然／文化，自我／她者等。他在结论中甚至指出，
"神话的目的就是为解释情节矛盾提供一种逻辑模式"，"用于神
话思维的那种逻辑与用于现代科学的逻辑一样精确严密，神话
的逻辑与现代科学的逻辑在思想过程上并没有质的区别，它们
的区别只在于这种逻辑所应用的对象不同罢了"。①这篇论文（而
不是《神话学》一书）后来成为用结构主义方法研究神话的理
论指导。此外，20世纪50年代以来，法国思想家巴尔特（Roland
Barthes）尝试解读当代生活，以符号学的基本概念来分析现代
事物及其表现媒介中所包含的信息，于是创造出一种新的神话
学理论。②他认为，"神话是一种言说"。我们可以讨论任何事物，
因此任何事物都有可能成为神话。巴尔特大大扩展了神话概念
在现代的含义，神话不再仅仅被原始人创造和传颂，而是充斥
在现代社会中，成为我们日常生活的一部分。③至于我们所关心
的神话与历史的关系，巴尔特认为，现代神话无非"是一种去
政治化（dépolitisée）的言说"。所谓"去政治化"，也就是历史
记忆或现实事件在表述过程中被简单化、意义复杂性被抽空的
过程。因此，"神话是由事件的历史特质损失所组成；在其中，

---

①　Claude Lévi-Strauss, "The Structural Study of Myth," p. 444

②　巴尔特陆续发表过一系列短篇评论，讨论巴黎最大的神话——埃菲尔铁塔，以及摔跤、明星照片、一部有关恺撒大帝的电影等形态迥异的现代神话。Roland Barthes, *The Eiffel Tower and Other Mythologies*, trans. by Richard Howard, New York: Hill and Wang, 1979.

③　〔法〕罗兰·巴尔特:《现代神话》，载〔法〕罗兰·巴尔特:《神话——大众文化诠释》，许蔷蔷、许绮玲译，上海人民出版社1999年版，第167、203页。

事件失去了它们曾被制成的记忆"。人们不关心神话是真是假，而是关心它有用无用；换句话说，人们只不过按照自己的需要来创造神话罢了。[①]

从上述神话学研究的主要成果中我们可以看到，虽然不同学科的学者从各自的角度对神话或传说进行了研究或阐释，但他们对于神话传说与历史的关系，大都抱着消极的态度。有的不主张用历史学的方法研究神话，认为这样只能无功而返。有的认为神话本身就是对历史的抽空，研究神话无助于获取历史真实。有的认为神话对于制造和传播的人而言，其真实性问题是无足轻重的。那么，事实果真如此吗？

实际上，一些重大考古挖掘和古文字研究表明，某些神话和传说中确实包含着历史的真实。我们仅以希腊考古的成就来说明这个问题。19世纪末以来直至今天的希腊考古不断证实着荷马史诗在反映某些历史事实方面的信实性。1870年，德国商人施里曼（Heinrich Schliemann）根据荷马史诗中关于特洛伊战争的记载，在阿伽门农的故乡、达达尼尔海峡附近土耳其境内的希沙里克山丘挖掘出了属于那个时代的一座巨大的王陵。出土的大量金银器皿证明，迈锡尼文明"遍地是黄金"的传说并非凭空捏造。其中尤其引人注目的是一个镶着鸽子的金杯和一具头戴金面具的男尸，证明了荷马描述的用"鸽子酒杯"喝酒以及"阿伽门农的面具"都并非完全虚构。20世纪初，英国考

---

① 〔法〕罗兰·巴尔特:《现代神话》，载罗兰·巴尔特:《神话——大众文化诠释》，第202—203页。

古学家伊文思（Arthur Evens）又在克里特岛的克诺萨斯发现了
规模巨大的王宫遗址。华丽的米诺斯宫殿廊道迂回、宫室交替，
无异于荷马笔下提到的米诺斯迷宫。在宫殿内的壁画中，有许
多表现国王、贵族斗牛的内容，也和传说中的牛头怪物米诺陶
相印证。这样，数千年来一直被当作神话传说流传的特洛伊战
争、米诺斯文明，终于在考古挖掘中显露了可信的一面。2006
年 3 月 28 日，希腊考古学家罗洛斯（Yannos Lolos）声称在萨
拉米斯岛的卡纳基亚村附近，找到了《伊利亚特》中提到过的
埃阿希德 (Aiacid) 王朝的宫殿。根据荷马史诗，这个王朝的一
位国王埃阿斯（Aias）在特洛伊战争中是最令人敬畏的勇士之
一，他单枪匹马就抗拒了大队的特洛伊战士。用罗洛斯的话来
说，这一距今 3500 年的遗址是"迈锡尼时代的宫殿中，几乎可
以明确归为荷马史诗人物的少数例子之一"。[1]总之，希腊考古
的众多例子表明，看似没有事实根据的神话传说，却有可能确
实与历史事实有关，我们只要找到相关的证据就可以证明。而
随着考古研究的进展，这样的证据应该会越来越多。与此相似，
在其他古代文化的考古中，也不断出现着考古发掘证明神话传
说真实性的情况。因此，我们不能简单地否认神话传说与历史
的关系。

在理论上把神话、传说与历史联系在一起的第一人，是
被誉为"人类学之父"的爱德华·B.泰勒（Edward Bernatt
Tylor）。他在 1871 年出版的那部具有开创性的著作中，首次提

---

① "Palace of Homer's Hero Rises Out of the Myths," *Times*, the (United Kingdom),
Mar 28, 2006.

出神话、传说属于"原始文化"（primitive culture）的概念。[①]
既然是"原始文化"，它们就不可避免地具有以下两个特征：首
先，神话传说是"文化"，是人类活动的产物，包含着人类对世
界的理解、认识、看法、观点和心智；其次，作为人类"童年
的记忆"，它们包含着原始人对世界的猜测、畏惧、想象和误解
等。至于这类"文化"是否"原始"，在文化人类学界历来多有
争议，进化论者继续肯定它们的原始性，而反进化论者则否认
其原始性，但对于神话传说属于史前"文化"却并无争议。我
们认为，只要承认神话传说是人类活动和思考的产物，承认它们
与人类所视、所感、所作、所为有关，它们从而就和经济、政治
一样也是构建史前史的要件。正如泰勒所指出的，神话发生和发
展于"人类智慧的早期儿童状态之中"，"作为思维发展的证据，
作为很久以前的信仰与习惯的记录"，"也像人类思想的一切其他
表现一样，是以经验作基础的"，不同程度地"保留了历史真实
性的内核"，是构成"各民族历史的素材"。[②]然而，由于"文化"
属于意识形态的范畴，不论它们在品性上是否"原始"，从哲学
上看它们虽然在观念上是真实的，但在观念以外却不一定是客
观事实，而更可能是对事实真相曲折而复杂的反映。因此，通
过神话传说保存下来的信息，毕竟不能与有史以来的文字记载
材料画等号。换句话说，我们必须既看到神话传说的历史研究

---

①　泰勒的代表作《原始文化》的副标题表明，该书是对包括神话在内的各原始
文化之研究。〔英〕爱德华·伯纳特·泰勒：《原始文化：神话、哲学、宗教、语言、
艺术和习俗发展之研究》，连树声译，上海文艺出版社 1992 年版。

②　同上书，第 223—233 页。

价值，又不能拿一般的史料标准去衡量这种价值。

抱着这种态度，我们考察了各文明中具有代表性的主要神话。我们发现，如果把"信史"或者"真实的历史"作为观测的原点，以信实性作为衡量的标准，则可以将神话传说分成几个层次。离真实历史的范畴越近的神话传说，其信实性也就越高；反之，离真实历史的范畴越远的神话传说，在历史考证上的可信度也就越低，从而表现出差别。具体分析如下：

第一类神话传说包含着部分信史，并且可以找到确切的年代证据。例如，司马迁记载的中国夏商帝王世系，长期以来只是被看作传说，不为学术界所普遍接受。然而20世纪上半叶以来，由于甲骨文的发现和识别，《史记》中商代帝王的世系很多都在甲骨文中得到了印证。王国维在《殷卜辞中所见先公先王考》一文中经过考证得出结论，《史记·五帝本纪》中的帝喾是确有其人，《史记》记载的商朝世袭也是可信的。[①]这样，被古史辨派一度推翻的夏商世系传说，自此重新获得了可信的证据。可以说，自此以后很少再有学者怀疑商朝存在的真实性了。钱穆先生因此指出，既然司马迁关于商朝的记载是真实的，那么夏朝的世系也很有可能是真实的。[②]另外，古本《竹书纪年》中

---

① 王国维：《观堂集林》（全二册），河北教育出版社2001年版，第278页，第282—283页

② 钱穆："司马迁为《殷本纪》，序列自契至汤十四世，今安阳出土甲骨颇多为之互证者；马迁《夏本纪》又载自禹至桀十四世，年世略与自契至汤相当。马迁论殷事可信，何以论夏事不可信？马迁记殷事有据，何以记夏事独无据？马迁之所睹记，其不复传于后者夥矣，若必后世有他据乃可为信，则是马迁独为殷商一代信史以掩其于夏、周之大为欺伪者耶？"顾颉刚：《崔东壁遗书·附录·钱穆序》，亚东图书馆，1936年，第1048页。

曾记载着这样一则神话："懿王元年天再旦于郑"，意即"一天之内太阳升起了两次"。根据文献考证，"郑"的地望在西周都城（今西安）附近的华县或凤翔。参与夏商周工程的天文学家通过理论研究，建立了描述日出时日食所造成天再旦现象的地面区域，并对公元前1000年—前840年间的日食进行全面计算，得出公元前899年4月21日的日食可以在西周郑地造成天再旦现象。1997年3月9日，在新疆北部实际观测到了"天再旦"现象，理论上的假设得到了实际的印证。[①] 上述两个有关中国神话的例子表明，古代文献中确实包含着这样一类神话传说，它们或许表现为历史的样貌，或许披着神话的外衣，但其中都包含着可靠的信息。我们运用考古学、古文字学、天文学等方法，就可能将历史事实从原本半真半假或荒诞不经的神话传说中重新还原出来。

第二类神话传说在某种程度上也包含着历史事实，我们无法为它们在历史上找到直接对应的年代或事件，但却可以找到多少与之有关的物证或古文字记载。众所周知，在世界很多地区，如希腊、两河流域、印度、马来亚、波利尼西亚，甚至自南美洲到南极圈，都流传着"大洪水"的传说。弗雷泽早就指出，"这种可怕的泛滥故事虽然差不多一定是虚构，但在神话的外壳下面许多可以包藏着真正的果子，这不但可能，而且是近乎真实的；那就是，他们可以包含着若干实在扰害过某些地

---

① 夏商周断代工程专家组编：《夏商周断代工程1996—2000年阶段成果报告·简本》，世界图书出版公司北京公司2000年版。

域的洪水的回忆，但在经过民间传说的媒介的时候被扩大成世界的大灾"。[①] 20 世纪二三十年代，英国考古学家伍利（Sir C. Leonard Woolley）在两河流域对苏美尔王国都城乌尔的王族墓地进行挖掘时，发现了厚约 10 英尺的淤积层，一度被认为是最有可能证实"大洪水"存在的一处考古遗迹。然而进一步的研究显示，乌尔的"洪水坑"由于遍布的时间和范围都相对有限，并不能直接对应于《圣经》中记载的洪水，但它却为洪水神话的由来提供了一种可能的解释。接着在 19 世纪中期，英国考古学家在尼尼微挖掘出了记载着苏美尔人史诗《吉尔伽美什》的泥板文书，其中记载着巴比伦人的洪水故事。而 19 世纪末，考古学家又在巴比伦古城锡帕尔（Sippar）所在地发现了有关洪水的残片，并根据文末日期将其断代为公元前 2000 年左右。19 世纪末 20 世纪初，在苏美尔人古城尼普尔（Nippur）出土了更早的洪水故事残片，时间至少在公元前 3000 年左右。[②] 时至今日，"大洪水"的存在虽然没有得到直接的证明，但越来越多的证据却日益揭示出这一传说的形成和传播过程。举例而言，徐旭生通过研究中国的洪水神话指出，这类神话可能反映了农耕定居社会形成初期的情况，大禹治水的传说可能与水井开凿技术的发明有重要的联系。[③] 总之，由于利用了"洪水"的神话进行考

---

　　① 弗雷泽：《洪水故事的起源》，载徐旭生：《中国古史的传说时代》，文物出版社 1985 年版，第 266 页。

　　② John Bright, "Has Archaeology Found Evidence of the Flood?" *The Biblical Archaeologist*, vol. 5, No. 4. (Dec., 1942), pp. 55-62,72.

　　③ 徐旭生：《中国古史的传说时代》，第 144 页。

古和历史研究，我们对这一神话产生时代的人类生存状况也了解得更加深入了。

　　第三类神话传说由于现有证据的缺乏，尚不能被当作信史接受下来，但即便如此，它们还是能够为年代相近或文化范畴相当的考古文化提供某种程度的参照。以中国古史中的夏朝记载为例，早在 1960 年，考古学家徐旭生就在《略谈研究夏文化问题》一文中提出：对夏文化可以作两种解释。一是可以指史书中记载的夏代的文化。其地域范围较广，时间跨度则比较确定，起自禹、终于桀。二是指夏族文化。其地域范围相对有限，时间还应包括禹以前、桀以后。中原地区有两个地域与夏的关系特别密切，一是豫西地区伊、洛、颍水流域；二是晋南地区汾、浍、涑水流域。[①] 为了弥补考古学上夏文化这一大空白点，20 世纪 60 年代，他根据文献中有关夏代地名的资料亲自到豫西传说的"夏墟"实地勘察，调查了二里头等几处重要的遗址，在他的影响下，以偃师二里头遗址命名的二里头文化得到了挖掘。[②] 目前，多数学者认为二里头文化和河南龙山文化是与夏文化有关的考古文化。二里头遗址包括四期遗存。其中第三或第四期遗存中有商文化因素出现，可能已经进入商代纪年，应属商文化范畴，而第一、二期的遗存则可能是夏文化。但由于缺乏文字等确切的材料作证据，目前学术界对二里头文化是否就是夏文化还存在争议。但正如历史学家朱凤瀚

---

　　① 　徐旭生：《略谈研究夏文化的问题》，《新建设》1960 年第 3 期。
　　② 　黄石林：《徐旭生先生传略》，载徐旭生：《中国古史的传说时代》，序文第 6 页。

所说，由于二里头文化所覆盖的时间和空间范围都与夏文化有重合之处，在材料不足的前提下，完全否定二者的关系也是十分武断的。今后随着考古成果不断扩大，甚至出土文字材料作为印证，二里头文化与夏文化有关的猜想不是完全没有可能成立的。[①]

　　第四类神话传说以现代人的理性眼光来看，可以认为大部分是由荒诞臆造的情节构成的。然而，这类神话传说虽然在直接证明史实方面缺乏可靠性，却可能包含着对原始时代风俗习惯的记述，或以某种方式反映了原始人的思维观念或生活状态。无论它们是否荒诞不经，都是原始人对宇宙、起源的看法，属于思想史的范畴，同样有助于我们了解创作、传颂以及记载它们的时代。例如，日本上古史学家津田左右吉为了反对把日本建国神话当作历史事实的传统"皇国史观"，对最早记载日本神话传说的《古事记》和《日本书纪》进行了尖锐的批判。他指出，德川时代的学者们或者抱着一种肤浅的理性主义，将实际上不存在的或不合理的记载，都当作虚假的、荒唐的，认为没有任何价值。而另外又有人抱着一种崇古的态度，对记纪的记载充满了崇敬，认为其中不存在任何虚假、荒唐的成分。他还举出了两种失败的研究，如完全将记纪文字当作历史事实，进行逐字逐句考证的本居宣长，以及硬是要将不合理

---

　　① 朱凤瀚：《论中国考古学与历史学的关系》，载《历史研究》2003 年第 1 期，第 19 页。

的传说故事进行合理的解释，甚至不惜牵强附会的新井白石。[①]
而津田左右吉则从人类学的角度提出，日本历史上有关高天原
的神话世界和邪马台定都的传说"并不是实际上的事实，而是
思想上或心理上的事实"，它们反映的是这些观念形成时代的
人的想法。他强调，认识到这一点，人们就不会以为高天原是
海外的某个地方了。[②]同样地，美国科学家斯托塞斯（Richard
B. Stothers）对广泛流传于中世纪的"巨龙"的传说也进行了
类似的研究，认为它们是由生活在古典时代的真实动物——蟒
蛇和鲸鱼——与原始时代的神话相结合而产生的形象。他尤其
发现，公元前327—325年亚历山大大帝远征印度和公元前256
年罗马军队在北非巴格拉达斯流域遭遇巨型爬行动物的事件对
"巨蟒"传说的形成起了重要的作用。动物学方面的证据既证明
了"龙"的传说并非完全属实，又揭示了传说产生的集体心理
过程。[③]

　　根据以上的分析，为了形象地揭示神话、传说与历史的关
系，我们可以做出如下的关系图作为本文对此问题的解释模式，
以供学者们批评：

---

① 　津田左右吉：《古事記及び日本書紀の新研究》，東京：洛阳堂，1919年，第
7—9页。

② 　同上书，第7、14、19页。

③ 　Richard B. Stothers, "Ancient Scientific Basis of the 'Great Serpent' from
Historical Evidence." *Journal of the History of Science in Society*, Jun 2004, Vol. 95 Issue 2,
pp.220-238.

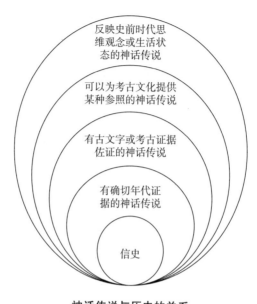

神话传说与历史的关系

从此图可以看出：有些神话传说与历史关系密切，有些则与离开历史较远，但这种关系或多或少地是存在的。首先，在这种关系中，信史位于中心，被不同层次的神话传说所包围。这表明，我们是从历史学角度考察神话传说与历史的关系，信史是我们考察的出发点和目的所在。同时也表明，我们主张任何神话传说都包含着历史的内核。其次，以信史为中心，离真实历史的范畴越近的神话传说，其信实性也就越高。反之，离真实历史的范畴越远，神话传说的在历史考证上的可信度也就越低。这表明，我们认为信实性是衡量神话传说与历史关系的准绳。第三，从外向内，神话传说与历史构成了一种包含的关系。这就是说，我们认为大部分神话传说都或多或少地包含着历史的真实。随着研究方法的多元化、研究水平的提高，越来越多的证据会不断被发现，位于外圈的神话传说有可能向内圈移动，一步一步接近历史的真实面目。这正是作者对文章开头提出的问题的回答。

回答了神话传说与历史的关系，我们就能利用这种关系来推动历史研究。从方法论的角度看，我们主张神话传说与历史的关系表现出多样性、层次性，而不是本文开篇提到的三类绝对、片面的关系。正因为此，必须借鉴各种学科的方法，从各种层面对神话传说进行研究。而从历史观的角度看，面对丰富的神话传说，以往仅依赖于文字记载、强调书面材料考证的历史观就显得过于狭隘了。如果把通过仪式、习俗、口耳相传和形成文字的神话故事都纳入历史研究的范围，我们的历史观将得到极大的扩展。

具体说来，神话传说与历史表现出不同层次的关系，这决定了我们虽然承认神话传说中包含着历史真实，但却不能用一般史料的标准去衡量这种信实性。如果我们完全以一般史料的标准去衡量神话传说，则会出现以下两种极端的情形：一是认为神话传说与一般的历史记载并无二致，对其中不近情理的部分，则勉强进行合理化的解释，或试图用考古资料进行证明。这方面的教训可以圣经考古学为代表。两次大战期间，英国考古学家奥尔布赖特（W. F. Albright）等人逐步建立了圣经考古学，对从印度到西班牙、从俄罗斯南部到南阿拉伯的广大"圣经"地区进行考古挖掘。然而几十年的研究表明，在《旧约》中有关公元前900年以前的记载和当代的考古发现之间建立恰当的联系是十分困难的。著名的圣经考古学家凯尼恩（Kathleen M. Kenyon）因此指出："依据在易卜拉（Ebla）、马里（Mari）和努济（Nuzi）等地发掘的间接文献而把'族长时代'定位在青铜时代的某个时期，这是一种过于乐观的想法。旧约文本的特性决定了我们不可能对它作如此简单的历史分析。"① 第二种极端情形是，认为神话传说完全是虚构、捏造的，连其中包含的历史因素也一并抛弃，从而认为神话传说完全无助于历史研究。古史辨派的失误就在于此，下文将详细讨论。

必须注意到，神话传说的"亦真亦假"，或者说，它们在信实性上表现出的复杂情况，在很大程度上是由于"神话的历史化"过程造成的。人类学研究揭示，目前我们所讨论的神话传说，大都已经被文字记载下来，只有极少数依然以口头形式传播，而它们从口耳相传的形式转变成文字的形式流传，中间出现了一个关键的转变，这种转变在人类学上被称之为"神话的历史化"。虽然许多学者都注意到神话的历史化过程，但却各自从不同的角度做出了解释。例如，缪勒就认为，神话的历史化是由于神话时代的人们还"缺少更抽象的动词"，只能将许多关于神的业绩都归于那些"或许曾经有过"的神圣英雄。与此同时，许多与当地有关的历史事实也借助神圣英雄的神话组织起来。② 希腊的赫拉克勒斯神话、印度《往事书》中

---

① Kathleen M. Kenyon, *The Bible and Recent Archaeology*, John Knox Press, 1987, pp. 24-25.

② 〔英〕麦克斯·缪勒:《比较神话学》，金泽译，上海译文出版社1989年版，第114—115页。

布鲁伐斯和乌伐斯的爱情故事，以及从《埃达》演变成 12 世纪末德语传奇《尼伯龙根之歌》，都是这样产生的神话。由于强调神话历史化的过程是词语结合"偶然情形和历史事件"而形成的情节，缪勒反对用历史的方法研究神话，认为这样只能无功而返。在他看来，唯一有效的研究方式是对神话进行语言分析。[①] 法国神话学家韦尔南则把神话历史化解释成城邦文明追溯自身来源的需要。他指出，约公元前 6 世纪左右，希腊人不再仅仅满足于传述、发挥和改动传统的神话如荷马史诗等，而是开始用理性来检验这些神话。到了公元前 5 世纪左右，一些作家又开始对某个城市或部落的口头传说进行收集和清理，并以文字的形式确定一个城市或民族的历史——从最遥远的起源开始，历经诸神混同于人类、直接介入人间事务、建立城邦的年代，直到引出一连串最初的执政王朝。这类神话兼历史的著述有《伪阿波罗尼俄斯书目》，亚冉的《寓言》《天文学》，狄奥多罗斯的《历史全书》，安东尼奥·里波拉利的《变形集成》《梵蒂冈神话集成》等。这就是希腊罗马神话被历史化的过程。[②] 然而神话传说被最为彻底地历史化的情况却是发生在中国。正如中国较早研究神话的学者茅盾指出，现存的中国神话只是原始人神话全体中的一小部分。中国北部的神话，大概

---

① "用历史的实人实事来解释，决不会形成神话学的分析；然而只要我们知道应怎样考察它（指神话——引者注），就能得到真正神话学的回答。这是一种语法；通过它，可以把古代方言转化为一种雅利安各语支的共同母语。"〔英〕麦克斯·缪勒：《比较神话学》，第 114—115 页。

② 〔法〕让-皮埃尔·韦尔南著：《古希腊的神话与宗教》，杜小真译，生活·读书·新知三联书店 2001 年版，第 16—18 页。

在商周之交就已经历史化得很完备，神话的色彩大半褪落，只剩了《生民》《玄鸟》等"感生"故事和有关穆王西征的《穆天子传》。自武王以至平王东迁、春秋战国，社会生活已经离神话时代太远了。只有如女娲氏及蚩尤这类的神话片断，还通过民间传说和古史的形式被文人采录。而南方以历史形式保存下来的神话只有盘古氏的故事。几千年来，黄帝、神农、尧、舜、禹、羿等人，早已成为真正的历史人物。[①] 由于神话的历史化，我们今天看到的神话传说大都是以文字形式保留下来的，某种程度上是口耳相传的那些神话传说的遗迹。也正因为如此，形成文字的神话传说在存在形式上很难与狭义的历史纪录区别开来。

　　然而，神话时代与历史时代毕竟是有区别的。我们认为，"神话时代"指的是当时还没有历史记载，只依靠后人口耳相传才为人们所了解的时代，正好与"有史以来"的年代即"历史时代"相对。缪勒从语言产生的历史过程出发，将人类历史划分成了四个阶段：即"词的形成时期""方言期""神话时代"或"产生神话的时代"和"民族语言期"。他认为，"神话时代"这样一个"人类思维的早期阶段"是真实存在的。[②] 徐旭生则用可靠性来区分传说时代和历史时代。用他的话说，"一件史实一经用文字记录下来，可以说已经固定化，此后受时间的变化就比口耳相传的史实小得多"。"所以任何民族历史开始的时候

---

① 茅盾：《中国神话研究初探》，第 8 页。
② 〔英〕麦克斯·缪勒：《比较神话学》，第 23 页。

全是渺茫的，多矛盾的。这是各民族共同的和无可奈何的事情。可是，……无论如何，很古时代的传说总有它历史方面的质素、核心，并不是向壁虚造的。"[1] 朱凤瀚先生则就此问题提出了更为系统的见解。他转引吴晓筠在《中国的"原史时代"》一文中的研究，主张作"原史时代"和"狭义历史时代"的划分。"原史"（protohistory）一词在西方虽然有许多说法，但朱先生认为法国《史前大辞典》一书定义的"原史"概念较为恰当：即"原史时代"往往自身尚未有文字，但却为同时代的其他人群记述，或通过后世口头传说记忆或记载保存下来其历史。[2]

神话时代与历史时代的区别不仅具有历史理论的意义，而且能被具体的历史研究所证实。换句话说，我们能够大致确定世界各文明开端时的"神话时代"。以《圣经》的记载为例，凯尼恩就曾指出，《圣经》中从"创世纪"到"族长时代"的记载混杂着神话与英雄传说。有关大卫和所罗门的事迹除了《旧约》以外便没有旁证。而即使是《旧约》中的零星片段，也只是简单的王室编年，大部分学者都认为其核心部分并不具备历史真实性。直到约公元前 920 年所罗门去世、以色列国和犹太国南北分治开始，《旧约》提供的相对年表才被普遍认为具有了可信性。按照凯尼恩的观点，自此开始，犹太人和以色列人历代统治者的在位年代才相对比较明确，其误差不会大于 10 年。对于

---

① 徐旭生：《中国古史的传说时代》，第 20 页。

② 吴晓筠：《中国的"原史时代"》，载北京大学古代文明研究中心编：《古代文明研究》，总第 12 期，2002 年。朱凤瀚：《论中国考古学与历史学的关系》，载《历史研究》2003 年第 1 期，第 16 页。

此后的年代，《圣经》虽然仍是唯一的书面材料，而且很多记载还有矛盾之处，但历史学家普遍认为它们是以耶路撒冷王室的"御史"（court history）为基础，因而是可信的。[①]同样地，日本上古史专家津田左右吉在仔细研究了《古事记》和《日本书纪》这两部日本最早的史书以后指出：《日本书纪》明确地将神武天皇以前的时代冠以"神代"的标题；而《古事记》中虽然没有这样的标题，却在"神武天皇"卷的开头特别说明"新的时代开始"，在此之前记载的都是神话或有关历史人物的传说。因此之故，津田左右吉将日本神武天皇之前的历史概括为"神代史"。[②]至于中国的情况，徐旭生先生认为："盘庚以前的时代叫做传说时代，以后的时代叫做历史时代。"[③]朱凤瀚先生也认为，典籍中记载的夏代是"原史时代"的下端。因为迄今为止，我们还不能确切证明夏代已有了真正的文字；但现存的西周以后的历史典籍中，却存在着描述这一阶段历史的文献资料，如《尚书》中的《周书》与《史记》的《五帝本纪》《夏本纪》等。[④]可以说，《旧约》中的罗门王时期、日本古史上的神武天皇时代以及中国古代的盘庚时期，均可以被看作"神话时代"与"历史时代"的分水岭。由此可见，神话时代的时空维度远

---

① Kathleen M. Kenyon, *The Bible and Recent Archaeology*, John Knox Press, 1987, p. 87-88.

② 津田左右吉：《神代的研究》，第 5 页。

③ 徐旭生：《中国古史的传说时代》，第 22 页。

④ 朱凤瀚：《论中国考古学与历史学的关系》，载《历史研究》2003 年第 1 期，第 16 页。

远超过了历史时代的时空维度。①

　　神话时代的时空维度远远超过了历史时代的时空维度，而神话时代又缺乏直接的文字证据，仅有的文字材料也是历史时代的人们对口耳相传的情节的回忆而成，我们在对待这些材料时，就应采取不同于历史时代的记载的态度。在这个理论框架中认识古史辨派以及其他古史研究中的实证派，我们就能将他们的失误看得比较清楚。张荫麟先生早就指出，顾颉刚在古史研究中采用的论证方法几乎全都是"默证"，这就隐含着全盘否定的倾向。所谓"默证"，就是由于某书或流传至今的某时代的书没有记载某事，就断定这一时代没有这一概念。②张荫麟先生曾引用当时著名的西方历史学家色诺波的观点来说明，默证法具有一定的适用限度：一是没有提到某事的史书，其作者的立意是将这类事件作系统论述，并对所有此类事件都知晓的；二是某事对作者的想象力影响很大，一定会存在于作者观念中的。然而在顾颉刚的研究中，却完全不注意这些限度。张荫麟举了顾氏的一个例子说明，由于《诗经》《尚书》中都有禹，却没有尧、舜，所以禹的传说早于尧舜的传说。张认为这种推论就超出了默证适用的限度。因为《诗经》《尚书》都不是当时历史观念的总记录，并不是系统论述唐虞的历史，即使没有出现尧舜

---

　　①　在分析巴斯科姆的"神话"定义时，我们已经得出结论：神话传说与历史似乎没有根本的区别，即它们讲述的都是"'真地'发生在特定时间和空间中的人类活动"。（参见前文）然而现在，我们又进一步得出结论："神话发生时代的时空维度远远超过了历史发生时代的时空维度。"

　　②　顾颉刚编：《古史辨》（第二册），第199页。

的事迹也不奇怪。[①]2003 年，张京华先生在检讨古史辨派的研究方法时指出：在对待古史真伪的问题上，古史辨派的失误在于过多地使用"假定有罪"原则，而不是"假定无罪"原则。这实际上与张荫麟是一个意思。[②]用我们的话来说，默证法不能适用于神话时代这样一个时空维度极广的时代，严格的历史事实标准也不适于衡量神话、传说等神话时代的史料。

相反，我们应该从历史学、社会学、宗教人类学、心理学、考古学甚至自然科学的角度出发，利用神话传说这种特殊的史料加深对神话时代（也即史前时代）的认识。神话传说之所以被视为"特殊的史料"，是因为它们最初都是被口耳相传，然后才形成文字的。换句话说，很大程度上它们可以被看作古代的"口述史料"。而从历史学的角度看来，"口述史料"在未作考辨之前，从根本上说是不可靠的。中西方"史学之父"都很注重对这种材料的考辨。如前所述，对于当时的神话传说，司马迁并没有完全作为荒诞不经的虚构情节而否定掉，而是针对它们进行了实地的访问考察。无独有偶，希罗多德也进行过类似的"口述史"调查，调查范围十分广泛，包括人类学、人种学、地质学、宗教、社会学和动物学等。[③]然而近代以来，借助口头材料的传统却在逐渐消失。实证的史学观一般只注重文字材料的

---

① 张荫麟：《评近人对于中国古史之讨论》，载顾颉刚编：《古史辨》（第二册），第 200 页。

② 张京华：《古史辨派的学术成果：若干问题的分析和总结》，载吴少珉，赵金昭主编：《二十世纪疑古思潮》，学苑出版社 2003 年版，第 200—201 页。

③ Mabel L. Lang, "Herodotus: Oral History with A Difference," *Proceedings of the American Philosophical Society*, p. 93.

考证。例如近代史学之父兰克就认为，历史学的任务只是说明
"什么确确实实地发生了"。而为了完成这样的任务，资料的来
源是"回忆录、日记、信函、外交报告、见证者的叙述。他种
材料只在下属情况下方可引用：它们是可以从上述材料直接推
衍出的，或是材料具有某种第一手的性质。这些材料必须页页
核定过"。① 然而徐旭生先生早就指出，有关传说时代的记载可
能确实不像第一手材料那样具有原始性——"然而缺乏第一手
材料，正是传说时代的特点，如果有第一手材料，那么这个时
代就进入狭义历史时代了。尽管如此，第二手的资料自然比不
上原始的、但是总比第三手的不还要好一点？第三手的资料不
能比第二手的，但是仍比第四手以后好。依此类推"。② 我们在
分析过程中所列举的例子也已表明，运用考古学、人类学、古
文字学、生物学、天文学等多种方法，我们完全有可能对神话
传说进行有助于增进历史认识的研究。

　　这样看来，我们从历史研究的角度出发研究神话传说与历
史的关系，结果却得到了不完全限于传统历史学的结论。我们
发现，如果以为只有能够找到确切的年代或历史事实的记载才
算历史，那么，我们只能把历史观局限在信史，这就大大缩小
了历史的范围。相反，如果我们承认神话传说或多或少包含着
历史的真实，那么我们的历史观就极大地得到了修正和扩展。
可见，上古史研究不能采用传统单一的、简单的、绝对的历史

---

　　① 兰克：《1494—1514 年的拉丁和日耳曼民族史·前言》，载何兆武主编：《历
史理论与史学理论》，商务印书馆 1999 年版，第 223 页。

　　② 徐旭生：《中国古史的传说时代》，第 31 页。

观，而应该多角度、多层次、辩证地看待神话传说与历史的关系。我们的结论是，为了推进神话传说与历史的关系的研究，有必要对我们以信史为核心的历史观做些修正或扩展，并如实地把神话传说视作某种"原始文化"，非如此我们便不能找到由神话、传说到历史的通道。

（原载《史学理论研究》2007 年第 4 期，刊载时有所改动或删减）

考据是必要的

一个时期以来，围绕着考据学的问题，史学界发生了不少争论，同时旁及对乾嘉学派的评价，以及今后史学发展方向问题。一些人提出了"回到乾嘉时代去"的口号，另一些人则担心史学家会重新钻进"象牙塔"，我则有些不以为然。考据学派本是特殊历史条件下的产物，中国历史在近两百年内发生了翻天覆地的变化，在商品大潮汹涌澎湃的今日中国，史学家会真的钻进所谓"象牙塔"，回到"乾嘉时代"去吗？我有些不信。我倒想到一个问题，从中国史学的现状看，从培养一代史学新人的角度看，是否应对"考据学"作必要的评价，并使之成为新史学的重要因素呢？因为我认为，考据是必要的，或者说是非常必要的，甚至可以说是非常非常必要的。中国史学的发展，经历过教条主义和"以论带史"的危害，现在刚刚得到一些恢复，不能说上述错误的影响已完全消除了，如何进一步恢复和发扬中国传统史学的优势，使我国的史学研究重获生机、更上层楼，仍然任重而道远。我想，这其中就包括如何批判吸收"考据学"这个传统史学方法问题，不能把它抛弃了。事实上，考据学派的形成，虽然有特殊的背景和条件，但也有历史学本身发展的内在原因。考据要不要？它看似一个具体问题，其实也是一个理论问题，因为它涉及对历史的根本看法，以及历史学的根本任务。众所周知，历史并不等于历史学[①]：历史作为过去发生的事情，它具有毋庸置疑的客观性、真实性、唯一性，存在于历史家的主观意识之外；而历史学，包括史学研究的理论和成果，则属于意识形态的范畴。任何主观活动的结果，譬如历史家的研究所得，就像人们对真理的探索一样，永远都同时具有绝对性和相对性，只能接近真理而不能穷尽真理。因此，为了使我们的研究成为科学，一个历史家的基本任务就是：第一是弄清"历史是什么"，第二是解释其"为什么"。但首先是要弄清它"是什么"，然后才谈得上解释其"为什么"，否则其他的一切的一切都无从谈起。这就决定了考据在历史学和历史研究中的地位和作用。而考据无非是帮助历史家弄清"历史是什么"的一种手段，一种必要和重要的手段，或者说是有效的手段。非如此，便不能接近历史的真实、使主观达于客观，使我们的研究奠定在科学的基础上。这是历史学区别于其他学科的关键所在，也是历史学的难点所在。可见，考据本身并不会"脱离现实"，而是要使研究接近于历史的现实，而这正是历史家作为一个历史家的首要任务。最后，我想说明一点：历史毕竟是历史，它和现实总会有一定距离，但这并不等于说历史学对现实是无能为力的，历史研究越接近于历史的真实，就越具

---

① 在英语中，"历史"和"历史学"两个概念，均用"history"一个词表达，对它们不加区分、是引起争议的原因之一。

有现实的价值和意义，给当代人以启迪和教益，因为它是一位"历史老人"所说的真话，不受现实的情感和好恶所左右。《史学理论研究》编辑部来信，征询关于 21 世纪中国史学理论研究的意见，以上所谈有点像题外话，但从培养史学新人的角度看，尚未离题万里。可以断言：没有新史学与传统史学的融合，就不能重铸中国史学的优势与辉煌！

（原载《史学理论研究》2000 年第 1 期）

自然科学与人文精神

　　文与理，或者说自然科学与社会科学，究竟是什么关系？这一问题早就有了争论。目前重理轻文之风盛行，这个问题就更需要说清了。

　　文理之分，是 16 世纪以后的事情。在 16 世纪之前，文理本是不分家的。在自然科学发源地的古希腊文化中，一切科学最初都包含在"文科"（Liberal arts）概念之中。因为，那时的希腊人非常重视公民教育和素质，把他们所研究的学科，如语法、修辞、逻辑、算术、几何、天文、音乐等，视为一个自由人理应具有的素质和必修课。当时，虽然已有了"科学"思想的萌芽，但它也还包括在"哲学"的范畴之中，并未独立出来。所以在很长一个时期内，科学在西方被称为"自然哲学"。

　　从罗马帝国后期起，在将近一千年的时间里，在对人和宇宙的观察和解释中，一种超自然的学科即宗教神学取代了处于萌芽状态的古希腊的人文精神。大约从十四五世纪起，怀疑乃至反对宗教神学的人们，从对人体的解剖和宇宙的观察所得出的经验和认识中，特别是从古希腊古典文化中找回了失去已久的人文精神，重新思考并肯定了人的能力和价值以及人在自然界中的中心地位，并用以进行文学、艺术、建筑创作，从而迎来了"文艺复兴"的伟大时代。从此，人性、理性和科学取代了禁欲主义、蒙昧主义和神权至上，人类在思想上第一次获得了普遍的解放。这种解放，涉及人与自然关系的各个方面。

以马丁·路德的《九十五条论纲》引发的、1517 开始的宗教改革，不仅把由文艺复兴开始的思想解放运动从文学艺术领域推进到宗教神学，还把这种解放运动的实践由思想领域推进到政治领域。与此同时，由哥白尼在 1543 年出版的《天体运行论》所带动的科学革命也发生了，它直指中世纪宗教神学的核心：上帝创世说和地球中心论；而以牛顿万有引力定律的发现和运动力学三定律的创立而达于顶峰，并宣告了"自然科学"作为一门科学的诞生。

自然科学的兴起促进了社会科学的产生。1859 年，达尔文发表的《物种起源》，使社会科学领域开创了新局面，它把进化思想带进了哲学、艺术、政治、宗教、社会以及其他一切领域，由此产生了社会进化论。紧接着，马克思又在社会进化论的基础上提出了"社会形态"演进论，把整个人类社会的发展归结为"社会形态"的演进，进而把社会形态的演进归结为生产关系特别是生产力发展的性质和水平，从而把人类社会的发展变化看作是一种"自然历史进程"，并第一次赋予关于人类社会的研究以科学的性质。这样，在自然科学诞生近两百年后，社会科学作为一种科学也宣告诞生了。

自然科学和社会科学的形成意味着两门学科的独立，但并不等于说彼此分道扬镳，相反，它们之间的相互影响却是多方面的。文科对理科的影响可以从三个方面来看：从大的时代背景看，文艺复兴之于17世纪的科学革命，理性主义之于18世纪的工业革命，实证主义之于19世纪科学的"黄金时代"，都有明显的内在联系；从个人经历来看，绝大多数的科学家都兼具哲学、宗教、文学、艺术的头脑，并从中不断获得发明和发现的灵感，而不是单纯的所谓"自然科学家"。达·芬奇研究过数学、力学和解剖学，同时又是一位著名的画家。经典力学的创立者牛顿"在他的哲学中确认上帝的庄严，并在他的举止中表现了福音的纯朴"。1750年发明了避雷针的本杰明·富兰克林，原本是新大陆第一位启蒙思想家。1755年提出星云假说的康德首先是一位哲学家，他的四大理性批判著作涉及认识、伦理、美学、历史等广泛的知识领域。从研究方法论上说，一个科学的发明和发现，既需要归纳、演绎、分析、综合等逻辑思维，也需要直觉、联想、灵感等非逻辑思维。开创了20世纪伟大科学革命的爱因斯坦，在他提出著名的相对论的过程中，在很大程度上就受益于声称"物是要素的复合"的马赫对牛顿机械论时空观的怀疑和批判。

　　不过，并不是只有文科会影响理科，理科也日益深刻地影响着文科的发展。如前所说，社会科学的兴起在很大程度上本来就是自然科学的延伸，19世纪后期兰克史学的创立也可以看作是科学实证主义的产物。兰克强调"如实地"研究历史，对"具有某种第一手的性质"的史料要"页页核定"，进而要求"在精确之上求整体理解"，字里行间都充满了"求真"的科学精神。自然科学发展影响人文科学的另一个范例，是20世纪五六十年代计量史学的兴起：一是在历史研究中引入经济理论和数学模式；二是在数据处理中使用现代电子计算机，并在方法论上采用罕见的"间接度量"和"反事实度量"的论证方式，因而无论在理论上还是在方法上均大大突破了传统史学，尤其是叙事史学和定性学派的框架。20 世纪分子生物学对人类起源研究的影响，可以看作是自然科学影响社会的第三大范例，因为在此之前关于人类起源的研究是建立在达尔文生物进化论之上的，强调的是环境对生物体变异的作用，而未能很好地说明遗传和变异的内在机理。但分子生物学却告诉我们，生物遗传的本质是 DNA 遗传物质的作用，而变异的本质则是 DNA 碱基序列的突变，且这种分子突变是随机的。这就对人类起源的研究提出了重大挑战：如何使生物进化论与分子生物学统一起来？

以上所说为文理之相互影响，但形成这种关系的根本原因何在呢？关系植根于人与自然的统一。人类原本就是自然的一部分。考古学告诉我们，自人类诞生以来，已存在了约 250 万年，其中 99.6% 的时间都花在自身的进化上，而进入文明的历史才不过几千年。文化人类学又告诉我们，即使进入文明社会以后，人类仍处于不同的"生物圈"之内，一旦有人忽视这个"生物圈"的作用，他们的生存就依然要受到威胁。因此，无论是自然科学还是社会科学，都是人类探索自然或社会奥秘、寻求自身自由和解放的需要，在这里，目的和手段始终是统一的。

（原载《光明日报》2004 年 3 月 2 日）

世界历史：马克思的概念及思想体系

——兼谈西方全球史学的成就与局限

本人之所以对这一主题产生兴趣不是没有缘由的。

自 20 世纪下半叶以来，西方学者对全球史的研究取得重大进展。一批有关这方面的论著相继问世[①]，并在国际学术界产生了广泛影响。在我国，在打倒"四人帮"之后，随着著名学者吴于廑先生关于世界史是"由分散到整体"的历史的界定出台[②]，世界史中的横向研究也渐成潮流。我个人甚至认为，如果仅仅从横向发展去理解马克思关于"世界历史"的概念，西方的这类新全球史可能堪称目前最好的世界史。但能不能像西方

[①] 在西方全球史相关著述中，最重要的有：L. S. Stavrianos, *A Global History*, New York: Prentice Hall, 1971, 1982; J. Bentley, H. Zigler, *Traditions and Encounters: A Global Perspective on the Past*, New York: McGraw Hill, 2005; Felipe Fernandez-Amesto, *The World: A History*, London: Pearson Education Group, 2003; Candice L. Goucher and Others, *In the Balance: Themes in Global History*, New York: Prentice Hall, 1998. 它们已经或正在译成中文。

[②] William H. McNeill, "The Changing Shape of World History", *History and Theory*, Vol. 34, No.2, May, 1995, p. 18.

全球史学者所主张的那样，把"全球史"提升为一个与"世界史"并列的分支学科，进而完全用"全球史"取代已有的"世界史"，而他们所提出的"互动"概念又是否超越了马克思所使用的"交往"概念，甚至把"与外来者的交往"视作"社会变革的主要推动力"？我以为很难，因为它未能颠覆已有的"世界历史"概念，特别是马克思有关的概念及思想体系。

　　世界历史的概念源远流长，并非起源于卡尔·马克思。希罗多德著《历史》和司马迁著《史记》，均可以视为他们那个时代的"世界史"，但却不是我们所说的世界史，因为它们所考察和描述的世界，还仅限于作者当时生活和活动的区域。一般地说，古代的"世界"概念包括三个层面：区域、领域、视域，"区域"只是客观自然世界的一部分，"领域"便是个人或群体领有或活动的圈子，"视域"则是人们各自"已知的"世界，但不限于其领有或活动的范围，此外还可以用"世界"一词来描述一种生活或精神的"境界"。诚如 G.E.R. 劳埃德所说，"古代世界"可以表述为"ancient worlds"[①]，即古代的"世界"是一个复数概念。至于对世界历史的考察和解释，由于对历史活动的主体即人类本身尚未展开人类学、民族学、社会学、考古学等的研究，还不能给出全面的、系统的和带规律性的说明，"世界历史"从事实到概念都需要有一个过程。中世纪晚期，人文主义史家如比昂多（1388—1463）虽然提出了把世界历史划分为

---

① G.E.R. Lloyd, *Ancient Worlds, Modern Reflections: Philosophical Perspectives on Greek and Chinese Science and Culture*, London: Oxford University Press, 2004.

"古代、中世和近世"三个阶段的概念，但却由于不了解人类发展不可避免地伴随着社会在结构和性质上的演变，而不能对这种阶段划分作出正确的定义和解释，他们相信的更多的是历史的循环论而不是发展观。直到18世纪后期和19世纪前期，随着事物变迁论发展到生物进化论，然后又由生物进化论发展到社会进化论，才又有人在用唯物史观改造社会进化论的基础上，比较正式地提出"世界历史"的概念并给予科学的解释，这个人就是卡尔·马克思，其代表作便是《德意志意识形态》（1845）。

其实，马克思关于"世界历史"的概念和思想，本身也有一个形成的过程。它萌发于1843年所作的《克罗茨纳赫笔记》，发展于1843和1844年之交完成的《〈黑格尔法哲学批判〉导言》，而形成于他和恩格斯合著的《德意志意识形态》，其核心观点或总体看法是："世界历史不是过去一直存在的，作为世界史的历史是结果。"[①]有人认为在《〈黑格尔法哲学批判〉导言》中，马克思已正式提出了他的"世界历史"概念，而实际上在该文中"世界历史"是作为形容词（Weltgeschichtlichen）而不是作为名词使用的[②]，它之作为名词（weltgeschichte）来使用并反复使用应见于《1844年经济学哲学手稿》，特别是1845年的

① 卡尔·马克思，"导言"，《马克思恩格斯全集》第46卷（上），人民出版社1974年版，第48页。

② 《马克思恩格斯全集》第1卷，柏林1957年版，第382页。德文原文是：Die Geschite ist gründlich und macht viele phasen durch, wenn sit eine alte Gestalt zu Grabe trägt, Die letzte phase einer weltgeschichtlichen Gestalt ist ihre Komödie.

《德意志意识形态》①。从文本学考察可知，马克思的"世界历史"概念有三重含义：（1）是指人类历史活动的统一性，（2）是指历史活动范围的全球化，（3）是指历史事件性质的世界性，其中最强调的还是人类活动和历史事件的"世界性"或"世界历史性"。上述总体看法或论断可谓"惊世骇俗"，人类及其生活的世界自古就是客观存在了，为什么说世界的历史却"不是过去一直存在的"呢？马克思的"世界历史"概念，显然既不是单讲作为自然界的"世界"的变迁史，也不是单讲人类自身的发展和演变史，而是既包含上述两个方面又突出了二者通过以"生产活动"为基础产生的联系和互动，用马克思的话来说，即是："整个所谓世界历史不外是人通过人的劳动而诞生的过程。"②推动马克思提出"世界历史"概念及思想体系的直接动力，是来自当时正在英伦海峡两岸如火如荼展开的大工业运动：一方面，在这个运动中涌现出的以蒸汽机为原动力的火车和汽船引发了人类史上真正的交通运输革命，使资本主义诞生之初就着手创建"世界市场"（Weltmarkt）③的事业基本完成，极大地拓展了西欧资产者和社会大众的视野；另一方面，大工业在保障资本主义制度赖以确立的同时，也空前地暴露了资本主义社会内部的深刻矛盾，使马克思有机会认真地思考和探索资本主义在世界史上的历史地位，以及整个人类社会发展的客观规律和未来远景。因此，马克思"世界历史"概念的创立，既可以看作

①　《马克思恩格斯全集》第 3 卷，柏林 1958 年版，第 45 页。

②　卡尔·马克思：《1844 年经济学哲学手稿》，人民出版社 2000 年版，第 3 页。

③　《马克思恩格斯全集》第 3 卷，柏林 1958 年版，第 36 页。

上述两方面发展在历史观上的反映，也同时为就两方面的发展进行研究提供了思考和理论的框架。

当然，除了工业革命和大工业的发展而外，之前众多的思想家都为马克思"世界历史"概念及其思想体系的创立提供过思想的资料，因为在马克思之前还有18世纪法国的启蒙运动，再往前还有17世纪英国的科学革命，再往前还有意大利的文艺复兴，可以一直追溯到古希腊罗马的古典哲学，不管这种思想资料的影响是直接的还是间接的、正面的还是反面的、大的还是小的。具体而言，其中最重要的思想资料可包括以下几种：（1）是西方古代的"地圆说"，这种学说在古希腊柏拉图和亚里斯多德的著作中都可找到，但比较确定的概念见于公元2世纪托勒密的《地理学导言》，可惜它1475年才正式出版；（2）是基督教的"普世主义"，这种主义认为上帝是全人类的天父，其救赎是普及全人类的，世界应以"自由、和平、公义"为基础组成为一个"大社会"，它在18世纪发展成为一个教派，在19世纪演变成为一种运动；（3）是19世纪上半叶形成的"社会进化论"，它以拉马克和达尔文的生物进化论为基础，以摩尔根（1818—1881）所著《易洛魁联盟》《人类家庭的血亲和姻亲制度》和《古代社会》为代表作，阐述了人类社会的发展本是进化的产物这样一种观点。

尽管如此，马克思关于"世界历史"的概念和思想，仍然是我们从事世界史研究和讨论的基本的和重要的出发点，因为其概念和思想不仅是体系性的，而且在学术上是原创性的。以本人的理解，从纯历史学的角度看，马克思关于"世界历史"

的概念及思想体系包括了两个要点或思路：一个是各民族“普遍联系”论，此论认为作为历史的“世界历史”是在人们的“交往”中，以往原始的闭关自守的各民族最终达至“普遍联系”而形成的，这一理论的关键词“交往”承载了马克思关于“世界历史”此一要点或思路社会学和行为学解释的核心功能，它应是有关研究和叙述的其他一切概念的基础而不能被取代，因为“交往”是“互动”的前提。以下论述集中体现了马克思的这一要点或思路：在人类史上，交往总是伴随着生产的发展而发展的，“各个相互影响的活动范围在这个发展进程中愈来愈扩大，各民族的原始闭关自守状态则由于日益完善的生产方式、交往以及因此自发地发展起来的各民族之间的分工而消灭得愈来愈彻底，历史也就在愈来愈大的程度上成为世界历史，例如，如果在英国发明了一种机器，它夺走了印度和中国的无数的工人的饭碗，并引起这些国家的整个生存形式的改变，那末，这个发明便成了一个世界历史性的事实”①；另一个是“社会形态”演进论，此论认为人类历史发展的不同时代的划分和更替是通过“社会形态”的演进来实现的，在“社会形态”及其演进概念中融入了此前任何人也未表达过的系统的唯物论和辩证法思想，旨在从哲学上揭示人类社会发展的内在机理但不是指具体史实，因为历史的细节是千差万别的。以下著名论断集中体现了马克思的这一要点或思路：“无论哪一个社会形态，在它们所

① 〔德〕卡尔·马克思，弗·恩格斯：《费尔巴哈：唯物主义观点和唯心主义观点的对立》，《德意志意识形态》第一卷第一章，《马克思恩格斯选集》第1卷，人民出版社1972年版，第51页。

能容纳的全部生产力发挥出来以前，是决不会灭亡的；而新的更高的生产关系，在它存在的物质条件在旧社会的胎胞里成熟以前，是决不会出现的。所以人类始终只提出自己解决的任务，因为只要仔细考察就可以发现，任务本身，只有在解决它的物质条件已经存在或至少是在形成过程中的时候，才会产生。大体说来，亚细亚的、古代的、封建的和现代资产阶级的生产方式可以看作是社会经济形态演进的几个时代。"① 这两个要点或思路，在《德意志意识形态》中都可以找到根据，但只有前者在《德意志意识形态》中已获得完整的表述，而后者则要到 1859 年的《〈政治经济学批判〉序言》才获得完整的表述。这两个要点或思路，既考虑到了"世界历史"的横向发展问题也考虑到了"世界历史"的纵向发展问题，均是马克思"世界历史"概念及思想体系的有机组成部分，只不过前者着重解决的是世界历史的结构问题，而后者着重解决的是世界历史的动力问题，是不能把二者截然分开的。不幸的是，自吴于廑先生把世界历史界定为"由分散到整体"的历史以来，人们似乎完全忘记了后一点，而仅仅记住了前一点，这是一种误解。因为"由分散到整体"本来主要强调的是横向联系及其结果，而许多人甚至包括吴先生本人却把它当成了对世界历史"全部历程"的概括②。不

---

① 〔德〕卡尔·马克思：《〈政治经济学批判〉序言》，《马克思恩格斯选集》第 2 卷，人民出版社 1972 年版，第 82—83 页。

② 吴于廑先生认为，世界历史的研究任务，就是"以世界为一全局，考察它怎样由相互闭塞发展的密切联系，由分散演变为整体的全部历程，这个全部历程就是世界历史"。见《中国大百科全书·外国历史》，中国大百科全书出版社 1990 年版，第 15 页。

过，上述关于马克思"世界历史"概念及思想体系所作的概括，尚有两点需要交待：

其一，在《德意志意识形态》中，"交往"和"普遍交往"的使用比"联系"和"普遍联系"还多，为什么对马克思关于"世界历史"概念及思想体系第一个要点或思路的表述采用"普遍联系"而不采用"普遍交往"，对此我愿作如下说明：（1）在德语中，"Verkehr"（交往）一词本包含着"联系"的含义，①因此"universeller Verkehr"（普遍交往）一语在某种意义上亦可译为"普遍联系"，二者并不完全相悖。（2）在《德意志意识形态》中，"交往"和"普遍交往"的使用情况，确实比"联系"和"普遍联系"的使用要多，这是一个不容否认的客观事实。（3）但在马克思当时的思想中，与"交往"有关的几个复合词，如"交往形式"（Verkehrsform）、"交往方式"（Verkehrsweise）、"交往关系"（Verkehrsverhältenisse），是正在形成中的"生产关系"的同义语，因此"交往"常常特指"生产方式"②，此点读者当多加留意。（4）"交往"一语之所以成为马克思"世界历史"这一要点或思路的关键词，是因为他认为无论是民族内部的还是民族之间的交往都是以"生产"和"生产力"的发展为基础的，因此民族之间交往的扩大也意味着生产关系和生产方式的扩大，这在马克思看来是一种必然的和自

---

① 上海译文出版社出版的《新德汉词典》的"verkhr"词条给出了5个释义，其中第3个释义就是"联系"，指"人与人之间"的交往。见潘再平主编：《新德汉词典》，上海译文出版社2000年版，第1263页。

② 参阅《马克思恩格斯选集》第1卷，第580页注8。

然的事情。（5）但如果仔细阅读《德意志意识形态》就可发现，在马克思关于"世界历史"这一要点或思路中，确有一个比"交往"更宽泛或更包容的概念即"联系"（德语为"Band"）①的概念，因为马克思说在由文明创造的所有制形式下"联系仅限于交换"，②可见一般地说马克思认为"联系"本不应限于"交换""交往"，因为"Verkehr"只有少部分意义可释为"联系"，而"联系"是源于"纽带"（Band）一词的基本的和主要的含义。（6）马克思关于"历史关系"的说明，可以作为上述理解的一个佐证，因为在《德意志意识形态》中他在谈及"历史关系"的内涵时，认为构成"历史关系"的因素不仅包括物质资料的生产、生产工具的生产、家庭和人的再生产，还包括了交往迫切需要的"语言和意识"的生产，而不仅仅是物质资料的生产③。（7）其实，在马克思的有关论述中，"交往"并不完全等于"生产方式"，否则他就不会时不时地将"交往"与"生产方式"或"生产力"并提，因为单独使用时的"交往"一词和复合词"交往形式""交往方式""交往关系"相比，其涵盖面要宽泛得多，而《马恩全集》俄文版编者在一个注中也说："在《德意志意识形态》中，Verkehr（交往）这个术语的含义很广。它包括个人、社会团体、许多国家的物质交往和精神交

---

① 《马克思恩格斯全集》第3卷，柏林1958年版，第65页。

② 同上书，第65页。德文原文为：Der erste Fall setzt voraus, daB die Individuen durch irgendein Band, sei es Familie, Stamm, der Boden selbst pp. zusammengehören, der zweite Fall, daB sie unabhängig uoneinander sind und nur durch den Austausch zusammengehalten warden.

③ 参阅《马克思恩格斯选集》第1卷，第31—34页。

往。"① 正因为如此，笔者在概括马克思关于"世界历史"概念及思想体系的第一个要点和思路即世界历史的横向发展问题时选择了"普遍联系"的概念，但"交往"始终还是这一要点或思路的关键词，并体现着这种横向发展的核心功能。

　　其二，在表述马克思关于人类历史纵向发展，即他关于"世界历史"概念及思想体系的第二个要点或思路时，我们为什么要采用"社会形态"演进的概念而不采用"五种生产方式"更替的提法，要知道"五种生产方式"的提法似乎在舆论界更为流行？诚如许多研究者所公正地指出的，"五种生产方式"这一术语所指的内容，即原始公社制的、奴隶占有制的、封建制的、资本主义的和社会主义的生产方式，其实在马克思所写的《〈政治经济学批判〉序言》中都可以找到。但"五种生产方式"的提法是首次见于斯大林1938年所写的《论辩证唯物主义和历史唯物主义》一文，只不过该文原话说的是"历史上有五种基本类型的生产关系"②。有趣的是，尽管有那么多的学者先后对斯大林的提法提出质疑，却很少见到有关这一提法的具体的和令人信服的分析，从而使争议长期停留于政治层面而不能深入到学术领域，因为那些质疑所针对的主要对象其实只是社会主义。为了弄清这些争议的问题所在，我们不妨将斯大林的提法与马克思在《〈政治经济学批判〉序言》（1859）中的以下经典表述做一对比："大体说来，亚细亚的、古代的、封建的和现代资产

---

① 《马克思恩格斯选集》第1卷，第580页注8。
② 〔苏〕斯大林:《列宁主义问题》，人民出版社1964年版，第649页。

阶级的生产方式可以看作是社会经济形态演进的几个时代。"两相比较，在斯大林和马克思之间究竟有何不同呢？第一，马克思所讲的是社会经济形态的"演进"，"演进"（progressive）一语点明了该论断的主旨或灵魂所在，而斯大林的论断和表述中则似乎不存在"演进"的意思，一个"有"字突出地反映了这种思想上的差异，说明他强调的只是客观事实及其存在。第二，马克思强调的主体是"社会经济形态"而不是"生产方式"，只是把"生产方式"视作与之对应的那种"社会经济形态"的标志，即该社会经济形态中占主要地位并具有决定作用的生产方式，[①] 而斯大林在其论断中强调的主体则是"生产方式"（甚至只是"生产关系"）而不是"社会经济形态"，"基本类型"一语表明他所讲的是那几种生产方式在整个人类史上无数生产方式中的地位，而不是就它们各自在其所在社会经济形态中的地位而言的。第三，在马克思的表述中，虽然斯大林所讲的那些生产方式他都提到了，但马克思只把它们称为"几个"即使用了复数概念，而斯大林却明确地把它们变成了"五种基本类型"，从而变成了一种固定数字。第四，在马克思的表述中，先后使用了"大体说来"和"可以"两个或然语，说明马克思认为自己的论断包含着某种猜测性，而斯大林却用一个固定数字把它变成了一个带有某种被视为"僵化色彩"的公式。这其中的差异不言而喻，也就是我在概括马克思关于"世界历史"概念及思想体系第二个要点或思路时，为什么要采用"社会形态"演进

---

① 参阅何顺果：《生产方式≠社会形态》，《世界历史》1998年第3期。

论而不采用"五种生产方式"提法的理由。但须再次提请读者注意，马克思的"社会形态"演进论，本已包含了"五种生产方式"的基本内容。

当然，上面所做"交待"，并不是为交待而交待，而是想通过这种"交待"达到两个目标：一方面，是通过这种"交待"具体地说明本人对马克思关于"世界历史"概念及思想体系的两个要点或思路的把握和理解；另一方面，是要通过这种"交待"进一步揭示马克思两个要点或思路的具体内容和要旨。它使我们清晰地懂得了，如果说"世界历史性"是马克思"普遍联系"论的核心观念的话，那么"演进"即对人类历史发展中社会性质先进与否的判断，便是马克思"社会形态"演进论的灵魂，这是我们在探讨马克思关于"世界历史"的概念及思想体系时必须牢记的。然而，事情并没有到此为止，如果我们承认各民族"普遍联系"论和"社会形态"演进论均是马克思"世界历史"概念及思想体系的有机组成部分，那么我们就不可避免地会遇到由此产生的一系列难题或问题：（1）如果说各民族"普遍联系"论和"社会形态"演进论均是马克思"世界历史"概念及思想体系的有机组成部分，那么二者在思路方向上和发展方向上的差异或矛盾是怎样获得统一的？（2）在历史实践中，世界历史的横向发展和纵向发展均有自己固有的规律或逻辑，但都要受制于或离不开人类社会历史发展总的规律或逻辑，这两个不同方向发展的内在交集点在哪里？（3）从历史学的角度看，世界历史中的横向发展和纵向发展总是平衡的吗？如果这两个不同方向上的发展并非总是平衡的或从来就未平衡过，那么两者相较哪一个在人类社会的发展中或对人类社会本身而言显得更为重要？（4）就事实而言，人类各民族之间的"普遍联系"主要是由资本主义启动的，而且资本主义在范围上和规模上均获得了自本身产生以来空前的发展，那么封建社会及一切前资本主义社会与资本主义社会相比，其普遍性是否就一定不如资本主义？（5）此外，社会主义自始就有其强大的对立面，20世纪90年代发生的"东欧剧变"又使社会主义遭受重大挫折，如今人们对"五种生产方式"的提法争议很大，那么"社会形态"演进论本身是否就会因此而遭到怀疑甚至被否定呢？这些都是重大的理论和实践问题，它们的提出虽然都源于马克思关于"世界历史"的概念及思想体系，但问题的讨论和解决可能会大大超出该概念及思想体系的范围，但迄今为止这些问题均未引起足够的重视和研究，有的问题此前在国内及国外学术界尚未被提出过，而若忽视这些问题的探讨、研究和解决，那么整个世界历史的教学、研究和编撰，肯定是难以做好的。这里只能谈一些个人的初浅看法。

先来说第一个问题。各民族"普遍联系"论和"社会形态"演进论，均有关"世界历史"的形成和发展问题，且都是由马克思本人首次提出的，当然应是其"世界历史"概念及思想体系的有机组成部分，这可以说是不言而喻的。那么这个体系内部是否存在着"矛盾"呢？从哲学上讲，"差异"就是矛盾，该体系的第一个要点着重讲"世界历史"的结构问题即各民族之间的横向联系和发展，并建立和拥有一套自己独特的话语系统："联系"、"交往"、"相互影响"和"交通革命"及"世界历史性"、"世界性"等；该体系的第二个要点着重讲"世界历史"
的动力问题即人类整个社会的纵向演进和发展，亦建立和拥有
一套自己独特的话语系统："生产力"和"生产关系"、"经济基
础"和"上层基础"及"社会变革"、"演进"等，在思考方向
上和内容上明显不同，这不就是"矛盾"吗？在某种意义上可
以说，正如一位著名学者所指出的，这种横向发展和纵向发展
的矛盾，也就是"结构主义"和"历史主义"的矛盾。如果我
们承认横向发展着重解决的是"世界历史"的结构问题，那么
有关马克思"世界历史"概念和思想体系第一个要点或思路的
讨论最终就可能不能不涉及"结构主义"问题，而我们知道结
构主义乃是结构多样性分析方法中的革命，认为"多样性中每
个因素的本质（功能）都由其内在化的结构决定"，但"结构
永远也不能完全实现，因为它总是在历时性地增长变化（经历
时间），获得或失去某些因素"，而"结构上的共时性，或者因
素（在时间内）运作、共存以及通过反复多变和有系统的联系
互相生成意义的方式，是理想的，在时空上无法定位"①；同理，
如果我们承认纵向发展着重解决的是"世界历史"的动力问题，
那么有关马克思"世界历史"概念及思想体系第二个要点或思
路的讨论最终就可能不能不涉及"历史主义"问题，而我们知
道，"历史主义的基本原则"认为，"我们关于事物（文化、文
本、客体、事件）的知识，完全或部分取决于其历时性（即它
们在其赖以产生的原始历史语境中，及其后来的发展中的地位

---

① 〔美〕维克多·泰勒、查尔斯·温奎斯特编：《后现代主义百科全书》，第465页。

和功能）的观态"，因为经典的历史主义即"兰克历史主义的理想预设了一种信仰：我们完全拥有获得一去不复返的历史现实客观、真实的确切知识的能力"。^①但结构主义与历史主义的矛盾，并不等于马克思关于"世界历史"概念及思想体系两个要点或思路的矛盾，因为虽然兰克是马克思的同代人，但"结构主义"的产生和发展却是 20 世纪上半叶的事情，且它们是两股思潮和体系的矛盾而不是一个思想体系内的矛盾。实际上，马克思关于"世界历史"概念及思想体系的两个要点或思路，虽然在方向上存在着差异或矛盾，但二者在本思想体系内是统一的，因为二者都是从一个观点即物质资料的生产是人类一切社会活动的基础这样一个观点出发的：从纵向发展上看，马克思认为，围绕物质资料生产形成的生产关系与生产力的矛盾、上层建筑与经济基础的矛盾，是推动一切社会变革即社会形态演进的原动力；从横向发展上看，马克思认为，各民族之间日益密切的联系和交往取代原始的闭关自守的各民族之间自然形成的分工的过程，在本质上则是在生产力发展的条件下围绕物质资料生产形成的生产关系在广度上的扩展。这样，在方向上不同的两条思路和两种发展趋势，就以唯物史观为出发点统一起来了。在这里，关键是要记住马克思以下的名言："不仅一个民族与其他民族的关系，而且一个民族本身的整个内部结构都取决于它的生产以及内部和外部的交往的发展程

---

① 〔美〕维克多·泰勒、查尔斯·温奎斯特编：《后现代主义百科全书》，第 222—223 页。

度。"① 但同时还必须记住："各个人借以进行生产的社会关系，即社会生产关系，是随着物质生产资料、生产力的变化和发展而变化和改变的。"②

再来说第二个问题。一般而言，上面所说的两套话语系统，即可分别视作"世界历史"横向发展和纵向发展各自的内在规律或逻辑，而将这两种不同发展趋势和方向统一起来的唯物史观，便是人类社会发展的总的规律和逻辑，但在具体历史实践中，"世界历史"的这两种不同的发展方向和趋势的真正交集点在哪里呢？因为理论和实践毕竟不是一回事。在实践上，尽管从人类社会诞生之日起就存在着横向发展和纵向发展问题，由氏族、部落发展到部落联盟可视作早期横向发展的典型现象，而由原始公社、复杂社会发展到民族国家则可视作早期纵向发展的典型现象，但不要忘了：第一，如果承认人类的起源是同源的，在人类走出非洲之后的多少万年间，由于迁徙而来的各大洲的人类及其后裔忙于适应不同气候和生活环境，并以此为基础和条件发生种族的分化而有白种、黄种与黑种之分，以农业的发明为契机开始由狩猎和采集转为定居而导致无数文明中心的形成，同时各族群也在所处自然环境和社会结构制约下以不同方式和道路走向成熟，此间各民族、国家、地区之间的区隔大于联系。第二，在一个民族孕育、国家兴起、版图形成的过程中，对权威的崇尚、治理的需要、权力的集中支配乃至主

---

① 《马克思恩格斯选集》第 1 卷，第 25 页。
② 卡尔·马克思：《雇佣劳动与资本》，《马克思恩格斯选集》第 1 卷，第 363 页。

宰着国家行为和活动的主要内容和方向，在这种情况下对"内聚力"的需求明显高于由于国家机器的建构形成的"外延力"，它不仅强化了早期民族和国家自然形成的孤立状态，甚至还会导致人为的闭关自守政策和措施的出台，为民族间的联系平添了许多障碍。第三，在漫长的历史中，直到资本主义产生之前，人类所能利用的主要还是自然形成的生产力或半人工半自然的生产力，其经济一般地说尚处于所谓"自然经济"的范畴，其生产主要还是"使用价值"的生产而不是"交换价值"的生产，即主要是为了满足人们自身生存的需要。这种情况从整体上决定并限制了当时民族内部及民族之间的交往及其程度，只有罗马帝国、秦汉帝国以及后来的蒙古帝国有些例外。14、15世纪在西欧出现资本主义萌芽，16、17世纪资本主义从西欧封建农奴制社会结构中破壳而出，迅速地改变了几千年来存在的落后保守的闭关自守状态，在亚欧大陆的西欧一隅形成不大不小的"世界经济"（World Economy），积累日益雄厚的"商业资本"这时开始主导这种新的生产方式或新型经济发展模式，而"商业资本"具有极大的开放性并很快就把自己的视线从它们的"已知世界"转向广阔的"未知世界"。但"商业资本"根底太浅，它积累和活动的领域主要是流通领域而不是生产领域，其扩张所能利用的手段和工具（特别是交通运输工具，如畜力、车辆、舟船等）绝大部分只能是现存的，难以革命性地改变世界历史发展的现状。给"世界历史"发展，包括纵向发展和横向发展带来真正革命性改变的是18、19世纪出现的"大工业"，而大工业发展的动力是17世纪的"科学革命"和18世纪的"工业革命"特别是这场革命中由瓦特发明的蒸汽机，因为它完全用人工生产力代替了自然的生产力和半人工半自然的生产力。它对"世界历史"的影响是：在纵向发展上，它通过"工厂制度"的建立不仅使资本主义制度得以确立，还孕育了工业资产阶级和产业无产阶级这两大新的阶级，从而根本改变了人类社会发展的进程；在横向发展上，它在把蒸汽机安装到火车和汽船后，引发了人类历史上空前的"交通运输革命"，从而使各民族内部和各民族之间的交往无论在规模上还是频率上均发生了根本性改变。这样，"世界历史"的横向发展和纵向发展就破天荒地找到了或者说形成了自己的"交集点"，因为它对世界历史的横向发展和纵向发展而言均是新的出发点和转折点。正是在这个意义上，马克思说大工业"首次开创了世界历史"，[①] 只不过人们常常误以为它只是就世界历史的横向发展而言的。但应当指出，很少有人注意到，这一"交集"其实还只是一个正在发生的新的进程的起点，而这个新进程在可预见的将来的一个结果便是"国际社会"（international society）的形成和发展，其实质乃是人类各民族社会经济生活逐步趋于国际化，正是这种国际化构成了"国际社会"赖以形成和发展的基础。从这个意义上说，"国际社会"的形成和发展，才是"世界历史"中横向发展（它在当代被称为"全球化"）和纵向发展（它在当代被称为

---

　① 〔德〕卡尔·马克思：《费尔巴哈：唯物主义观点和唯心主义观点的对立》，《德意志意识形态》第一卷第一章，《马克思恩格斯选集》第 1 卷，第 67 页。

"现代化")两大趋势真正的"交集点"。①

　　接着来说第三个问题。这是"世界历史"教学、研究和编撰中，无论如何不能回避但常常被自觉或不自觉忽视的一个问题。关于这个问题，据笔者的研究和理解，在马克思关于"世界历史"概念及思想体系的两个要点或思路，即世界历史的横向和纵向这两个不同方向的发展和趋势中，根本上说最基本最重要的始终还是纵向发展，尽管马克思在不同场合强调或关注的重点不一样，而历史学家在不同时期关注或研究的重点也不一样，研究者关于这个问题的认识和兴趣也会不一样。我的理由是：第一，从哲学讲，一般地说，内因才是事物变化的根据，而外因只是事物变化的条件，任何社会作为一种事物的演变，都概莫能外。第二，所谓"世界历史"，当然不仅仅是作为自然的"世界"本身的演化史，主要的还是生活于其上的人类活动及其与自然界互动的历史，因为人类无论在诞生之前还是诞生之后始终都是自然的一部分，人类永远不能离开自然而存在。第三，人类本身的历史，在本质上则是一种"社会"或"社会形态"变迁或演化的历史，因为人是作为社会的人即处于不同社会关系中的人而存在的，而"社会关系"乃是"社会形态"或"社会结构"的同义语，人的本质的规定性就取决于"一切社会关系的总和"。正因为如此，恩格斯说"关于社会的科学，

---

　　①　参阅何顺果：《全球化、现代化与国际社会》，《光明日报》2010 年 10 月 26 日"理论周刊"，《新华文摘》2011 年第 1 期；《全球化：一个历史学的解释》，载何顺果：《全球化的历史考察》，江西人民出版社 2010 年版。

即所谓历史科学和哲学科学的总和"，[①] 认为历史学关注的主要对象应是"社会"或"社会形态"，是各种社会经济形态的产生、发展和衰落的过程。李守常先生也说：所谓历史，从横向上看是社会，从纵向上看就是历史。换言之，纵向发展，即人类社会的变迁，或人类"社会形态"或"社会结构"的演进，才是整个"世界历史"发展的主要线索或基本内容。第四，与纵向发展相比，就横向发展而言，即使交往在形式、内容和频率方面不断有所更新，但交往在空间的扩展方面毕竟是有限度的，只要人类还生活在这个地球上，这种限制就一直会存在，而人类社会的纵向演进则不会受时间的限制，因为时间是一个矢量。总之，我们根本不能离开人类社会的演进，即"世界历史"的主要趋势来谈横向发展问题，因为这种趋势作为"世界历史"的主要线索和内容，在很大程度上制约着横向发展的规模和频率。说到底，如果按马克思的意见，把"交往"理解为"生产关系"或"生产方式"，那么，民族之间交往和联系的发展，只不过是这种生产关系的扩大。

第四个问题涉及的是私有制的普遍性问题。如前所述，人类各民族之间的"普遍联系"是由资本主义启动的，而且资本主义在范围和规模上均获得了其产生以来空前的发展，资本主义成为马克思所说的私有制的"最普遍的形式"。[②] 这是有事实为据的，自资本主义产生以后，西方国家先是以移民殖民地和

---

① 〔德〕弗·恩格斯：《路德维希·费尔巴哈和德国古典哲学的终结》，《马克思恩格斯选集》第 4 卷，人民出版社 1972 年版，第 226 页。

② 〔德〕卡尔·马克思：《1844 年经济学哲学手稿》，第 77 页。

国家的形式把资本主义制度扩大到包括澳大利亚在内的"新大陆"，后又以殖民地和附属国的形式把旧大陆广大亚非传统农业社会纳入其中，现代帝国在 19 世纪后半叶和 20 世纪上半叶成为强化资本主义制度在全世界存在和发展的主要形式，互联网的诞生则把 15 世纪开创的资本主义"全球化"运动推进到"网络时代"。那么，这是不是说，封建主义及一切前资本主义社会和制度与资本主义相比，其普遍性就一定不如资本主义呢？笔者认为，并不尽然，在所有前资本主义的社会经济制度中，至少封建主义的普遍性可与资本主义一比，这应是一个非常值得关注和探讨的问题，尽管迄今为止鲜见此类问题的提出。可以分别从两个方面进行观察：就资本主义而言，在资本主义国家内部，资本主义向农业领域的渗透从来就不彻底，至今小农所有制甚至地主制仍大量存在；在西方发达国家之外，随着 20世纪两次世界大战的爆发和结束，在资本主义国家因自相残杀而削弱的情况下，在旧殖民主义体系土崩瓦解的同时，社会主义曾发展成为以苏联为首的阵营，一度得以与西方资本主义分庭抗礼，而今虽然"全球化"运动如火如荼迅猛扩展，但"反全球化"运动在世界各地甚至发达国家内部也此起彼伏，地区化、本土化、多元化正取代边缘化、半边缘化及"一体化"，成为人们关注的新的焦点，这是一方面。另一方面，就封建主义而言，如果不以狭隘的"农奴制"而以广义的"地主制"给予定义，地主制存在的范围几乎是无与伦比的，因为世界历史上没有一个社会和民族的发展不以农业为基础，而封建"地主制"乃是农业社会发展到成熟阶段和最高阶段的标志。换言之，封建主义曾有过并不亚于资本主义的普遍性。或许有人会说，今天商品经济已获得空前的扩展，其普遍性已超越了以往任何时代，但商品经济并不等于资本主义，因为商品经济自古就存在了。总之，我们可以承认资本主义是迄今为止私有制的"最普遍的形式"，但又不能把问题说得太死。

关于第五个问题，更是一个重大的理论问题。众所周知，长期以来，关于斯大林"五种生产方式"的提法一直存在争议，前不久还因某杂志的文章而引起不大不小的风波。笔者认为，对"五种生产方式"的质疑尚停留在政治层面，而未能将讨论深入到学术层面，所以特在上文对斯大林的"五种生产方式"的提法与马克思的"社会形态"演进论进行了比较，阐述了本文采用马克思"社会形态"演进论而不采用斯大林提法的理由。这里我要进一步提出的问题是：即使"五种生产方式"的提法遭到质疑，马克思的"社会形态"演进论本身是否会因此而被否定呢？笔者以为不能，其理由有二：其一，马克思的"社会形态"概念有一个替代概念："社会结构"，而西方学界一般来说并不否认"社会结构"概念。第二，尽管20世纪以来不断有人出来质疑和挑战"社会进化"论，但从未达到根本颠覆整个"社会进化"论的程度。关于"进化"论的争议说来话长，并非三言两语可以把事情说清，或许需要另作专文进行讨论，此处不再赘述。关键是"社会结构"问题，此问题又可分两头来说：一是"社会结构"概念可否视作马克思"社会形态"概念的同义语，二是西方学界是否并不否认"社会结构"这一概念。"社会结构"概念是否可视为马克思"社会形态"概念的替代物呢？当然可以。据笔者研究，在马克思"大体说来，亚细亚的、古代的、封建的和现代资产阶级的生产方式可以看作是社会经济形态演进的几个时代"这一著名论断中，某种"社会经济形态"就是由与之相对应的那种生产方式主导的多种生产方式构成的经济共同体，因为"看作"马克思使用的德文原文"bezeichnet"一词的最基本含义乃是"标志""标明"之义，即该生产方式必须是与此对应的那种社会经济形态中占主导地位的生产方式，否则便不配称其为"标志"，[①]这和恩格斯在《共产党宣言》1888年英文版序言中的以下说明相一致："构成《宣言》核心的基本原理是属于马克思一个人的。这个原理就是：每一历史时代主要的经济生产方式与交换方式以及必然由此产生的社会结构，是该时代政治的和精神的历史所赖以确立的基础。"[②]那么，为什么说西方学界并不否认"社会结构"的概念呢？主要根据有二：其一，在理论上，西方有所谓"结构主义"（structuralism），在20世纪上半叶几乎占据了学术话语"霸权"的地位，该哲学认为事物"多样性中每个因素的本质（功能）都由其内在化的结构决定"，[③]而先后被引入包括"社会科学"在内的广泛学术领域；其二，在实践中，西方从来不忌讳对所谓"中产阶级"的培植和宣传，认为"中产阶级"是资本主义社会存在、发展和稳定的主要支柱，但既然有"中产阶级"就必然

---

① 何顺果：《生产方式≠社会形态》，《世界历史》1998年第3期。

② 卡尔·马克思，〔德〕弗·恩格斯：《共产党宣言》1888年英文版序言，《马克思恩格斯选集》第1卷，第237页。

③ 〔美〕维克多·泰勒、查尔斯·温奎斯特编：《后现代主义百科全书》，第465页。

有"上层阶级"和"下层阶级"，实际上也就承认了"社会结构"的客观存在。至于"社会形态"演进论是否是"单线发展论"问题，正如我在《生产方式≠社会形态》一文中证明了的，马克思的"社会形态"是多种生产方式结合的共同体，他提到的每一种生产方式只是与之相对应的社会经济形态中占主导地位的生产方式，并不是每一种生产方式也不是在每一个地方都可以上升到占主导的地位，这就从根本上排除了所谓"单线论"。所以，笔者以为，即使质疑甚至否定了"五种生产方式"的提法，也不能因此而否定马克思的"社会形态"演进论。

通过以上五个问题的讨论，我们充分地揭示了马克思"世界历史"概念及思想体系的丰富内涵，了解了该思想体系内在的矛盾性和统一性，以及世界历史中横向发展和纵向发展的不平衡性，进而确立了纵向发展作为世界历史教学、研究和编撰主要线索和内容的理念，并重新认识了马克思"社会形态"演进论在理论上的不可动摇性，由此我们也就有可能对国际学术界的"全球史"热作出某种评判，因为我们从上面的讨论和探索上获得了一些有关"世界历史"的新的理解和视野。不可否认，西方学者，特别是美国的全球史学者，在"后现代主义"思潮的推动下，为了摆脱和纠正"西欧中心论"在世界历史教学、研究和编撰中的影响，以"与外来者的交往是社会变革的主要推动力"[1]为中心论点，探索了世界史上民族之间交往和互

---

① William H. McNeill, "The Changing Shape of World History", *History and Theory*, Vol. 34, No.2, May, 1995, p. 18.

动的诸多历史形态，如"跨文化贸易""物种传播与交流""文化碰撞与交流""帝国主义与殖民主义""移民与离散社群"等等，在此基础上展开了别具一格的"大范围进程"研究和"宏观社会学"比较研究，并提出了"欧亚非共生圈"或"欧亚非复合体"（the ecumenical system or the ecumenical world system）的概念，在世界史研究和编撰中取得重大成就和进展，开辟了世界史研究和编撰的新领域和新路径。但也正是"与外来者的交往是社会变革的主要推动力"（encounters with strangers were the main wheel of social change[①]）这一中心论点，集中地体现了同时也充分地暴露了西方全球史学者主要的和突出的问题和局限：第一，它表明，西方的"全球史"所研究的是横向发展的历史而不是完整的世界史，因为它强调其研究的对象是"与外来者的交往"，即历史上"人与人之间"的关系与交往。第二，它虽然包含了"社会变革"的概念，但由于把"人与人的关系"即横向联系和交往，而不是人类社会本身的演化视作世界历史发展的主要线索和内容，从传统的"世界历史"的角度看恐怕就不仅是顾此失彼问题，而是存在重大缺失了。第三，由于把"与外来者的交往"视作"社会变革的主要推动力"，全球史学者便夸大了横向联系和交往在世界历史上的地位和作用，从而忽视甚至回避了对一个社会、民族、国家乃至整个人类变迁有着巨大影响的政治、经济和社会的深层原因的探讨。事实上，

---

① William H. McNeill, "The Changing Shape of World History", *History and Theory*, Vol. 34, No.2, May, 1995, p. 18.

由于只强调世界历史的横向发展而忽视其纵向发展，便只能把"与外来者的交往"视作"社会变革的主要推动力"，而不能更深入地挖掘推动和影响人类历史发展的根本动力，我们在一些由西方学者编撰的全球史著作和教材中，很少看到对不同历史时代和不同社会结构的深入讨论和分析，其论证和叙述的深刻性因此而大打折扣，亦难以给学生和读者必要的规律性的历史认识。这可能是此类著述和教材根本性的缺陷，恐怕也是其难以克服的障碍，因为他们不相信社会科学赖以确立的唯物史观。

去年年中，北大出版社方面因引进和出版几部大型的全球史，约请我谈谈有关这些著作和教材的看法，在 2000 年度中国社科院世界史所举办的世界史论坛上，笔者再次应邀就这次访谈的一些核心观点作了发言，现将谈话和发言整理成此文以就教于读者和同仁。我的主要目的，是想借马克思之口提醒学界，推动社会变革的真正基本的和深层的原因应是深埋于一个社会结构内部的矛盾，世界历史的教学、研究和编撰不能不关注人类社会本身的状况及其变迁。最近在中东，在这个传统的所谓欧亚非"共生圈"内，在这个不乏"与外来者交往"的地方，在多年来表面平静的国度似乎突然爆发的动荡或"革命"，究竟其动因主要是来自这些国家内部还是来自"与外来者的交往"，难道还不够发人深省吗？

（原载《世界历史》2011 年第 4 期）

关于历史决定论问题

众所周知，关于"历史决定论"问题，是与马克思的名字连在一起的。

但关于这个问题，至今仍然众说纷纭，莫衷一是。有人认为，马克思把决定历史发展的原因完全归之于经济，进而将这种历史决定论称之为"经济决定论"，这在西方学术界屡见不鲜。而卡·波普尔则将马克思的历史决定论称之为"历史宿命论"，因为这种理论承认历史发展规律及其预见性，而在他看来历史发展是没有规律的。卡·波普尔不承认唯物史观，但又指责历史决定论具有"拥自主义"倾向，意思是说这一理论把"社会学"等同于"物理学"了。"社会学，也像物理学一样"。[①]更有甚者，完全否认马克思的历史决定论，认为那是斯大林"过高估计""客观因素"的作用的结果，西方马克思主义者梅劳-庞蒂即持此种观点。[②]

---

① 〔英〕卡·波普尔:《历史主义贫困论》，中国社会科学出版社1998年版，第1—7页。

② 陈学明:《"西方马克思主义"命题辞典》，东方出版社2004年版，第30—31页。

那么，我们首先要问，在马克思的历史理论中，究竟包不包含"决定论"呢？且看马克思在《〈政治经济学批判〉序言》中的经典表述：

> 人们在自己生活的社会生产中发生一定的、必然的、不以他们意志为转移的关系，即同他们的物质生产力的一定发展阶段相适应的生产关系。这些生产关系的总和构成社会的经济结构，即有法律的和政治的上层建筑竖立其上并有一定的社会意识形式与之相适应的现实基础。物质生活的生产方式制约着整个社会生活、政治生活和精神生活的过程。①

在对"社会形态"作出"经济基础"和"上层建筑"这一著名的二分法之后，马克思明确提出："不是人们意识决定人们的存在，相反，是人们的社会存在决定人们的意识。"②可见，在马克思的历史理论中，确实存在着"决定论"，否认马克思历史决定论的存在是错误的。

至于马克思的"决定论"的含义何在？从上述引文及别的地方的一些论述看，似乎可以概括为三种关系：（1）因果关系，上层建筑是果，经济基础是因；（2）制约关系，上层建筑受经济基础"制约"；（3）适应关系，上层建筑与经济基础相"适应"。

---

① 《马克思恩格斯选集》第 2 卷，人民出版社 1995 年版，第 82 页。
② 同上。

其中，第一点主要讲的是历史的唯物论，正如恩格斯所指出的："根据唯物史观，历史过程中的决定性因素，归根到底是现实生活的生产和再生产。"[①] 而第二和第三点则主要讲的是历史的辩证法，说明历史是在制约与被制约、适应与不适应的矛盾中发展变化的，因而是有规律性的。很显然，在马克思历史决定论中，历史的唯物论是最根本的，而历史的辩证法即历史的规律性，则是从前者引申出来的。卡·波普尔在这个问题上的错误，在于他抽掉了马克思历史决定论中的唯物论去讲历史的"规律性"，结果"规律"在他眼中便成了唯心的"宿命论"。但承认历史发展的规律本身都不是"宿命"的。

把"社会学"等同于"物理学"，则是对马克思唯物史观的歪曲，是为了把历史"决定论"推向某种极端。是的，马克思的历史决定论中，的确包含着某些自然科学的因素，因为他把"经济基础"定义为"生产关系的总和"，即"生产关系"和"生产力"的统一，而"生产力"中包含着劳动者、劳动工具和劳动对象，其中"劳动对象"主要就是"自然"。由此，马克思提出，劳动乃是人与自然之间的"物质交换"，进而认为财富的来源中包括人的劳动与自然两个要素。但可不可以说它具有"拥自主义"倾向呢？显然不能，因为在历史决定论中，作为上层建筑基础的"经济"，乃是人的"实践"及其结果，它虽然要以"自然"为其条件，但人的"实践"包含着巨大的主观能动

---

① 〔德〕弗·恩格斯：《致约·布洛赫》，《马克思恩格斯选集》第4卷，人民出版社1997年版，第477页。

性，且这种"实践"是在十分复杂的生产关系中进行的，其活动和规律不能简单地归结于"物理学"。

　　早在 19 世纪，当时就有一些人，如马克思所说的"青年们"，就已出现了"过分看重经济方面"的倾向，甚至把经济因素看成历史发展的"唯一决定性的因素"①。在 20 世纪斯大林的著作中，也存在着"过高估计客观因素的作用"的问题，提出"生产力怎样，生产关系就必须怎样"的论点②。这当然不是马克思本人的思想，正如他的战友恩格斯所指出的，"根据唯物史观，历史过程中的决定性因素归极到底是现实生活的生产和再生产"，但"无论马克思或我都从来没有肯定过比这更多的东西"③，因为"政治、法律、哲学、宗教、文学、艺术等的发展是以经济发展为基础的。但是，它们又都相互影响并对经济基础发生影响。并不是只有经济状况才是原因，才是积极的"④，马克思在《资本论》中甚至将这种影响称为"决定性的反作用"⑤。由此，我们可以作出两点推论：第一，马克思的"决定论"，不是绝对的而是相对的，因为上层建筑对经济基础存在着"反作用"而且也可以是"决定性"的，即可以成为推动历史发展的"原因"。恩格斯说："这里没有任何绝对的东西，一切都是相对的。"⑥ 第二，这样，就不能把马克思的历史决定论简单地归结为

---

①　《马克思恩格斯选集》第 4 卷，第 477 页。

②　〔苏〕斯大林：《列宁主义问题》，人民出版社 1973 年版，第 648 页

③　《马克思恩格斯选集》第 4 卷，第 477 页。

④　同上书，第 506 页。

⑤　《马克思恩格斯全集》第 25 卷，第 891—892 页。

⑥　《马克思恩格斯选集》第 4 卷，第 487 页。

"经济决定论"，如西方学者在其著述中通常所做的那样，因为马克思虽然强调了"经济基础"在历史发展中的决定作用，但他也同时指出了上层建筑对经济的反作用，且这种反作用也具有"决定性"。

这里，应当指出的是，在上述思想的基础上，马克思在有关历史发展动力问题上，提出过三个重要概念：(1) 是"反作用"的概念，前面已提到了，它主要指的是上层建筑对经济基础、生产关系对生产力的作用，即政治、法律、哲学等对经济运动本身的"反映"和"影响"；(2) 是"交互作用"的概念，此概念上文还未提到，它主要指的上层建筑中政治和意识形态两部门，以及这两部门与经济基础之间的相互作用和影响；(3) 是"非均衡"概念，此概念常常为研究者所不重视或忽视，它认为上述各交互作用的各种力量并非平衡相等，其中经济力是"更为有力、最原始，最有决定性的"。①

最后，我们要提出一个问题：既然历史发展中的各种力量是相对的而不是绝对的，上层建筑对经济基础也存在着"反作用"，那么，经济基础对上层建筑，以及整个历史发展中的"决定性"作用是否就打折扣了呢？马克思的回答是否定的。在他看来，第一，即使没有上层建筑的反作用，"经济必然性"也会"不断为自己开辟道路"②；第二，这种"反作用"原本是在一定的"基础上"发生的，有些上层建筑如"暴力"本身就是一

---

① 《马克思恩格斯选集》第 4 卷，第 487 页。
② 同上书，第 506 页。

种经济力；第三，"一切社会变迁和政治变革的终极原因"，仍
"应当在生产方式和交换方式的变更中去寻找"。① 在笔者看来，
"终极原因"这一概念，暗含着马克思关于上层对基础的反作用
的限制，体现了马克思历史决定论的彻底性。

　　总之，通过上面的考察和分析，我们可以得出这样的结论：
在马克思的历史理论中确实存在着"决定论"，这种历史决定论
虽然不是绝对的，但是彻底的。

（原载《光明日报》2005 年 10 月 25 日）

---

① 《马克思恩格斯选集》第 3 卷，第 424—425 页。

一个需要认真对待的问题

　　上世纪下半叶，西方学者对全球史的研究取得重大进展，有一批这方面的大部头著作问世。在我国，打倒"四人帮"后，随着著名学者吴于廑先生关于世界史是"由分散到整体"的历史的界定出台，这方面的研究也渐成潮流。我个人甚至认为，如果仅仅从横向发展去理解马克思关于"世界历史"的概念，西方的这类新全球史堪称目前最好的世界史。但能不能像西方全球史论者所主张的那样，把"全球史"提升为一个与"世界史"并列的学科，进而完全用"全球史"取代传统意义上的"世界史"呢？这就成了一个需要认真对待的问题。

　　世界史学科，和任何一个学科一样，其发展与规则不能不顾及相关的学理，也不能脱离我国的国情与实践，更不能脱离马克思唯物史观的指导。最近，我在重新研究了马克思的有关著作和论述后，发现马克思关于"世界历史"的概念和思想体系，实际上包含着两个不可分割的要点或思路：其一是各民族"普遍联系"论，认为作为历史的"世界历史"是在人们的"交往"中，在以往原始的闭关自守的各民族达至"普遍联系"时形成的。其中的关键词"交往"承载了马克思关于"世界历史"

的此要点或思路的核心功能。其二是"社会形态"演进论，认为"世界历史"发展的不同时代的划分是通过"社会形态"演进来实现的，在"社会形态"及其演进概念中融入了此前任何人也从未表述过的系统的唯物论和辩论法思想。二者均是马克思"世界历史"概念及思想体系的有机组成部分，既注意到了"世界历史"的横向发展问题，也注意到了"世界历史"的纵向发展问题，只不过前者着重解决的是世界历史的结构问题，而后者着重解决的是世界历史发展的动力问题。不幸的是，自吴先生将世界历史界定为"由分散到整体"的历史以来，人们似乎完全忘掉了后一点，而仅记住了前一点。

换言之，从马克思关于"世界历史"的概念及思想体系看，无论世界史学科升级与否，"全球史"都应包括在"世界历史"这一大框架之内，它并没有脱离和超越马克思关于"世界历史"的概念及其思想体系。因为"全球史"所关注的主要内容乃是"人与人之间的关系"，或许还要加上"人与自然的关系"，即主要研究和讲述的是世界历史的横向发展，仍没有离开马克思关于"世界历史"概念的第一个要点或思路。然而，若只强调世界历史的横向发展，而忽视世界历史的纵向发展问题，便只能把与外来者"交往"看成是"社会变革的主要推动力"，而不能更深入地挖掘人类历史发展的根本动力，不能给读者和学生以必要的规律性的历史认识。由于篇幅的关系，此处许多问题不能深入和展开，当另作专文讨论。

（原载《世界历史》2011 年第 2 期）

应当建立科学的"世界历史"概念

上海方面来电，说不久前"世界历史"被有关部门升级为"一级学科"，看在这方面存在什么亟待需要解决的问题或挑战，并请发表一些自己的评论和意见。我觉得目前很难发表什么意见，因为这次升级更多的像是"运作"的产物，上上下下似乎都没有进行很好的酝酿和研究，主观和客观方面的问题实在太多，不知从何说起。譬如，科学的"世界历史"概念，在我国似乎就尚未真正建立起来，长期以来我们讲的"世界历史"其实只是"外国历史"，近年来又相信主要讲横向发展的"全球史"就是世界史，搞过去搞过来总离不开"西欧中心论"。老大的中国，常常以"中央大国"自居而视外国为"夷"，喜欢什么"四方来朝、岁岁来朝"。1949年后所编的世界史教材，包括前些时候中小学教材改革时编的世界史教材，大多不讲有关中国的内容，讲也是蜻蜓点水，几笔带过。大学历史系的历史课，重头戏自然是中国历史，涉及外国史的历来有限，而世界史课对中国则避而不谈。最近看到一份教学大纲，是专讲所谓"古典东方文明"的，在东方文明清单中，西亚、中亚、伊朗、印度等都有了，但唯独没有"中国"。商务印书馆出版的世界史小丛书，种类很多、语言讲究亦很专业，拥有十分广泛的读者和影响，但却取名"外国历史小丛书"，这一传统延续至今。如此等等。在这样的情况下，科学的"世界历史"概念怎能真正建立起来呢？都说中华文明是人类"四大古代文明"中唯一延续至今而未发生中断的文明，"汉字文化圈"曾包容了几乎整个东亚，我们不知道在18世纪以前还有哪一个国家，在世界历史上的实力、地位和影响超过中国，而今"改革开放"又使中国在饱受百年屈辱之后，正在重新崛起于世界的东方，并期待着为人类文明的发展做出更大的贡献，再延续那种不包括中国在内的所谓"世界历史"，无论从哪方面来看都是说不过去的。问题在于，目前我国的世界史研究者和工作者，由于几十年观念、理论、实践和体制的原因，大多对中国历史不是过于忽视就是不甚了了，很难像许多老一辈学者那样做到"中西贯通""古今兼顾"，而要做到这一点，即使立即着手做起，没有十年八年的准备，恐怕是不行的。

（原载《社会科学报》2011年6月30日）

《世界历史》的一个重要任务

最近，有家出版社准备出版艾瑞克·霍布斯鲍姆的自传，约我为其中文版写序。该自传取名《趣味横生的时光》（*Interesting Times*），另外还有个副标题"我的二十世纪人生"。我读后真是感触良多。与其说它是一部自传，不如说它是一部独特而生动的 20 世纪世界史。由于作者集"近代史大师"、马克思主义者、国际社会活动家与反法西斯运动战士诸身份于一身，因而得以对 20 世纪世界的方方面面作多角度的深入观察，全书融大师手笔、广阔视野与深刻分析于一炉。

其中霍氏有关创办《过去与现在》（*Past & Present*）杂志的回顾，对我们进一步办好《世界历史》杂志可能有些参考价值。霍氏的回顾说明，一个有着广泛影响的学术刊物的形成与这个刊物的主编、编委的学术取向及其背后深厚的学术研究根底和基础有着密切的关系。因为《过去与现在》的创办，与 20 世纪 50 年代形成的英国"共产党历史学家小组"有关。这个小组为自己探讨的需要长年举行内部马克思主义讨论，而《过去与现在》就是这种内部讨论的衍生物。它的几位编委即来自该"共产党历史学家小组"的成员。这几位作为编委的历史学家小组成员，也得以《过去与现在》为阵地施展学术才能、进行学术活动，最终形成享誉国际的"新社会史学派"。我们的《世界历史》杂志，如果要更上一层楼，除了广泛联系和团结国内世界史学者之外，不能不加强刊物编委内部的研究和讨论，并尽可能地在此基础上形成自己独特的办刊取向和主要选题。否则，便难以形成自己真正的刊物特色，并在国际上产生重要影响。谈到刊物特色和国际影响，作为中国世界史领域唯一专业性杂志的《世界历史》，除了广泛地和多层次地参与世界史领域的专业研究外，它的一个重要任务是要以自己的方式关注中国在世界历史上的地位及其变迁的课题，其中包括从世界史角度研究中华文明如何在东方崛起，中华文明如何走出国门并形成"汉字文化圈"，外来文明如何被引入国门并被中华文明吸纳，东西方文化之异同和交流及其对世界的影响，等等。而这种研究，在传统上常常是在"中外交通"这一名义下进行的。这在今天全方位改革开放的形势下已显不足，需要在研究领域、研究课题、资料挖掘和研究方法上有所突破，并回答新形势下中外（特别是东西）文化交流和文化竞争中提出的挑战和问题，以适应和支撑中华文明的重新崛起。《世界历史》杂志可以开辟专栏，发掘新的历史资料，发表新的研究成果，以独特的和可靠的方法重新解释有关历史。只要长期坚持下去，就会形成刊物自己的某种特色。当然，在这种情况下，那种完全把中国排除在外的研究、撰写和讲述的所谓"世界历史"，也就绝对不应该再继续下去了。

（原载《世界历史》2010年第2期）

世界历史：概念、专业、教学与教材

——北京大学何顺果教授访谈录

采访者按： 这是一次深度访谈，时间为 2010 年下半年，所谈内容涉及世界历史及有关概念、专业、教学与教材等问题，对世界史的研究和教学均有参考价值，现记录并整理如下。

高岳博士（采访者，以下简称高）： 何先生好！北京大学出版社非常重视世界史著作和教材的引进，近些年先后策划翻译出版了若干大部头著述，如斯塔夫里阿诺斯的《全球史》、本特利和齐格勒的《新全球史》、阿迈斯托的《世界：一部历史》。您是著名世界史专家，在西方史学理论和史学史、资本主义史及美国史领域的教学和研究中成就卓著，我受北大出版社之托对您进行采访，可否请您谈谈关于"世界历史"及其专业的理解和看法，并顺便对这些引进教材发表一点评论？

何顺果教授（被采访者，以下简称何）： 好的。旧中国大学没有世界史专业，新中国成立后，50 年代先后在北大和中国科学院设立了亚非史教研室和世界史研究室，1963 年和 1964 年二者先后升级为世界史专业和世界历史研究所，这应视作新中国世界史领域的两件大事，当时均得到毛泽东的亲自关怀。我就是北大世界史专业头两届学生，不过一生淡泊名利，只是埋头耕耘而已。你要我发表有关"世界历史"的评论和看法，在发表意见之前我想问你一个问题，最近有两本书均被称为"可能改写世界历史的惊世之作"，一本是孟席斯的《1421：中国发现世界》，另一本是刘钢的《古地图密码》，不知你可曾读过？

高：前一本读过，后一本还没有，不过学界大多数人似乎对孟席斯并不赞同，您的感觉如何？

何：有关郑和下西洋的档案大部分被毁了，仅留下几本书、《郑和航海图》和一些碑刻，但《瀛涯胜览》（1416 年）、《西洋番国志》（1434 年）和《星槎胜览》（1436 年）的作者——马欢、巩珍和费信均是郑和下西洋时的随从或通译，其著述可视作下西洋的"三部原始记录"，其所提供的信息仅涉及东方人的已知世界。1402 年标有中文和朝鲜文的《疆理图》以及更早的 1389 年《大明混一图》，在我看来都没有越出这个已知世界。凭什么说康提在古里见到的人就一定是"中国人"甚至是郑和船队的人？又凭什么说佩德罗带给亨利王子的地图就一定是"1428 年世界航海图"？又凭什么说 1459 年毛罗修士地图中的题注"通过这片海域的海船或中国帆船"就一定是郑和的船队？孟席斯关于中国人发现美洲和澳洲的记述，用他自己的话来说带有很大的"猜测"性质，不能说是严肃的历史学家的严肃作品。但他所作的努力是西方人在 20 和 21 世纪之交企图重新认识东方的热潮的重要组成部分，其书及其工作在学术上也不是毫无价值：一是它重新引发了对中国与世界地图绘制史的关注，二是以隆重的方式提出了关于"中国发现世界"的假说，三是以巨大的努力开始了对这一"假说"的考察和论证。对此努力可以质疑，但不应全盘否定。

比较而言，我个人觉得刘钢的工作更有价值一些：首先，这是来自一位中国人的类似孟席斯的探索；其次，该书系统地利用了中外古地图提供的信息；第三，他的工作有前人的大量学术研究成果为基础；第四，刘钢先生本人也确有自己的不少感悟。但引发其探索并成为《古地图密码》关键部分的，据说是作者发现于上海旧书店的1418年《天下诸番识贡图》仿本，并没有经过国家有关文物、考古和历史学家正式的并可以公之于众的鉴定，仅凭一些相关专家看过并发表一些非正式的意见可能是不够的，因为此图的真假与否及制作与仿制时间事关重大，国家有关部门应当有一个正式的鉴定。此外，此图涉及制图者、仿绘者和两位收藏者并钤有三方红印，以及由他们留下的大量题注和信息，而迄今为止尚未考证出一个人物的相关历史，这是颇为令人犯疑的。还有，作者在书末把中国科学技术从15世纪开始停滞的主要原因，归之于产生于12世纪末的"全真道"，认为全真道以"内丹术"取代道教以往提倡的"外丹术"即对自然的崇尚，从而改变了中国科学技术的传统，并导致了中国科学技术的停滞。但问题是，如果没有"全真道"的出现，以道教为代表的中国科技传统是否就一定会导致"现代科学技术"的产生，进而解答所谓"李约瑟难题"？这很值得怀疑。为了回答这一问题，不妨读一读 2009 年三联书店出版的一本书：《继承与叛逆：现代科学为何出现于西方》，作者叫陈方正，是一位有深厚人文底蕴的物理学者。此书可能是目前有关这一问题的最重要的著作了。

高：何先生，您的评述令我茅塞顿开，但世界史的常识告诉我们，现代美洲和大洋洲的土著不是多少万年前从东北亚迁移去的，就是多少万年前从东南亚迁移过去的，在某种意义上可以说这些地方的开拓者都是"中国人"，您说"开拓者"和"发现者"哪个更重要？难道开拓者不是"发现者"吗？我们不讨论这个问题了，还是回到我们开头的问题吧，您对"世界历史"有何见教？

何：是的，仅仅从谁最早发现美洲或大洋洲讨论问题其实意义并不大，真正的问题是"为什么不会有中国的哥伦布"？而这个问题罗荣渠先生早就讨论过了。至于我对"世界历史"的感觉，可以用三句话来做概括：（1）"世界历史是人类一部充满了悲剧和喜剧的史诗"；（2）"世界历史又是一部永远也翻阅不完的百科全书式的宝典"；（3）"世界历史还是一个值得认真开发但尚未认真开发的领地"。我的意思是说，它对我来说有无限的魅力，我们在研究世界史的时候，不仅要有开拓者的勇气，还要有哲学家的气质，可能还要有点诗人般的想象。你在世界史领域也摸爬滚打十几年了，不知你的感觉如何？

高：我虽然也有些同样的感觉，但可能还未进入您的那种境界。您能不能从历史学的角度谈谈您对"世界历史"这一概念的认识和理解。这种认识和前面所说的"感觉"是不是应当有所不同？

何：我们对"世界历史"的认识当然不能停留在感觉上。我们所说的"世界史"，既不同于地区史或区域史，也不是国别史的总和，因为从历史学的角度看，"世界史"和"国别史"均是它的分支或种类（genus）。"世界史"与"国别史"的区别在于，"国别史"所研究的对象是一个一个互不相属的国家，而"世界史"却要从整体上把握它所研究的对象。正因为如此，尽管"世界史"的概念在古代就存在了，尽管希罗多德所著《历史》和司马迁所著《史记》均可以视为他们所处那个时代的"世界史"，但却不是我们今天所说的世界史，因为它们所描述的世界或视域还仅限于其生活和活动的区域。诚如 G.E.R. 劳埃德所说，"古代世界"可以表述为"Ancient Worlds"，即古代的"世界"是一个复数概念。但"世界历史"无论作为事实还是作为概念都有一个形成过程。中世纪晚期有学者就根据事物变迁的观念把世界历史划分为"古代、中世和近世"三个发展阶段，却由于不了解人类发展实质上是社会性质的演变而不能对这种阶段划分作出正确的定义和解释。直到 18 世纪后期和 19 世纪前期，随着事物变迁论发展到生物进化论，然后又由生物进化论发展到社会进化论，才有人在用唯物史观改造社会进化论的基础上，正式提出"世界历史"的概念并予以科学的解释，这个人就是卡尔·马克思，他这方面的代表作是《德意志意识形态》（1845）。

高：何老师，诚如您所说的，一个科学概念的形成要有一个过程，并要吸纳许多人的思想和成果，您能不能具体谈一谈究竟哪些思想影响了"世界历史"概念的形成？这是一个我至今还不明白的问题。

何：影响"世界历史"形成和发展的思想有很多，由于时间的关系，这里不能展开，只能简单说说：其一是西方古代的"地圆说"，因为中国古代是主张"天圆地方"的，"地圆说"在柏拉图和亚里士多德的著作中都可以找到，但比较确定的概念见于公元 2 世纪托勒密的《地理学导言》，可惜它于 1475 年才正式出版；其二是基督教的普世主义，这种主义认为上帝是全人类的天父，其救赎是普及全人类的，世界应以"自由、和平、公义"为基础组成一个"大社会"。这种主义在 18 世纪发展成为一个教派，在 19 世纪演变成为一个运动；其三是 19 世纪上半叶形成的社会进化论，这种理论以拉马克和达尔文的生物进化论为基础，以摩尔根（1818—1881）所著《易洛魁联盟》《人类家庭的血亲和姻亲制度》和《古代社会》等著作为代表，它阐述了人类社会的发展本是进化的产物；其四是沃勒斯坦的"现代世界体系"论，及其相关的多卷本著作，这种理论认为现代世界是一个由核心、半边缘和边缘三层结构构成的社会，其基础是自 16 世纪以来就存在的资本主义"世界经济"；其五是麦克卢汉的"地球村"理论，其代表作是其所著《地球村》（1989），这种理论认为交通工具的发达曾使地球上的原始村落（tribe）都市化即"非村落化"（detribalize），而电子媒介的出现则造成了反都市化即"重新村落化"（retribalize），从而使个人与个人的交往方式得以恢复。我把它们分别视为"世界历史"概念的地理学、宗教学、社会学、经济学和传播学基础。当然，这里的"世界历史"概念是一个发展的概念，不以1845年马克思提出时的概念为限。

高： 目前国内对马克思的研究比较薄弱，我知道您熟悉西方史学理论和史学史，您培养的这一专业方向的博士生已有两人毕业，但我从您的谈话、授课和著述中知道您对中国史学和马克思也颇有研究并多有发现，您能不能从纯学术的角度来阐释一下马克思的"世界历史"概念、体系及其在国内外世界史教学和教材编写中的地位和影响，以飨读者？我们不明白，马克思的思想和体系与西方学术难道就绝对对立吗？

何： 你过奖了。要从纯学术角度谈清楚这个问题真是"谈何容易"，因为目前国内对马克思的研究往往停留在政治层面上，很少或很难深入到学术层面。卡尔·马克思关于"世界历史"的概念和思想，萌发于1843年的《克罗茨纳赫笔记》，发展于1843和1844年之交的《〈黑格尔法哲学批判〉导言》，形成于他和恩格斯合著的《德意志意识形态》（1845），其总体看法是"世界历史不是过去一直存在的，作为世界史的历史是结果"。不过，以我个人的理解，马克思关于"世界历史"的思想和体系应当包括两个要点或思路：一个是各民族"普遍联系"论，认为作为历史的"世界历史"是各民族在交往中通过"普遍联系"而形成的，作为这一理论的关键词"交往"承载了马克思关于"世界历史"的此要点和思路的社会学或行为学的核心功能，它应是有关研究和叙述的一切其他概念的基础而不能被取代；另一个是"社会形态"演进论，认为世界历史发展的不同时代是由"社会形态"的演进来实现的，在"社会形态"

及其演进概念中融入了此前任何人也从未表达过的系统的唯物论和辩证法思想，旨在从哲学上揭示人类社会发展的内在机理但不是具体历史事实。这两个要点和思路，在《德意志意识形态》中都可以找到根据，但前者在《德意志意识形态》已获得完整的表述，而后者要到 1859 年的《〈政治经济学批判〉序言》才获得了完整的论述。这两个要点或思路既考虑了"世界历史"的横向发展也考虑到了"世界历史"的纵向发展，均是马克思"世界历史"理论体系的有机组成部分，只不过前者着重解决的是"世界历史"的结构问题，而后者着重解决的是"世界历史"的动力问题，是不能把二者截然分开的。不幸的是，自吴于廑先生把世界历史界定为由分散到整体的历史以来，人们似乎完全忘掉了后一点，而仅记住了前一点。

此处我还想多说几句，如果我们承认"普遍联系"论和"社会形态"演进论均是马克思"世界历史"概念的有机组成部分，那么我们就不可避免地会遇到由此产生的一系列问题：（1）如果说"普遍联系"论和"社会形态"演进论均是马克思"世界历史"概念的有机组成部分，那么二者在思路方向上的差异或矛盾又如何才能得到统一？（2）从历史学的角度看，世界历史中的横向发展与纵向发展相比，哪个对人类社会本身的影响更重要？（3）人类社会的"普遍联系"主要是由资本主义启动的，那么封建社会及一切前资本主义社会与资本主义社会相比，其普遍性是否一定不如资本主义？（4）世界历史的横向发展和纵向发展均有自己的规律，但均受制于或离不开人类社会发展的总规律，二者内在的交集点在哪里？（5）此外，现在人们对"五种生产方式"的提法争议很大，但"社会形态"演进论本身是否会因此而受到怀疑和否定呢？我以为很难，因为国际学术界并不否认"社会结构"的概念，也承认原始社会、奴隶社会、封建社会和资本主义社会的存在与演进。迄今为止，这些问题均未引起足够的重视和研究，而若忽视这些问题的解决，整个世界历史的研究和编撰是难以做好的。

高：何老师，您的上述讲法很有新意。不过，您还没有说明这一理论在世界历史研究和教材编写中的地位和影响，以及它和西方学术是否绝对对立的问题，正是这些问题困扰着像我们这样的千千万万学子。

何：在国际学术界，有关世界历史的著述，包括官方的和非官方的教科书，可谓"车载斗量"。虽然从种类来看，可以把它们分为世界通史、地区史、国别史、专题史，但若从观点和体系上看，最有影响的不外乎两大流派：西方派和马克思派。在 20 世纪，有关世界史的最重要的代表作有两种：一种是剑桥世界史（包括世界古代、中世纪和近代史），另一种便是苏联科学院的 12 卷本《世界通史》，但它们都不是教科书，因其部头都太大。各种剑桥世界史虽然也探讨一些社会性质的问题，但绝对不采用"社会形态"演进论，而采用没有严格编年的专题式写法，并且是以西欧为中心来编排和演绎他们心目中的"世界史"的。苏联的多卷本《世界通史》被多数学者说成是国别史的总和而不是真正的世界历史，但人们忽视了全书贯串着一种并非特别严格的马克思的"社会形态"演进论，因而至少可归为马克思的"世界历史"编写模式之一。如果不那么严格划分的话，前者可视作对马克思关于"世界历史"的第一种思路的来自右的方面的演绎和诠释，因为它在夸大资本主义制度的普遍性的同时还宣扬一种资本主义制度的永恒性；而后者则是对马克思关于"世界历史"的第二种思路的来自左的方面的演绎和诠释，因为它似乎认为五种生产方式的更替普遍适用世界各民族、国家而且是严格"依次"进行的。现在人们对苏联学术否定得很厉害，其实这部多卷本《世界通史》并不失国际水准，它所涉国家之多是任何一本世界史著作不能企及的。同样，对按"西欧中心论"编写的各种剑桥世界史也不能一味指责，因为难得看到一部完全真实的有关资本主义世界体系如何产生、发展和演变的历史，它们从一个重要的角度提供了某种真实性，尽管不那么公正。这里还想补充一点，不应当把苏联的社会科学与苏联的政治实践混为一谈，其社会科学的重要贡献之一就是它尝试性地以唯物史观为指导，为人类学、民族学、社会学、考古学、历史学及其他哲学和社会科学部门建立一种并非完全不同于西方的独立的理论和解释框架，在某些领域（比如古史研究方面）产生过一些极其重要的成果，尽管他们的努力受到教条主义的严重影响，人们并不能因此对其成就视而不见，或简单否定。不要忘了俄罗斯文化，与中华文化、印度文化、基督教文化和伊斯兰文化一样，是人类多元文化中之重要一元。

高：您的提醒十分重要，极具科学精神和学术正义，听了很受启发。不过，我们注意到，第二次世界大战以后，特别是苏联解体以后，国际政治和经济形势发生了很大变化，美国一超独大和由它推动的全球化，已对国际学术的各领域产生了巨大影响，"后现代主义"对学术各领域的冲击尤为突出，对世界史乃至整个历史学的影响亦很明显，对此不知您有何评论？这是我们很想听到的。

何："后现代主义"源不远流也不长，但此概念的使用可以一直追溯至 19 世纪 70 年代，我看到的有据可查的例子是德国哲学家鲁道夫·潘维茨，1917 年他在描述 20 世纪文化虚无主义时使用过该词，但后现代主义作为一种思潮真正兴起和流行，则是第二次世界大战之后的事。后现代主义攻击的主要对象是"现代主义"，其思想和主张的核心是反理性。资本所导致的人的异化、工业化运动中造成的机器对工人的奴役、现代西方对传统农业社会的统治、工业化对全球生态和自然环境的破坏，以及两次世界大战中利用科学技术对人类的野蛮杀戮，在在都暴露了现代主义和科学理性的两重性，也证明了后现代主义兴起和存在的某种理由和价值。但个人认为，理性及对科学的追求，毕竟是人类区别于其他动物的重要特征，是人类克服野蛮状态走向文明的重要动力，反理性最终必然会导致反人类，并使后现代主义者走向自己愿望的反面。后现代主义者否认历史真实、真理及其客观性，只把历史看作"记忆""推论"或"意识形态的化身""史学家的语言游戏"，对传统史学特别是以实证论为核心的科学史学造成了"摧毁性"的破坏，尽管后现代主义者在倡导编写殖民史、妇女史、奴隶史、劳工史以及同性恋史、癫狂史等方面功不可没，但在其所谓的"叙事"中常常掺杂着作者的"猜测"或"臆造"。不过，在史学研究和历史教材的编撰中，有一点可能要给后现代主义郑重记上一笔，因为后现代主义"反理性""反中心"的态度，对此前西方世界历史编撰中占统治地位的"西欧中心论"造成巨大冲击，代之而起的就是所谓"全球史观"（global history）及其叙述，它强调西欧以外的民族、国家、历史、文明的重要性，及其在全球史中的地位和影响，令人"耳目一新"。你们所说的由北大出版社出版的斯塔夫里阿诺斯的《全球通史》、本特利和齐格勒的《新全球史》以及阿迈斯托的《世界：一部历史》均是这一背景下的产物，并明显带有美国主导全球化时代在学术上表现出的大气。我们与其说"全球史"及其史观是西方史学向马克思关于"世界历史"的第一个要点和思路的某种程度上的接近，不妨说马克思的世界史体系和西方的世界史体系在这里发生了交集，值得高度关注。

应当指出，比较而言，在马克思主义史学界，在苏联及其他社会主义国家，此间却没有在其传统优势领域，即按马克思关于"世界历史"的第二个要点和思路方面，也就是以"社会形态"演进论为指导编撰和演绎世界历史方面，产生和西方全球史著述相媲美的成果。其中，唯一可以值得一提的，是英国马克思主义史学家艾瑞克·霍布斯鲍姆的"时代四部曲"：即《革命的年代》（1962）、《资本的年代》（1975）、《帝国的年代》（1987）和《极端的年代》（1994），或许还可以加上他的《趣味横生的时光——我的20世纪人生》（2002），它可以被看作西方马克思主义者反思马克思主义史学而取得的一大成果。但与其说他的写作是以"社会形态"演进论为指导，不如说是以体现历史唯物论的"新社会史观"为指导，而且只包括世界近现代史，而不包括世界古代和中世纪史。其原因可能在于，史学领域中对马克思主义史学的反思要难于经济学、政治学和哲学等领域，而在教条主义盛行的苏联及苏联解体后的俄国，这种反思工作更难。其原因可能还在于，在作为原社会主义阵营重要成员的中国，并没有经历苏联早先那样的以大量搜集整理和翻译马恩原著为基础对马克思主义作原创性研究的阶段，而在1978年实行改革开放后又来不及对马克思主义史学做重新研究和反思，就被潮水般涌入的西方各种学术思想和著述所淹没，学术"引进"成了时髦或"标准"，却失去了应有的自主意识和批判精神。目前，我们史学界，包括世界历史学界，像我国改革开放事业一样在国内外极为复杂的形势下面临着艰难的抉择，由于对传统马克思主义史学缺乏认真反思和重新研究，在包括《历史研究》和《世界历史》等刊物上刊登的某些有关文章，大多属于表态性质并在一些重要问题上有些犹豫不决。在这样的情况下，要在我们的传统世界史领域创造宏大而崭新的成果，是很难的。当然，我们并不是完全没有基础和条件：新中国成立后，不仅十分重视世界史的研究，北大还在1958年在全国率先建立了亚非史教研室，后又于1963和1964年分别在北大和科学院建立了世界史专业和世界史研究所，并在此间出版了由周一良、吴于廑主编的四卷本《世界通史》教材及配套教学参考资料，"文革"结束后又出版了由吴于廑、齐世荣主编的六卷本《世界史》，为我国世界史的研究和教学奠定了重要基础，且在体系上并不完全同于苏联的多卷本《世界通史》。

高：上面您对东西方在世界史教材编撰方面的情况进行了

比较，对这些年引进出版的全球史教材作了充分的肯定。其中最新的一部便是阿迈斯托的《世界：一部历史》，可一般认为它毕竟是"反体系"的，属于"后现代"史学的范畴，您对此有何看法？读者很关注这一问题。

何：从大的范围来看，这部教材当然带有"后现代"的色彩，因为正如你所说的，它是"反体系"的。但你知道吗？20世纪西方史学已发生了两次转向：第一次是由现代主义史学或实证主义史学向后现代主义史学的转向，第二次是由后现代主义史学向叙事史学的转向。叙事史学承认史学的某种客观性，明显是对后现代主义史学的修正，在某种程度上是向传统史学的回归。如果你仔细阅读这部教材，就会发现它不仅十分注重对某些史实的考察，而且在做历史叙事方面下了很大功夫。前者可以蒙古入侵格鲁吉亚为例，它通过铸造于1230年和1247年的两个不同的格鲁吉亚硬币的比较来论证蒙古人对格入侵的历史影响，因为前一枚硬币铸有耶稣基督的半身像，并印有希腊文、格鲁吉亚文和伊斯兰文，而后一枚硬币却用一个骑马人物像取代了耶稣基督像，并去掉了希腊文和格鲁吉亚文，意在表明该国国王已成"大汗之奴"。后者可以"武后篡权"为例，编者将武后先是如何以色诱惑皇位继承人，轻而易举地绕过法礼的障碍，由前一位皇帝的嫔妃变成了下一位皇帝的妻子，然后又如何拉拢皇帝的反对派，令佛教僧团散布她是佛陀转世，进而鼓动起6万人发动劝进，她最终由摄政升为皇帝的故事叙述得栩栩如生。此外，该教材在板块设计方面也很有特色，如地图的插入、资料的选择和细节的探讨都做得很好，非常适合现代教学的实践要求，是培养新型人材的有效手段，似将引领一个时期内教材编写的潮流。但我们并不能无条件地赞成其"反体系"的倾向，因为"反体系"最终会导致反马克思的历史唯物论，而马克思的唯物史观是迄今为止最系统而严密的史学体系，不管你承认它与否。君不见，西方学术界既不断地在对马克思进行批判，也不时地从马克思那里得到启发，汲取营养。这也不令人奇怪，因为西方学界至少承认，马克思是三大"人类学鼻祖"之一。

高：听了您的评论和分析，是否可以说这类全球史教材，已经达到了非常令人满意的程度？

何：不能那样说。由于它是反唯物史观体系的，很少有对不同时代社会及其结构的深入讨论和分析，其叙述的深刻性就因此大打折扣，不能给学生和读者以必要的规律性的历史认识，这是此类教材和著述的根本性缺陷，恐怕也是其难以克服的障碍。由此我想到，未来的更全面、系统和科学的世界历史研究和编撰，似应注意吸收马克思派与西方派各自的优势，既照顾到世界历史的横向发展也照顾到人类社会的纵向演化，尽量避免在宏大叙事中顾此失彼。

（高岳博士记录并整理，何顺果本人校阅）

在想象和科学之间

——我对世界史的探索和思考

我是和新中国一起成长起来的。和新中国的成长一样，在我的生活、学习和工作中并不只有春风送暖、阳光灿烂，有时也伴随着严冬寒天、风刀霜剑。

我在爸爸和妈妈眼里应该是个好孩子，在老师和同学眼里也应是个好学生，因为我的成绩大概还算"名列前茅"，每次评"三好生"几乎从未被落下过，高中时甚至还被县里授予"五好青年"称号，那是对我做校学生会工作的肯定。小时候，我喜欢语言和文学，除了阅读家藏的一些古籍、医书、《辞源》及《创造》之类的杂志外，课余还研读过黎锦熙的汉语语法，借阅过《文学概论》《修辞学》之类的书籍，省吃俭用订阅《俄语学习》《长江文艺》《延河》，以川东乡村为背景进行以小说和散文为体裁的写作训练，得以在初中毕业时在地方小报上发表署名文章。我报考大学的前三个志愿都是北大的：文学系、历史系、俄语系，最后被分在世界史专业。当时对升学几乎没有什么悬念，记得考完一回家我就对家里说："我可能不久就要离家上学了，往年对家没做什么贡献，今年暑假我要多挣些工分。"那年夏天，我参加割稻、打谷，虽然很累，但几乎没有感觉，因为一心只想到多挣工分了。一天，收工的时候，我对乡亲们说："明天我不来了，昨晚做了一个梦，录取通知到了。"第三天，果然接到了大学入学通知，是北大寄来的，附有一封给新生的信，用的是红纸。

我们的大学生活，虽然受到了"四清""文革"的冲击，但头两年的教学秩序还算正常，进行了较为严格的基础训练。教我们中国史的有张传玺、田余庆、汪籛、邓广铭、许大龄、张寄谦诸位先生，几乎囊括了当时北大历史系所有名师；世界史教学则由中年教师担纲，古代史是魏杞文、朱桂昌，近代史是欧阳可璋、郑家馨，现代史由徐天新主讲。为了活跃和丰富教学内容，我作为学习委员负责聘请老专家做讲座，记得当时齐思和、杨人楩和张芝联教授都给我们做过讲座。大学时，因我学的是世界史专业，还承担过《人民日报》在我系约稿的写作，记得文章的题目是：《泛斯拉夫主义：俄国的鞭子》，虽然背景是"反修"，但内容是知识性的。"文革"中，我留校工作前后，曾"五上五下"参加劳动和教改，至今还记得在靳草梁背棒秸时被山风吹倒，在特殊钢厂和老教授一起轧钢板的情景；其间，我参加过两部村史和一部家史的调查和起草，家史的题目为：《一个坚持了十年的单干户》。用现在的说法可能有点"另类"，但当时做得是那样认真，写好后还专门念给老乡听并请他们提意见，一位教过私塾的老先生说："很清楚，要在我们那时，算得上秀才了。"其实，我从高中时起就感到了一种莫名的

压力，"文革"中甚至成了被批判的对象，我这个本来很开朗的
人也弄成了神经衰弱。我的"罪名"之一就是："重业务，轻政
治"，遭到质疑的还有我独立和自由的个性。为了做一名合格的
北大教师，我当时不得不抓紧业务进修，又是专业俄语又是自
学英语，后来还到西语系旁听了一年半英语，有段时间张广达
教授每周定期给我做外语辅导，还教我做学问的方法，其情其
景，永世难忘。面对批判，当时本人曾表示："能当一个合格的
教师就不错了，还谈得上什么'重业务'！""我认为，废除文
科大学，是一个路线问题。"这些言论可在当时军宣队的笔记本
上查到。所以，和全国人民一样，对于打倒"四人帮"，我确有
些"第二次解放"之感。

打倒"四人帮"，我国实行改革开放，国民经济重获生机；
与此同时，大学恢复招生，老师们也得以重登讲台。在"科学
的春天"到来之际，我国的科学文化事业显示了强大的活力，
各门学科都有新的刊物应运而生，《世界历史》就是这类新刊
物中的一个，它很快就成了我国世界史学者共同的园地。记得
1978 年该刊创刊号上的打头文章，就是我系张芝联先生写的
《资产阶级历史主义的形成及其特征》，该文内涵深刻而又颇富
现实意义，它是"文革"中作者在一次座谈会发言的基础上写
成的，此发言旨在反驳"四人帮"爪牙的攻击，为翦伯赞先生
的历史观做辩护。1979 年，我发表在其姊妹刊物《世界历史研
究动态》第 10 期上的文章《从〈苦难时期〉看美国"历史计量
学派"》，则可以看作我学术生涯的真正开始，因为此文虽短，
却是我在"文革"结束前后翻阅和翻译大量英文和俄文期刊资

料的基础上写成的，由此我开始从学术上深深卷入美国史上的一大难题——种植园奴隶制问题。然而，我对美国史的关注早在 70 年代初就已开始，当时我刚留校工作就被指定搞美国史教学，我立即发现我们有关美国的教科书存在很大的缺陷：只讲13 个州的形成，而不讲 50 个州的形成，这样作为一个大国的历史就说不清楚。于是，我决定把对"西进运动"的研究，作为本人研究美国史的第一个课题。此后，我对美国史的研究，才从西部问题转入区域关系，进而由 19 世纪扩大到整个美国史。由于美国是一个经济大国，为了弄清美国资本主义发展的特点，就必须把它放到整个资本主义发展过程中去观察，所以我不得不去研究资本主义史，这等于开辟"第二战场"。资本主义起源于西欧，从纵向上提出的问题是它与西方传统有何关系，而从横向上提出的问题便是：为何资本主义首先产生于西方而不是东方？这意味着，要回答有关资本主义的问题，进而回答有关美国的许多问题，不能避开整个世界历史而对之一无所知。就这样，我又被迫卷入历史与理论问题的研究，它涉及的是整个世界历史，我由此进入研究的"第三个领域"。不过，在此期间，我逐渐发现，这种学术扩张，其合理性虽然有其相关性作为依据，但由于每一领域都有其自身的规律和特点，如果仅仅从相关性出发来思考和研究问题，那就会面临意想不到的风险，这迫使我在进入这些研究领域时，不得不暂时忘掉相关问题。

　　30 年来，虽然在学术上涉猎较广，但研究成果却十分有限，仅出版了《人类文明的历程》（高等教育出版社 2000 年版）、《美国史通论》（学林出版社 2001 年版）、《美利坚文明论》（北

京大学出版社 2008 年版)、《美国边疆史：西部开发模式研究》
（北京大学出版社 1992 年版)、《美国"棉花王国"史：南部社
会经济结构探索》(中国社会科学出版社 1995 年版) 等几部著
作，发表了大约五六十篇专题论文和文章。其中，除《人类文
明的历程》外，其他几部书都集中于美国史，《美国"棉花王
国"史》可能更专一些，此书和《美国边疆史》一起已被美国
国会图书馆收藏，并寄来了收藏证书。《美国史通论》虽然是在
讲稿的基础上写成的，但包括了我对美国史内容和结构的重新
思考，改版后被纳入北大出版社"名家通识讲座书系"。在最近
出席的一次中国美国史研究会年会上得知，许多学校都把它作
为美国史教材，该书已数次重印。比较而言，我对论文的写作
更用心一些，记得周一良先生讲过学术考核主要看论文，所以，
不论大小，没有个人心得体会一般不会提笔，它们大都发表于
"核心期刊"，少数发表于《人民日报》和《光明日报》，其中刊
登于《历史研究》的有 8 篇，刊登于《世界历史》的则更多一
点，且用功的程度不亚于发在《历史研究》上的文章。承蒙关
照，有十四五篇被人大报刊复印资料转载，两篇译载于《中国
社会科学》，《人类正面临从未有过的变化：论高科技革命的世
界历史意义》一文不仅被《新华文摘》(1999 年第 10 期) 转载，
2000 年还被美国 Colby Information Center of Science & Culture
评为"千禧年优秀科学论文"，并发来了中英文证书。多年来，
在新入学的全校博士生课堂上，我都应邀以此文为基础，就有
关问题做更为开放、充实和深入的讲解和讨论，获得意想不到
的欢迎，一位来自台湾地区的学生对我说："没想到在大陆还能

听到这样的讲座。"除此之外，与本人研究有关的一些专题，如"资本主义史""美国西部开发的历史与经验""美国的崛起及其动力"，也先后在一些大学、政府机关、部队，以及全国省部级干部专题研究班上做过演讲，均得到正面的回应。在我的世界史研究和探索中，上述三个领域、层次或维度虽然是互相影响和促进的，在具体运作中又是穿插着进行的，但为了叙述之方便，下面还得分开来说。

一、关于历史与理论问题

这是一个如何认识历史和怎样认识历史的问题，我写的《人类文明的历程》和几篇文章，可能与此有关。《文明史研究的任务》（《光明日报》2001年4月10日理论版）一文，是我写《人类文明的历程》的心得体会之一，针对当时"文明热"但在"文明"的理解上莫衷一是的情况，提出"文明的本质特征是精神的"论点，涉及了文明史认识的根本性问题。文章是从文明发生学角度提出问题的，因为从文明发生学的角度看，在文明发生之前世界上的万事万物，包括人类本身在内都是属于自然的一部分，当第一个作为人类生活工具的石器制造出来的时候，文明在某种程度上可以说便发生了。但这个石器之所以可以作为工具来使用，是因为制造者赋予它以人文的因素，这以后文明不管它以何种形式（无论是物质的还是非物质的）存在，首先是由于它们都包含或被赋予了人文因素，否则便谈不上任何文明及其程度和优劣，所以，个人以为：文明史研究的首要任务，就是要揭示这种文明的精神内涵。比较而言，对下面几个问题，如神话、传说与历史的关系问题，社会形态演进论问题，《资本主义生产以前的各种形式》①的历史定位问题，历史决定论问题的探讨，就要具体一些。

发表于《史学理论研究》2007 年第 4 期上的《神话、传说与历史》一文，原是我为我系西方史学理论与史学史研究方向博士生所做的讲课记录，是由我和我招的该方向的第一个博士生陈继静合作完成的。招收此方向的博士生，是当时北大研究生院和历史系的决定。记得，当时研究生院打电话说：招收西方史学理论和史学史博士生，我们试了几次都没有成功，我们想请你来做这项工作。我以为这是一个不错的提议，但更知道这是一个多么艰巨的工作，所以，我为此倾注了巨大的热情，连续成功招收了几届，就是一个学生我也认真为其开课。一次，我征求她的意见："感觉怎样？有收获吗？"她回答说："很好呀，每一次课都上一个新台阶。"我大为振奋，决定将其中一个主题整理、充实发表。这个问题虽然在国外有许多讨论，但在理论上并没有完全解决。《神话、传说与历史》一文的要点有四：一是重新启用和评价了爱德华·泰勒关于神话传说属于"原始文化"的概念，从而在理论上找到了由神话、传说到历史的通道，因为只要承认神话、传说属于"文化"范畴，即承认它们是人类思考和活动的产物，也就承认了它们包含有历史的要素；二是以"信史"（即可以史实确证的历史）为核心，而以

---

① 《马克思恩格斯全集》第 46 卷（上），人民出版社 1979 年版。

"可信度"为标准将神话、传说划分为四个或若干个层次，来研究和判断神话、传说与历史的紧密程度，从而尝试性地提出了一个神话、传说的解释框架；三是提出在历史学和考古学之外，在研究神话、传说的时候还要采用人类学、民族学、民俗学、古文字学乃至某些自然科学的方法，以弥补传统历史学研究手段的不足，从而突破考据和双重证据法的局限；四是提出，为了弄清神话、传说与历史的关系，又必须修正传统的以"信史"为核心的历史观，承认神话、传说所包含的历史要素，这样就可以大大扩张历史领域。这里多说两句，陈继静已于去年毕业，成为北大第一位获得西方史学理论和史学史博士学位的人，她不仅英语很好，法语和好几种语言都可用，还有一般文科学生没有的两项绝活：按我的要求学了高等数学和高级经济学，她从本科开始就接受我的指导。她以《计量史学：20世纪史学科学化的限度》为题的博士学位论文顺利答辩并得到高度评价。大家都说，那次答辩会是一场高水准的学术讨论。

我对另一个历史理论问题的探索，缘自卡尔·马克思的一个重要论断："大体说来，亚细亚的、古代的、封建的和现代资产阶级的生产方式可以看作是社会经济形态演进的几个时代。"国际学术界公认，这可能是马克思著作中被引用频率最高的论断之一，但也是争论最大的论断之一，因为由此引出了两种极端的看法：有人从中引出了所谓"单线"发展论，把它看成是人类社会发展的某种逻辑"公式"，以为各国社会形态都是按上述顺序"依次"更替的；也有人认为，它根本不是人类社会演进的什么"公式"，上述几种生产方式原本是"并列"提出的，并不存在先后"依次"更替的关系。我的怀疑是从中译文对这一论断的表述开始的，因为中译文中"生产方式"和"社会经济形态"是两个相等的概念，而按通常的定义，二者并非一致。我对德国哲学和思想有浓厚兴趣，所以抽空学了点德语知识，于是专门查阅了有关论断的德文原文，发现此处关键词"看作"马克思原用的是"bezeichnet"，该词虽然可以译为"看作""称作"，但基本含义或首要意义乃是"标志""标明"。换言之，在此论断中，马克思的本意，只是把"生产方式"看作与之相对应的那种"社会形态"的"标志"，即该种社会形态中占主导地位的生产方式，并以此决定着该社会形态的性质而使之具有独立的性格，可见在马克思的心目中"生产方式≠社会形态"。由是，我做出了如下推论：第一，既然一种生产方式只有在社会上占主导地位时才能造成一个与之对应的独立的社会形态，那么这种生产方式由萌芽到取得主导地位应是有一个过程的，因此不应忽视社会形态形成的复杂性；第二，既然一种独立的社会形态中必有一种生产方式占主导地位，那么在它内部就一定还有不占主导地位的生产方式，因此，各种社会形态应是多种生产方式的结合体；第三，既然在一种社会形态中有的生产方式占主导地位而有的不占主导地位，可见并不是任何一种生产方式都一定会上升到主导地位，并造成与之相对应的独立的社会形态。我的这一发现得到三个方面的证明：在语言上，得到英译文的证明；在理解上，找到了恩格斯的有关论述；在历史上，可以"小农制"的存在为例。因为小农制虽然是"一种普遍而长命的生产方式"，却从未在哪个社会形态中占据支配地位。① 我发表在《世界历史》1998 年第 3 期上的读史札记《生产方式≠社会形态》，当年 8 月 29 日《人民日报》在理论版上做了转载，同年《改革内参》第 22 期也有报道。可见，社会上对这类问题是很关注的。

　　为了进一步弄清马克思的上述论断的含义，即关于"并列"论与"单线"论的争议，我对马克思所著《资本主义生产以前的各种形式》（以下简称《形式》）一文与上述论断进行了比较分析，所得成果可以表述如下：（1）马克思《形式》一文中所列的三种所有制形式，即"亚细亚的所有制形式""古代的所有制形式"和"日耳曼的所有制形式"确实是并列的。理由有二：其一，它们都是以地域来命名的；其二，它们都是"（农业）公社的各种形式"。（2）马克思在 1859 年所写的《〈政治经济学批判〉序言》（以下简称《序言》）中所做出的上述论断，由于保留了《1857—1858 年经济学手稿》之《形式》一文中"亚细亚的生产方式"的提法，可以看作是《序言》在概念使用上所留下的《形式》一文的痕迹，因而怀疑上述论断中几种生产方式也是"并列"的，不无缘由。（3）但一年后马克思在上述论断中所列的几种生产方式，已不再是"并列"的，而是按演进的顺序排列的，因为作者使用的"progressive"一词的基本含义是"演进""先进""累进"，因而这些生产方式的排列肯定包含着比较、性质和先后的判断。（4）根据我在《生产方式≠社会

<hr>

　　① 何顺果：《小农制：一种普遍而长命的生产方式——兼论"生产方式≠社会形态"》，《世界历史》2000 年第 6 期。

形态》一文中的发现及推论，虽然《序言》中所列出的几种生产方式在世界历史上是普遍存在的基本生产方式，但并不意味着其中任何一种在任何国家都会上升为占主导地位的生产方式，因而应排除所谓"单线"论。文章最后得出结论：马克思的上述论断应视为"社会进化论和多线发展论的统一"。在此，还应补充一点，是当时没有注意到的：仅就社会进化而言，上述论断中不仅表现在"progressive"一词的使用上，还表现在"时代"（复数）一词的使用上，而"时代"的变化本身包含着"变迁"和"发展"，也不可能发生几个"时代"并列的问题。

　　在我国学术界，关于马克思的《资本主义生产以前的各种形式》一文，自 1956 年由日知所译的单行本《资本主义生产以前各形态》问世以来，一直被当作马克思关于社会形态演进理论的经典，在人类学、历史学、考古学和社会学著作和文章中被广泛征引。由于上述的研究和探讨，使我有机会重新阅读和审视这篇经典文献的历史定位，我发现这篇文献的主题原本是讲"资本的原始形成"即资本主义起源问题的，而不是专讲社会形态演进的，因此以往的许多与此有关的误读或误解，以及由此引出的许多解释和发挥，可能都要重新审查。我的理由如次：第一，文章开宗明义就谈到，其研究历史上各所有制形式及其演变之目的，乃是为了弄清"雇佣劳动的前提和资本的历史条件"；第二，从文章结构看，此文总共可分为两大部分，前一部分讲农业公社的起源及各种派生和再生形式，后一部分讲资本主义生产关系产生的历史过程及其特征，按逻辑显然前者是为后者服务的；第三，文章虽以很大篇幅来谈"资本主义生

产以前的各种形式"，但在马克思《1857—1858年经济学手稿》
中是被置于第三章即"资本章"之下，由此也可看出作者之真
实意图；第四，在《形式》一文中，在讲各种所有制形式时使
用的是"form"一词，而在上述论断中讲"社会形态"时使用
的是"formation"，有明显不同；第四，由于主题的关系，马
克思在《形式》一文中主要强调的，是资本主义生产以前的各
种所有制形式与资本主义的区别，即这些前资本主义所有制形
式的共同点，而不是它们的不同点，因而未能充分展开。关于
"社会经济形态"的翻译及其含义，以往学术界有许多讨论，不
少人主张译为"经济社会形态"，我基本同意这种意见，我的进
展只是指出了这样一点：此概念马克思原用的是"Okonomische
Gesellschaftsformation"，此处"社会形态"原文本是一个词，
而"经济的"是作为形容词使用的，因此只能译为"社会形态"
而不能译为"经济形态"。这一探索已写入拙文《马克思〈资本
主义生产以前的各种形式〉考辨》（《史学理论研究》1999年第
1期）。

　　《关于历史决定论问题》（《光明日报》2005年10月25日
《学术》版）一文，是为出席中国史学理论研究会年会而撰写
的。文章是纯技术性的，即主要是为了说明史实和真相，并不
带有更多的个人价值判断，因为在国际学术界有人否认马克思
"历史决定论"的存在。这当然不是事实，但我在论证这一事实
的同时，又指出马克思虽然说经济是决定性因素，但人们并不
能由此将马克思的历史决定论归结为"经济决定论"，因他在强
调经济的决定作用时还讲到政治的"反作用"，且认为这种反作

用有时也是"决定性的"。在此讨论过程中，我注意到马克思关于这个问题使用的三个重要概念：（1）是"反作用"概念；（2）是"交互作用"概念；（3）是"非均衡"概念，我认为它们对正确和全面理解马克思在这个问题上的唯物论和辩证法，有至关重要的作用。最后，我讨论了马克思提出的经济是历史发展中的"终极原因"的概念，我认为此概念是他提出的"非均衡"概念的延伸，并且只有从"非均衡"概念出发才能正确理解其"终极原因"概念，它体现了马克思历史决定论的"彻底性"。至于如何评价马克思的"历史决定论"，则不在该文讨论的范围之内。

二、关于资本主义史问题

我的教学和研究主要是世界近代史，1998 年又被聘为北大历史系三位主干基础课程主持人之一，负责世界近现代史方面的工作，而资本主义是世界近现代史的核心内容。更重要的是，我的主要研究方向是美国史，而美国首先是以经济大国著称于世的，其资本主义发展的特点自然不能回避。所以，我花了很大精力致力于资本主义史的研究和探索，希望在若干问题上有所突破，以促进美国史的研究。

以本人的感觉，在这方面的主要收获之一，是对马克思的"资本原始形成"理论有了一些体会，而这是对其所著《资本主义生产以前的各种形式》进行探索的结果。首先令我感到惊讶的，是马克思对什么是"资本原始形成"的回答，他认为所谓

"资本的原始形成"就是指"资本主义生产关系产生的历史过程",而他在《形式》一文中则认为探讨这个过程的主要任务是"考察货币向资本的最初转化",而不是我们过去在《资本论》第一卷第 24 章所了解到的劳动者与生产资料分离的过程,这就把关于"起源"研究的重点放在了"资本"方面,而不是过去强调的"劳动力"方面。当然,这并不是说马克思不重视资本主义生产关系产生过程中的"劳动力"问题,以及与之相关的前资本主义社会经济结构解体过程的重要性,因为他说过这个过程是"资本的前提"。但马克思认为,在资本主义产生过程或"正在历史地形成的"过程中,资本家才是"与工人对立的一个主体",而资本家乃是"人格化的资本"。因此,在资本主义起源,或"资本原始形成"的研究中,首先提出的应是最初转化为资本的货币来源问题,以及商业资本在这些货币来源中的地位问题,然后才是它们怎样和何时转化为资本的问题。总之,我的感觉是,在马克思关于资本原始形成理论著作中,《形式》一文的重要性超过了《资本论》第一卷第 24 章。[①] 我对市场在西欧的兴起及其历史意义的探讨,可以印证上述观点。[②]

以往国内关于资本主义萌芽的讨论,比较强调"萌芽"的"生命力"和"连续性"。但我在研究中发现,马克思关于"萌芽"使用的德文原文是"Anfänge"(复数),其含义是开端、起源、初步的意思,而他在《形式》一文中说得更为明白,萌芽

---

① 参见何顺果:《马克思"资本原始形成"理论研究——重读〈资本主义生产以前的各种形式〉》,《史学理论研究》1998 年第 2 期。

② 参见何顺果:《市场在西欧的兴起及其历史意义》,《历史研究》1991 年第 3 期。

状态的资本主义生产关系是"正在历史地形成的关系"，而不
是"已经成为决定的、支配整个生产的"关系。因此，不能过
高估计资本主义萌芽的"成熟性"，以为有了"萌芽"就一定
会发展起来，或者资本主义未能发展起来，"萌芽"就肯定不曾
发生过。实际上，以本人的研究，资本主义萌芽存在着三种历
史命运：持续发展型；中间断裂型；藕断丝连型。在此基础上，
我进一步讨论了资本主义是首先产生于农业领域还是工业领域
的问题。我以为，这个问题应该分为两个方面来考察：一方面，
要弄清资本主义生产方式的本质特征；另一方面，则要弄清农
业和工业这两种产业各自的特点，因为只有弄清了这两方面的
情况，才能找到两者最佳结合的地点和时间，促成资本主义的
产生。研究得出如下结论：连续性或产业化是资本主义生产的
内在规律和本质特征；（传统）农业是生长性产业，因而要受季
节和气候的影响；而工业作为加工和再加工生产部门，不仅不
易受季节和气候的影响，而且比较容易实行内部分工，因而比
较适合资本主义生产方式的采用。换言之，一般而言，资本主
义应首先产生于工业领域而不是农业领域。我已把这些成果写
进了《资本主义萌芽问题新论》（《北京大学学报》1998 年第 3
期）和《资本主义首先产生于农业领域还是工业领域——兼论
资本主义生产方式的本质特征》（《北京大学学报》1999 年第 1
期）。这里，笔者还想补充几句：在做上述探讨时，针对那种
把英国早期的"乡镇工业"作为资本主义起源于农业的证据的
做法，我对英国的"乡镇工业"这一史实做了考证，结果发现：
（1）"乡镇工业"在 E. 利普逊《英国经济史》中，是放在"羊

毛业"一章内进行考察的;(2)E. 利普逊在该书一个边注中明确地把英国 14、15 世纪的乡镇羊绒工业称为"工业资本主义"(Industrial Capitalism)。(3)E. 利普逊在同一本书中还指出,英国最早建立在资本主义基础之上的工业也不是 14、15 世纪的呢布业,而是 14 世纪初的锡矿采掘业;(4)我找到了 W. 佩奇所编《康沃尔郡志》,查阅了 G. R. 路易斯的《锡矿采掘业》一文,证明 E. 利普逊所说不虚。这是学者们不曾想到的。

关于"重商主义"的系列研究,目前仅有两篇论文问世:一是《重商主义:资本主义的催化剂》(《西学研究》第 2 辑,2006 年),二是《特许公司:西方推行"重商政策"的急先锋》(《世界历史》2007 年第 1 期)。我在头一篇文章中,探讨了"重商主义"的思想根源,提出对"重商主义"的认识不能停留在"贸易主义"或"重金主义"之上,认为引发了"重商"政策和行动的更主要更深层的原因,是"财富"观念和"财富积累方式"的改变:首先是"财富"观念的改变,就是用"人工财富"和"流动财富"取代了"自然财富",成为人们追求的主要财富,不再仅仅或主要依靠土地及地租作为积累财富的目标;然后就是财富积累方式的改变:把货币的积累和通过贸易特别是国际贸易作为财富积累的主要手段,不再像以往贵族、地主那样把夺取和占有土地(包括矿产)以收取地租作为财富积累的主要手段。在此基础上,我探讨了由这种观念和方式改变而引发的多种变化和发展,特别是海外探险、殖民主义和国际贸易的发展,并对资本主义由核心到边缘、由宗主国到殖民地的一个关节点——"特许公司",进行了专题研究。与以往的研究不

同，我不再一般地把它们称为"贸易公司"或"殖民公司"，而
是恢复它们的原称——"特许公司"。当然，指出"特许公司"
是公权与私权的结合不是我的功劳，我只是考察了特许制度和
公司运动是如何及在什么背景下合流并催生出这种新的力量的；
描述特许公司的演变与资本主义经济组织演变的关系，西方学
者也早已做过了，我只是强调了这种演变乃是 15—18 世纪整个
西欧社会转型的一部分。我的主要进展，是比较详细地考察了
伦敦的"商业冒险家公司"（1407 年）、莫斯科公司（1555 年）、
利凡特公司（1592 年）和英国东印度公司（1600 年）之间的渊
源，及其在人员、资金和组织上的内在联系，并在此基础上指
出："从 1407 年的商业冒险家公司到 1600 年的英国东印度公司，
虽然不是此间英国商业冒险家所开拓的唯一方向，也不是这些
商业冒险家所取得的唯一成就，但却是英国商业冒险家所做出
的最持久也最系统的努力。"

　　对资本主义起源的历史类型的探讨，是笔者关于资本主义
研究的另一重点。马克思曾经把资本主义分为"原生的、派生
的或再生的"。而国际学术界一般持类似的观点，以为资本主义
都是在西欧首先产生，然后再逐渐向全球扩散的，在史学中称
为"传播论"。我通过研究和探讨发现：（1）在以美国为代表的
扩大的"新大陆"，资本主义最初是从西欧移植而来的即"派
生的"，但第一，"派生"不完全等于原生，因为它只是"原
生"的极小的一部分；第二，这些"派生的"资本主义，不少
在新的环境和条件下获得了"再生"，甚至是"新生"；第三，
新大陆的资本家，绝大多数都是利用新的环境和条件，依靠自

己在殖民地的资本积累发展起来的，因此是一种新型的资本主义。（2）在东方传统农业社会，特别是像中国、印度、日本甚至奥斯曼帝国的某些地区，由于历史悠久、经济发达，很早就有相当发达的商品经济，在西方资本主义大举入侵前也已有不同程度的资本主义"萌芽"，这些地区和国家以后发展起来的资本主义，是内外两种因素结合的产物。（3）也不能过分强调西欧资本主义的"原生性"，因为在西方产业资本主义诞生前有一个"重商主义"时代，在"重商主义"之前有过繁荣的"东西方贸易""欧亚大陆贸易"，甚至许多西方学者也已注意到西方资本主义起源的国际背景，如伊曼纽尔·沃勒斯坦在《现代世界体系》中就把16世纪产生过程中的资本主义称为"world-economy"（世界经济）。正因为如此，我在《关于资本主义起源的历史类型》（《北大史学》2005年第11期）一文中，把资本主义起源的历史类型归结为三大类：一是"原生型"（西欧）；二是"派生和再生型"（扩大的新大陆）；三是"综合型"（传统东方农业社会）。为什么新大陆的资本主义可以构成一个新类型？我认为，决定性的因素可以从"自由殖民地"（马克思语）中去寻找。为此，我专门写了一篇论文《"自由殖民地"：一种独特的资本主义起源和发展的历史模式》[①]，试图对上述论点做一个解读。所谓"自由殖民地"，主要是美国、加拿大和澳大利亚的前身，均是前英属殖民地。这些"自由殖民地"为新型资本主义

---

① 载何顺果：《美利坚文明论——美国文明与历史研究》，北京大学出版社2008年版。

的产生提供了哪些条件呢？文中提出了四个要素，其主要的意思是，由于这类殖民地没有或很少封建制残余，又都实行类似于美国的"人头权"和"公共土地"出售政策，使独立的自耕农和土地所有者迅速占据人口的绝大多数。在旧大陆，在农奴制长期统治下，农民由农奴、半自耕农、纳赋农再发展为完全的自耕农，要经过几百年的演变过程。但在自由殖民地，在资本主义正式起步之前，社会一开始就主要由独立的自由农民组成，从而超越了旧大陆社会转型的漫长而复杂的过程。而我关于传统东方社会"综合型"资本主义的解释，则得益于我在《资本主义萌芽问题新论》中提出的一个观点，即：资本主义萌芽，乃是社会经济生活商品化的产物，在社会经济发展的一定历史阶段，只要哪个地方出现了商品化的趋势，也就造成了资本主义萌芽的温床，"萌芽"不可能仅是西方才发生的现象。我以为，这一观点有助于揭开在"资本主义萌芽"问题上的神秘面纱。

大家知道，随着资本主义在西欧的兴起，以及它们对东欧和新大陆的扩张，东欧的"再版农奴制"庄园经济，以及美洲的奴隶制种植园经济，均先后被纳入了以西欧为核心的资本主义世界市场，这就产生了一个奇特问题：它们在性质上是什么？是农奴制、奴隶制还是资本主义？传统史学一般否认它们的资本主义性质，坚持认为它们是封建的或奴隶制的，而新派史家则几乎同声称之为"资本主义"，美国新经济史家甚至视之为"现代资本主义"，完全用"现代经济学"的观点和方法对其进行考察。马克思主张"接种论"，认为在奴隶种植园确实存在着"资本主义生产"，但奴隶制的采用不仅排除了自由雇佣劳动，也从根本上排除了资本主义的基础。"文革"结束前后，我在做俄语和英语翻译训练时发现了"Cliometrics"（Клиометрики）一词，当时请教了许多老先生均得不到答案，所有看到的英文词典都没有它的词条，最后还是在一位俄语老师的帮助下，通过分解弄清了它的"历史计量学"含义，这使我对其发生浓厚兴趣。在这个专题研究中，我的最大收获是发现内战前美国奴隶种植园并未完全排除自由雇佣劳动，这种劳动存在于监工、技工和临时工之中，并得到了奴隶种植园管理条例的证实，我认为它是美洲奴隶种植园与大西洋资本主义存在着内在联系的有力证据，因而对马克思的上述论断做了必要的修正，我在《美国"棉花王国"史》中明确指出：在南部奴隶种植园中存在着两种劳动方式：奴隶制和自由雇佣劳动制。此外，关于美洲奴隶种植园的欧洲背景，关于世界市场对美国南部产棉花的需求每年以 5% 的幅度增长，关于男奴、女奴及其年龄对摘收棉花效率的影响，关于黑奴移民和黑奴国内贸易两个概念的区别，关于奴隶走私者如何主动去官府"告发"又如何以"合法"身份在市场上出售走私奴隶的材料，关于监工的身份及其财富积累甚至自己也变成奴隶主的事实，以及奴隶和棉花生产相对集中于面积在 100 至 500 英亩之间的种植园的事实，都给我以深刻的印象，也是以往极少提及的。但更重要的是，我们在理论和历史的结合上，弄清了这类种植园经济在性质上既不是奴隶制的也不是"现代资本主义"的，只不过是"形式上的资本主义"这样一个问题。关于这一问题，我有两个成果，即专著《美国"棉花王国"史》（中国社会科学出版

社 1995 年版）和论文《关于美洲奴隶种植园经济的性质问题》
（《世界历史》1996 年第 1 期），前者主要做的是历史考察，后
者则着重于理论探讨，但有互证的作用。有了对美洲奴隶种植
园经济研究的经验，再来讨论东欧"再版农奴制"庄园经济的
性质问题可能就方便一些，因为我们可以对几乎同时发生的两
个历史现象进行一些比较。我发现：首先，东欧"再版农奴制"
庄园的建立者不是世袭贵族就是贵族子弟，而不若美洲奴隶种
植园主是地主兼资本家；其次，东欧"再版农奴制"庄园的劳
动力几乎是清一色的农奴，而在美洲奴隶制种植园中除了奴隶
外还有自由雇佣劳动者；再次，东欧"再版农奴制"庄园并非
自始至终更非完全为世界市场生产，而美洲奴隶种植园从一开
始就是为了世界市场而生产。因此，我认为，东欧"再版农奴
制"庄园经济可能连"形式上的资本主义"也不是，其商品经
济应属封建农奴制商品化的范畴。

　　对高科技革命的研究，是我在资本主义史研究中的一个意
外收获。这得从 1999 年我们面临的形势说起：当时，21 世纪
正向我们走来，处于世纪之交的人们，如何认识人类正在和将
要发生的变化，这种变化的本质究竟是什么？这是国内外广泛
关注的重大问题，而对这些问题的回答，不能不涉及"高科技
革命"问题。我早就关注高科技革命，但科技是"第一生产力"
是原理还是论断？它与资本主义有何关系？对世界历史的意义
又何在？对此我最初一片茫然。我在翻阅马克思《1857—1858
年经济学手稿》的时候，发现了两段从未引起过关注而又意义
非凡的论述：（1）"可见，资本的趋势是赋予生产以科学的性质，

而直接劳动则被贬低为只是生产过程的一个要素。"（2）"现今财富的基础是盗窃他人的劳动时间，这同新发展起来的由大工业本身创造的财富相比，显得太可怜了。一旦直接形式的劳动不再是财富的巨大源泉，劳动时间就不再是，而且必然不再是财富的尺度，因而交换价值也不再是使用价值的尺度。"①通过解读，我认为第一段论述包含有4个要点：（1）在资本主义条件下，科学技术可以上升为生产中的"第一生产力"，因为事物的性质是由主要矛盾的主要方面决定的，既然生产被赋予了科学的性质，说明科学在其中已上升为主要的因素；（2）与此同时，直接劳动则不再是生产的决定性因素，因为它已降低为次要的许多因素中的"一个"因素；（3）马克思认为这种转变在当时看来还是一种"趋势"，这就是说这种转变不是一下子完成的，它有一个过程；（4）马克思认为，推动这种转变发生，并最终完成这一过程的动力是"资本"，或者说是由"资本"的本质和功能决定的。这样，高科技革命就成了这一过程的重要转折点，如果说"科学技术是生产力"是原理，邓小平、哈贝马斯关于"科学技术是第一生产力"就应当是一个科学论断，而上面所引马克思的第二段论述也就不再仅是一种科学推测，我们也就可以对高科技革命的世界历史意义做出如下解释："在高科技条件下，科学技术不仅在理论上而且在实际上变成了最强大的生产力，并不可避免地在经济上引发出三大变化：（1）构成主要生产力的要素发生改变，知识生产力即高科技将取代人工

---

① 《马克思恩格斯全集》第31卷，人民出版社1998年版，第94、101页。

和半人工的生产力，成为主要生产力；（2）获取财富的主要形式发生改变，非直接劳动即脑力劳动将取代"直接形式"的劳动即体力劳动，成为财富的巨大源泉；（3）判断和衡量价值的尺度发生改变，劳动时间将不再是也不可能再是判断价值的尺度。由此，我还进一步对人类文明的发展做出如下推论："我们可以'高科技'革命为界标，把人类的社会生产力即人类获得财富的能力的发展过程划分为两个阶段：在此之前，人类获得财富的源泉主要靠'直接形式'的劳动，即体力劳动；在此之后，人类获得财富的源泉则主要靠非'直接形式'的劳动，即知识生产力。"在此，我想提醒读者几点：有必要对传统的劳动价值论的认识做出修正，但它实际上并不否认劳动价值论，这种认识上的修正源自马克思本人的思想，这种变化在中国和大多数国家还未真正发生。我盼望着这种变化在中国发生，因为没有这种变化，中国就不能真正由一个大国转变为一个强国。这中间要有一个认识上的转变。我为此而写的《人类正面临从未有过的变化：论高科技革命的世界历史意义》（《世界历史》1999 年第 5 期），可提供上述看法的基本资料。

三、关于美国文明与历史

前面提到，我对美国史的探讨，是从重新定义"西进运动"开始的，然后向前扩及美国立国史、殖民地史，向后扩及 20 世纪美国，最后才写下一本《美国史通论》，我把这一做法称为"中间突破"。为什么要重新定义"西进运动"这一概念呢？因为当时在一般人眼里，"西进运动"就是领土扩张，对 F. 特纳的史学也基本持批判态度，更不对西部史作实证研究。而为了进行实证研究，就必须恢复这个运动的本来面目。但为了叙述的方便，关于我对美国文明和历史的探讨，还是按时间顺序来说。

《五月花号公约》是美国历史上第一个宪法性文件。2007年，我的《美国史通论》改版后被纳入北大出版社"名家通识讲座书系"，决定将该公约作为附录。但在选择译文时发现，所见译文不是缺胳臂就是少腿，有的问题显然与理解有关，于是不得不对《公约》做一番认真考察。所得结果如下：（1）导致签署这个公约的直接背景，应是"五月花"号上移民中"陌生人"的反常举动，而不是过去通常所说的被暴风吹离原目的地，签署这个公约是自治和管理的需要；（2）公约决定建立的组织应是"公民政治团体"而不是一般"民众自治团体"，《五月花号公约》也不是一般的社区契约，其理由是：a. 公约说这个团体是"我们自己结合而成的"，它只是"自治"的一个条件而不是充分条件，不能直译为"自治团体"；b. 如果译为"民众自治团体"，原文中的"politick"一词便被不应有地忽略了；c. 一般地说，"社区"组织没有立法功能，而公约中所说的团体有立法、行政和司法功能，其中提到的"constitution"更超出一般立法的内涵，是一般社区所做不到的；（3）公约对立法的要求很高：一是要考虑殖民地的"整体利益"，二是立法要"公正"和"平等"，三是立法要方便适用，"just"和"equal"两词本身均内涵丰富，不能简单译为"公平"。（4）该公约虽然最初只实行于普利茅斯，但在美国革命和立国过程中上升为"美国中心神话之一"，说明它对美利坚文明的建立确有非凡的意义。我写的读史札记，可见于《读书》2008年第10期。

我探讨的另一个问题，是美利坚文明的历史起源。但不是这个文明兴起的一般背景，也不是指英属北美殖民地的殖民过程，而是"一个新的移民社会"在新大陆形成的过程，我所关注和探讨的重点是这一过程发生和发展的机理及其内在逻辑。为什么要这样做呢？我认为，如果把"合众国"的诞生看成是"美利坚文明"产生的标志，那么它的前提和条件就是那个"新的移民社会"的形成，没有新的社会不会有新的国家，美国革命不是凭空制造出来的。然而学者常常误认为这个"移民国家"不是简单的移植，就是什么都"完全照抄照搬"英国的制度，特别是它的土地制度。我的进展，是找到了英属北美殖民地土地制度之源，即曾采用于英格兰肯特郡东格林威治采邑的"自由永佃权"（Free and Common Soccage），这有1606年英王颁发给弗吉尼亚公司的特许状上的明文规定为证。这个规定以其相对自由、开明而为以后土地制度的改变提供了可能，这才有"土地共耕制"的瓦解和公司土地所有制的废除，才能由"商业殖民制度"向"农业殖民制度"或"农业兼商业殖民制度"，以及整个北美殖民地由萧条到兴盛的转变。我的工作，就是在洞察这种转变的同时找到并概括出由此引发的三大问题，并进一步找出为解决这些问题所采取的措施以及这些措施在这个新的移民社会形成过程中的作用：第一个问题是土地供应的紧张，为解决土地供应问题而对印第安人采取屠杀和驱赶政策以侵占其土地，其结果是把土著完全排除于新形成的移民社会之外；

第二是由殖民地开发引发的劳动力供应问题，解决之道是在自由劳动之外先后引入"契约奴隶制"和"种族奴隶制"，它们共同形成了新的社会经济结构的基础；第三是上述情况（特别是特殊种植园的发展）引出的管理问题，因为这些发展在殖民地培植出一些新的社会阶层和利益集团，乃有间接代表制即代议制的建立。这原是为六卷本《美国通史》第一卷所做的准备，后因故解除任务而改由他人去做，后发现我们之间观点并不相同又尚有些新意，乃将其成文。我在《美利坚文明的历史起源》（《世界历史》2002 年第 5 期）中得出结论：所谓移民社会并不是简单的移植，更不是完全照抄照搬，美利坚合众国赖以建立的基础，是一个已经形成的"新的移民社会"，而导致这个新的移民社会形成的，是"发生于 1614 年至 1624 年的弗吉尼亚公司的土地分割，以及一系列与此类似的或相关的事件"，它们是"一些有着巨大和深远影响的事件，而以后整个（美利坚）文明的发展都不能不以这些事件为出发点，或者说找到它们与这些事件的联系"。文章发表后得到各方面关注（见《中国社会科学》2003 年第 1 期），文摘杂志亦做了转载，其实我只是试图为美国早期史的研究提供一个理论基础或整体认识框架而已。

1988—1989 年我在美国的实地考察和研究，改变了我以往对美国的许多看法，触发了认真探求美国文明和历史之谜的强烈愿望，《略论美国的"立国精神"》（《历史研究》1993 年第 2 期）一文，是这种努力的一部分。我通过研究，认为美国的建国之父在创建合众国时，必须考虑并妥善解决如下三大问题：一是国家与广大民众的关系问题，亦即国家权力的来源问题，涉及的层面最广；二是中央与州和地方的关系问题，它涉及的层面小于第一层面，但却是国家构建过程中的关键环节，有承上启下的作用；三是中央政府内部立法、行政和司法的关系问题，它涉及的层面最小，但却是整个国家权力结构的核心。由此，我就勾勒出美国国家权力分配的三层结构，或者叫做"空间模式"。我认为，所谓美国的"立国精神"，应当包括如何处理这三大问题或关系的原则，以及蕴藏在这些原则中的哲学思想，因此对美国立国精神的探讨，不应局限于1776年的《独立宣言》。在我国和一些国家，对美国的"三权分立"并不认同，但美国的立国原则或权力分配有其合理性，只不过许多学者往往只就原则论原则，忘记了原则的合理性是以历史的合理性为前提的。我的进展，就是探讨了它的"历史合理性"，第一次用"四步论"取代了以往的"两步论"（邦联和联邦）：第一步是建立"联合殖民地"，第二步是各殖民地自行宣布成为拥有"自由、独立和主权"之邦；第三是由各自由、独立和主权之邦组成统一的国家"邦联"，第四步才是建立由中央集权的联邦。这个改变有赖于两点：一是强调第三步的重要性，因为"州权"是美国立国过程中的一大难题，也是每一次发展都必须优先处理的问题；二是发现了所谓"联合殖民地"（United Colonies）的重要性，因为作为"联合殖民地"载体的"大陆会议"不仅是美国革命的临时政府，它作为由各殖民地下议院代表组成的机构又为合众国的创建提供了核心的组织形式，它先是演变为"邦联国会"后又被确定为"合众国国会"。众所周知，托马斯·潘恩是北美"独立"的倡导者和提出者，我在大学时的一个读书笔记中曾记下了他的一句名言："独立即联合殖民地的政权形式"，但当时我并不理解，直到在这次研究美国立国过程和原则时才发现它的深刻含义："大陆会议"本是美国立国活动各阶段的组织者，"联合殖民地"就是"合众国"诞生的"直接母体"。当然，我的这篇论文的内容不限于此，但以上所说是感触最深的。

美国西部问题与历史，是本人美国史研究中费时最多的一大专题，除了综合性著作《美国边疆史——西部开发模式研究》外，还发表过系列专题论文。我重读了 F. 特纳的《边疆在美国历史的意义》一文，考察并重译了其"边疆假说"的原文："直到现在为止，一部美国史在很大程度上可以说是对于大西部的拓殖史。一个自由土地区域的存在及其不断的收缩，以及美国定居地的向西推进，可以说明美国的发展。"我发现作者所描写的西部是一幅人与物相对照、进与退相结合、静与动并存的完整图景，并不专讲地理条件，因而并非"地理决定论"，由此恢复了特纳主题和"假说"的正面意义。以此认识为基础，我进一步确认"西进运动"概念的本来意义应是群众性移民，否则就不能称之为"运动"，它不仅交织着领土扩张还伴随着大规模经济开发，所以不能简单地归结为"领土扩张"，这就为从社会经济上研究这一对象和主题开辟了道路。但我认为，仅有群众性移民和由领土扩张而获得的得天独厚的自然资源，并不一定能成就大规模的经济开发，使二者结合起来并成就了大规模经济开发的是 1780 年 10 月 10 日大陆会议关于将西部新获得的土地纳入"公共土地"储备的决议，以及邦联政府 1784—1787 年的几个土地法案，由此形成的西部土地"先国有化，后私有化"的基本国策，造就了成千上万独立的自耕农及公共土地的多元化开发。所以，我把美国西部开发模式称为"自由土地开发模式"，而它的规定性就体现于它的"公共土地"政策，这些观点可参阅拙作《略论美国西部开发模式》（《北大史学》1994 年第12 期）。以这种认识为指导，我对一系列问题进行了更为细致的探讨：在《美国西部拓荒农场主的形成和演变》（《世界历史》1986 年第 11 期）中，讨论了美国公共土地出售与西部拓荒农场主土地来源多元化，以及美国许多家庭农场得以长期保存的原因；在《美国西部城市的起源及类型》（《历史研究》1992 年第4 期）一文中，在"采矿城镇""铁路城镇"和"牛镇"之外，还发现并着重探讨了西部作为"投机企业"的市镇，有力地印证了关于"西部开发模式"的观点；在《关于美国国内市场形成问题》（《历史研究》1986 年第 6 期）一文中，讨论了西部开发与国内三角贸易乃至西部与东部和南部之间的关系及其演变，并找到了这种演变的转折点——1840 年；在《西部的拓殖与美国工业化》[①]一文中，探讨了西进如何使商业资本和劳动力从东部流失从而延缓了东北部工业化，又如何由于西部的开发给东部提供粮食、原料和市场从而反过来促进了东部的工业化并带动制造业西进，而最终完成"东北部—五大湖"制造业带的历史；此外，还探讨了加利福尼亚金矿的发现及其历史意义问题。这样，我就不仅恢复了特纳"边疆假说"的正面性，而且在史

---

① 罗荣渠主编:《各国现代化比较研究》，陕西人民出版社 1993 年版。

论结合的基础上论证了其假说中关于"美国的发展"的主题，从此关于西部的问题以及三大区域之互动关系，就再也不能只在讲到内战背景时提及，因为它已构成了美国历史发展的重要阶段。我的感觉是，美国历史应当重构。

2004 年，央视筹拍纪录片《大国崛起》，我们北大世界史专业几位教授负责历史论证和脚本起草。虽属学术普及，但是因为是第一次通过大众传媒向国人大规模介绍世界史，倍感责任重大。我除了提出对任何一个大国崛起的论述都应当包括以下几个要点，即：崛起要有一个过程；各阶段都应有必要的标志；对崛起的探索应以寻找内因为主而外，在起草《美国的崛起及其动力》①文字稿时，主要思考了这样几个问题：（1）推动一个"大国"崛起的主要因素是什么？我考察了经济、政治及文化因素，发现任何一个单纯的因素都不足以推动一个大国的崛起，于是明确地提出了"综合崛起论"；（2）除了推动一个国家或一个阶段崛起的直接因素外，一个大国的崛起还有哪些"变数"？我以为以下几点值得关注：a. 时代，因为它们会影响大国的标准和性质；b. 传统，各民族和国家都有自己的传统，但传统有好有坏，有积极和消极之别，它会影响崛起道路和方式的选择；c. 环境，包括周边、地区和全球政治环境，它是制约一个国家能否崛起的因素，只不过在古代前两种比较重要，而在当代全球环境更重要一些，因为在当代产生了真正的"世界大国"；d. 领

---

① 参见《强国之鉴：八位央视〈大国崛起〉专家之深度解读》，人民出版社 2007 年版。

袖，主要看其能力、胆识及是否具有战略思考的能力。彼得一世所说"海域是俄国所需要的"、华盛顿的《告别词》、福泽谕吉的"脱亚入欧"，都包含着这样的战略思考。我把此几点称之为"大国崛起的几个变量"。（3）世界上"大国"崛起之路有何差异？我考察了这些大国崛起的不同经历和特点，发现了三种不同的崛起类型：a.斜坡型（英、法等）；b.波浪型（日、德等）；c.阶梯型（美国）。其中，前者崛起缓慢但执着，第二种崛起迅速但跌宕起伏，只有美国崛起迅速而又强劲。（4）是什么造成了美国"阶梯型"崛起的模式？答案就是：创新，它在崛起的每一个阶段都有政治、经济或文化上的突破或创新，使之得以凭借它们跃上新台阶，《合众国宪法》、"西进运动"、"福特生产方式"、富兰克林·罗斯福"新政"和"高科技革命"都包含着这样的因素。此外，我还思考了在美国崛起过程中，一些长期起作用的因素和深层原因，特别强调了制度和精神的重要性。但个人最大的收获是，在这篇有关美国的整体性研究中，第一次将《合众国宪法》、"西进运动"、"福特生产方式"、富兰克林·罗斯福"新政"和"高科技革命"从纷纭复杂的美国历史中抽象出来，把它们分别置于各发展阶段或台阶的中心位置来加以观察，并从中发现了美国历史崛起和发展的主旋律，只不过它是一支合奏曲而不是独奏曲。它同时也印证了我所提出的"综合崛起论"。

关于美利坚文明是"一种积累型文明"的概念并不是我发明的，在我之前有关的文字在国内外许多场合都可以偶尔读到，但尚未见到系统的论证。为了正式提出并系统论证这一概念，我经多年的思考和准备撰写了论文《一种积累型文明发展模式：试论美利坚文明的一个重要特点》（《美国研究》2006 年第 3 期）。我强调了美国在立国中"政府模式"选择对文明积累的重要性，但我的主要工作是把宪法修正机制和联邦最高法院的"司法审查"，确定为美国文明积累和发展的两大主要机制。前者一般比较认可，但对后者却可能存在争议，因为在美国法学界，对"司法审查"本身的正当性至今仍有争议，我的办法是用司法审查的实践来做证明。事实上，美国的"司法审查"不仅注重实践，还十分注重法理的论证和讨论，且每一次都要写出正式的多数人通过的审查意见，又从不拒绝附上"反对意见"，这使每次的审查意见几乎都成为重要的法学论文，从而对"文明"的进步做出贡献。但个人认为，我在该文中的主要进展，是提出了美国何以能创造性运用上述两大积累文明机制的"法学根源"或"深层原因"，这就是"由自然法学向社会法学的转变"。这可能是反潮流的，因为一般认为"自然法学"自合众国建立以来就一直占主导地位。但我证明了：第一，早在 19 世纪末 20 世纪初，一个被称为"社会法学"的学派在美国法学界就已形成，而且在美国法学界影响巨大；第二，在更早的建国之初的一些有关土地权的司法中，就不再采用"自然法"有关"时间在先，权利优先"的原则，而将经济发展的需要作为优先考虑的因素；第三，在 20 世纪 60 年代，沃伦法院的许多判例都是以"民权运动"和社会改革中提出的社会问题为动力，可以说没有社会法学的指导就不会有沃伦法院的实践。

以上从三个方面回顾了我对世界史的探索和思考。从中

可以看出，这是一种"大处着眼小处着手"的办法，否则就会
有悖于专业的精神。正因为如此，我在具体操作中，选题主要
着眼于历史和理论的双重价值，即既要通过该选题推进历史的
研究，也要通过该研究在理论上有所发现，我觉得关于"小农
制"、"高科技革命"以及内战前美国奴隶制种植园经济的性质
都属于这样的选题，这就要求我们在治史方法上有所改变。众
所周知，我国在治史方面有着优良的传统，尤其在考据方面在
国际史学界处于领先地位，但我所面临的挑战要求我必须具备
理论思维的能力，而同时又不失我国固有的考据的传统，对此
我只能尽力而为。这里有一个对待"科学"的态度问题，因为
无论是理论思维也好，还是考据传统也好，在我看来都是从属
于史学的科学追求的。现在在史学界存在着两种倾向：一方面，
据说"现在已经不讲科学了，只讲观点上的新颖"；另一方面，
在有的地方则提出看文章"主要看资料"的标准。这两种倾向
在国内是否已成为潮流，我不知道，但我以为这两种主张都不
利于史学的正常发展，因为观点上的"新颖"并不等于"创
新"，而史料本身从来也不会自己说话。我猜想，这大半是受到
了后现代主义的某种影响，殊不知恰恰在是否应当谨守"真实"
的问题上，后现代主义及其史学难称"楷模"。不久前，偶然读
到杜维运先生的书，具体书名是什么一时想不起来了，发现他
对后现代主义史学就不以为然，多持批判态度而呼吁回归"真
实"。看来，一个真正的历史学家是不会轻易放弃史学的科学追
求的，即使他们在"科学"的定义上持有异见。这类，我倒建
议在"科学"之外加上"想象"，因为在任何科学探索之前都

需要假设，而"假设"并不妨碍科学探索的进行，相反，它会成为科学探索的向导。多年来，我在世界史的探索中，就常常不得不游走于想象与科学之间，但从未敢忘掉自己的最终目标：科学的追求。

上文提到，我探索的三个领域的建立，是以实际的需要即相关性为前提的。这里我想补充的是，这种学术扩张对个人的学术活动确有促进作用，因为它们构成了三个不同的层次或维度，可以互相观照。以美国南部种植园经济的性质问题为例，对它的解决涉及三个层次：第一个层次的问题是关于美国南部奴隶种植园与大西洋资本主义的关系，如果我们不了解或承认自由雇佣劳动是近代资本主义或成熟的资本主义生产方式的重要标志，就不会去关注在美国南部奴隶制种植园中，除了奴隶劳动形式外是否还会有自由雇佣劳动，即使发现它还有，也不会把它视作与资本主义联系的重要证据；第二个层次，既然说南部种植园主要采用的是奴隶制，为什么还可以说它是"资本主义生产"？这不是很矛盾吗？马克思在《1861—1863年经济学手稿》中谈到，在资本主义生产方式产生和发展过程中，"劳动对资本的从属"存在着两种形式：以绝对剩余价值为基础的生产形式和以相对剩余价值为基础的生产形式，"其中第一种形式总是第二种形式的先驱"；问题在于，在第一种形式中无非是以"自然的生产力为前提"，且不可避免地"存在着外部强制"。这样，采用奴隶劳动就成了一种自然的事情。还有第三个层次的问题，什么是"资本主义生产"？如果读马克思的原著就会发现，这是就所谓"生产本身的性质"而言的，而"生产本身的性质"主要指的是"生产的目的",即它的产品是为了"交换价值"而生产,还是为了"使用价值"而生产,由于南部奴隶种植园经济从一开始就是"为了世界市场而生产",说它是"资本主义生产"也就可以理解了。所有这些问题的解决都不能只靠"资料",也不能仅靠所谓"考据",而必须借助经济学的知识。而我在探讨资本主义起源的历史类型的时候,则既借助了之前对"历史理论"的研究,也借助了对美国早期史的研究:将资本主义起源的历史类型概括为三种:"原生型""派生和再生型"和"综合型",在理论上主要依据的是我在《生产方式≠社会形态》中的发现及三点推论,这些推论的核心是要承认历史发展的多样性;为了确立"派生和再生型"的独特地位,我特意撰写了《"自由殖民地":一种独特的资本主义起源和发展的历史模式》一文,而《美利坚文明的历史起源》则论证了一个"新的移民社会"在新大陆形成的过程、机制及其内在逻辑,可以看成是此种类型的个案研究,它回答的是再生或新生型资本主义的社会基础。

最后,我想谈谈有关马克思的认识问题。在我的探索和研究中,我所秉持的原则是,马克思作为一个学者和思想家,他也应当是学术史、思想史研究的对象,因而也应当遵循有关的学术规范,我以为非如此便无法避免重蹈教条主义的覆辙。如果说拙文《关于历史决定论问题》意在复原马克思有关思想的原貌,那么在《美国"棉花王国"史》一书中,笔者则对马克思略有修正。马克思关于"资本的趋势"的论述使我获益匪浅,对其所作的四点解读不仅让我发现了科学技术由一般生产力上升为第一生产力的复杂过程，也让我有一种找到了一把重新观察和认识世界近现代史的钥匙的感觉。我始终认为，马克思关于在新的条件下，直接形式的劳动将不再是财富的巨大源泉，"劳动时间就不再是，而且必然不再是财富的尺度"的论断，不仅具有极高的理论价值而且具有巨大的现实意义。这里，我想补充说明的是：第一，引发马克思做出上述论断的是"大工业本身"；第二，他认为上述变化是科学技术和直接劳动两种要素在生产中的作用此消彼长的结果。换言之，马克思的上述论断，有实践经验作为坚实的基础。

今年是《世界历史》杂志创刊 30 周年，该刊是我国唯一的有关世界历史的专业性杂志，也是我刊发论文最多的一个学术园地，遵嘱写下这篇本人对世界史的探索和思考，一来是想以此纪念该刊创刊 30 周年，二来是想以此表达对辛勤工作的编辑们的敬意。祝《世界历史》越办越好！